1789

GEORGES LEFEBVRE

1789

o surgimento da revolução francesa

Tradução de
Cláudia Schilling

8ª edição

PAZ & TERRA
Rio de Janeiro
2024

Título original: Quatre-Vingt-Neuf

EDITORA PAZ E TERRA
Rua Argentina, 171, 3° andar – São Cristóvão
Rio de Janeiro, RJ – 20921-380
http://www.record.com.br

Seja um leitor preferencial Record.
Cadastre-se e receba informações sobre nossos lançamentos e nossas promoções.

Atendimento e venda direta ao leitor:
sac@record.com.br

Texto revisado segundo o Acordo Ortográfico da Língua Portuguesa de 1990.

CIP-BRASIL. CATALOGAÇÃO NA PUBLICAÇÃO
SINDICATO NACIONAL DOS EDITORES DE LIVROS, RJ

L521m
8ª ed.

Lefebvre, Georges, 1874-1959
1789 – O surgimento da revolução francesa/ Georges Lefebvre; tradução de Cláudia Schilling. – 8ª ed. – Rio de Janeiro: Paz e Terra, 2024.
266 p.

ISBN 978-85-7753-406-7

1. França – História – Revolução, 1789-1799. I. Schilling, Cláudia. II. Título.

19-55950

CDD: 944.04
CDU: 94(44)"1789/1799"

Vanessa Mafra Xavier Salgado – Bibliotecária – CRB-7/6644

Impresso no Brasil
2024

Sumário

Prefácio

Georges Lefebvre: historiador da Revolução Francesa

Em 28 de agosto de 1959, aos 86 anos de idade, morreu Georges Lefebvre, após uma existência inteiramente dedicada ao ensino e à pesquisa histórica. Da sua obra *Documents relatifs à l'histoire des subsistances dans le district de Bergues*, publicada em 1914, até *Études sur la Révolution Française*, publicado quarenta anos mais tarde, o essencial de seus trabalhos foi consagrado à Revolução Francesa. Mas pela amplidão de seus enfoques, por uma sempre desperta curiosidade de espírito e pelas novas perspectivas apresentadas, Georges Lefebvre ultrapassou o quadro da sua especialidade e conquistou um lugar na pequena coorte dos grandes historiadores. Para a história, a perda foi grande e para seus amigos e discípulos, a resignação foi difícil.

1.

Na formação intelectual e moral de Georges Lefebvre, deve-se naturalmente levar em conta suas origens sociais: filho do povo, soube até a morte permanecer fiel a ele. Algumas vezes evocava (pois ele se abria pouco e detestava falar de si mesmo) seu avô cardador, seu pai, um humilde comerciário, e sua mãe, às voltas com as dificuldades da vida cotidiana.

Seus primeiros professores foram os da escola leiga. Lefebvre se refere a eles com palavras simples e emocionadas: "Querida escola leiga! Não posso me lembrar dos seus professores, aos quais tanto devo como homem e como cidadão, sem um sentimento profundamente emocionado de reconhecimento e respeito. Eles nos ensinavam a República com simplicidade, como o objeto natural da adesão de qualquer homem digno desse nome. Ensinavam-nos o espírito cívico, essa virtude que Robespierre, depois de Montesquieu e Rousseau, transformou em escudo dessa República...".[1]

A República ideal é o reino da justiça e da razão. Fiel a esses princípios, Georges Lefebvre aderirá ao socialismo, que considerava uma tentativa grandiosa de finalmente organizar a sociedade sobre bases racionais.

Só pôde continuar seus estudos secundários e depois universitários como bolsista municipal e posteriormente como bolsista de licenciatura e de agregação. É certo que isso o marcou profundamente, assim como seu início na universidade. Subiu lentamente os degraus da carreira, ensinando durante mais de 25 anos em instituições de nível secundário. Foi primeiramente auxiliar de ensino no liceu de Tourcoing, e, finalmente, nomeado professor no colégio de Boulogne-sur-Mer. Professor-assistente de história e geografia em 1899, lecionou no liceu de Cherburgo e depois regressou ao seu Norte de origem, ensinando sucessivamente nos liceus de Tourcoing, Lille e Saint-Omer. A guerra e a invasão obrigam-no a se refugiar em Orléans. Terminada a guerra, chegou finalmente aos grandes liceus parisienses: Pasteur, Montaigne e Henri IV.[2]

Em 1924, aos 50 anos, Georges Lefebvre defendeu sua tese de doutorado em letras, *Les Paysans du Nord pendant la Révolution Française*. Ao mesmo tempo que cumpria suas tarefas de ensino, iniciara pesquisas que renovariam o nosso conhecimento da Revolução Francesa. Sobre a origem e a orientação desses trabalhos, explicou: "Tenho uma filiação intelectual", indicando o seu tríplice aspecto.[3]

Ela começou no liceu. Ao sair da escola pública, Georges Lefebvre foi encaminhado ao ensino especial criado por Vidor Duruy. Em vez das línguas mortas clássicas, cujo estudo Lefebvre só começará aos 17 anos, ensinavam-se nesses estabelecimentos duas línguas vivas, muita matemática e ciências naturais, bem como economia política e direito, que posteriormente desapareceram, juntamente com o ensino especial, dos programas de segundo grau. Ele reconhecia que devia a essa formação a abertura de seu espírito às realidades econômicas e sociais.

Ele a deve também à sua província natal e às suas próprias condições, "à minha Flandres da Valônia", escreve, "onde Jules Guesde fundou o Partido Operário Francês baseando-se no marxismo".[4] Até a morte, George Lefebvre permaneceu fiel aos ensinamentos de Guesde e à unidade socialista. Estudou as obras de Marx, e nos seus últimos anos de vida releu *O Capital* em uma nova edição. Sem adotar todos os pontos de vista de Marx, frisou a fecundidade do pensamento marxista como método de pesquisa.[5] Não se contentava em ver nele uma interpretação econômica da história; insistia cada vez mais no aspecto dialético da evolução das sociedades, vendo na análise das contradições do movimento histórico um dos elementos essenciais da pesquisa.

Mas a quem Georges Lefebvre mais deve, segundo sua própria confissão, é a Jaurès. "Só vi e ouvi Jaurès duas vezes, perdido na multidão... Mas se alguém estiver interessado em encontrar um mestre para mim, ele seria o único que eu reconheceria."[6] A *Histoire Socialiste de la Révolution Française*, cujo primeiro volume apareceu em 1901, decidiu a orientação das suas pesquisas. Sem dúvida, ele já se iniciara nelas através da tese de Philippe Sagnac, sobre *La législation civile de la Révolution Française* (1899), bem como através dos trabalhos do historiador russo Loutchisky sobre *La petite propriété en France avant la Révolution et la vente des biens nationaux* (1897), que ela lhe dera a conhecer. Os quatro volumes da *Histoire socialiste* marcaram-no definitivamente. Quando em 1903 foram criados, por iniciativa de Jaurès, a comissão de pesquisa e de publicação dos documentos relativos à vida econômica da Revolução e seus comitês departamentais, Georges Lefebvre tornou-se um dos membros mais ativos do comitê departamental do norte. A partir de 1904, trabalhando nos arquivos departamentais e comunais, esforça-se para descobrir através dos documentos, que segundo Michelet não são "papéis, mas vidas de homens, de províncias e de povos", a realidade cotidiana do campesinato no norte durante a Revolução Francesa.[7]

Doutor em letras em 1924, Georges Lefebvre passou a ensinar na Faculdade de Letras de Clermont-Ferrand. Em 1928, foi nomeado para a de Estrasburgo, onde lecionava Marc Bloch, autor de *Caractères originaux de l'histoire rurale française* (1931), com quem Lefebvre sempre sentiu ter uma dívida intelectual. Chamado para a Sorbonne em 1935, passou a ocupar dois anos mais tarde a cátedra de História da Revolução Francesa, que conservou até 1945.[8] A partir de 1928 tornou-se redator do boletim crítico consagrado à Revolução e ao Império na *Revue Historique*, em 1932, após a morte de Albert Mathiez, foi convidado a assumir a presidência da Société des Études Robespierristes e a direção dos *Annales Historiques de la Révolution Française*, função que desempenhou até a sua morte. De acordo com suas próprias palavras, aceitou esses cargos por "simpatia pela memória de Maximilien Robespierre".[9] Esse fato, por si só, deixa entrever o homem: historiador e cidadão, no qual a entrega a um ideal de justiça social e de independência nacional, que já fora o do Incorruptível, não conseguiu calar as exigências do espírito crítico nem as necessidades do método histórico.

2.

Durante muito tempo a Revolução Francesa foi apresentada como um fato essencialmente ideológico e político. E assim que ela aparece na obra de Alphonse Aulard, e particularmente no seu livro mais importante, *Histoire politique de la Révolution Française. Origines et développement de la démocratie et de la Republique* (1901): os fundamentos econômicos e sociais não apareciam de forma alguma.

Georges Lefebvre engajou-se bem antes da guerra na trilha aberta por Jaurès. O primeiro resultado de seus trabalhos foi a publicação, em 1914, na coleção fundada por Jaurès, de um volume de *Documents relatifs à l'histoire des subsistances dans le district de Bergues pendant la Révolution (1788-an IV)*.[10] Não se trata de uma obra de simples erudição. Em uma introdução substanciosa, Lefebvre estuda a produção agrícola e o comércio de grãos na metade setentrional da Flandres marítima que devia compor o distrito de Bergues, as diversas crises que se sucederam de 1788 a 1793, a aplicação do máximo* de maio de 1793 a nivoso do ano III; enfim, as vicissitudes da regulamentação até frutidor do ano IV.

O máximo foi um instrumento de governo imposto pelas circunstâncias políticas, e não um regime econômico adotado pela sua excelência teórica, após uma longa reflexão. Georges Lefebvre deixa bem clara a contradição entre uma organização social baseada na propriedade individual e na liberdade de produção, e as condições de aplicação do máximo. Para que ele fosse bem-aplicado, impunha-se a nacionalização da propriedade fundiária, pelo menos a do comércio de cereais e a da fabricação de pães. Assim, teve de ser imposto pela força: em muitas cidades, o máximo tornou-se o instrumento do Terror e foi respeitado enquanto o terror político durou. Após o Termidor, com o colapso desse meio, instituiu-se um terror econômico, mediante a utilização de tropas, e do qual é possível seguir a história até o ano IV. Por outro lado, Georges Lefebvre frisa os aspectos sociais do máximo. Para muitos republicanos democratas, ele suprimia o açambarcamento e, em certa medida, atenuava os perigos nascidos da desigualdade social. Mas no distrito de Bergues nenhum democrata protestou contra sua abolição. A pequena burguesia de artesãos e de lojistas, favorável ao máximo dos grãos, eludia da melhor forma possível o máximo geral. Os operários, para quem o máximo dos grãos representou no ano II a mesma coisa que o direito ao trabalho representaria em 1848 – uma forma jurídica do direito à vida –, também não intervieram para defender o máximo: ainda mal diferenciados com relação à pequena burguesia, não possuíam uma noção suficientemente clara de sua solidariedade com relação aos proprietários.

Insistimos nessa primeira publicação de Georges Lefebvre, algumas vezes esquecida, apenas para realçar melhor o seu método e o alcance da sua visão. As poucas páginas introdutórias, nas quais ele apresenta as características e a importância do máximo, estão

* "Máximo": preço acima do qual era proibida a venda de produtos. [N. da T.]

baseadas em dois grossos volumes de documentos extraídos dos arquivos departamentais e comunais, sendo de uma erudição impecável. Por outro lado, a história dos mecanismos econômicos não foi concebida para si mesma: desemboca em um estudo das estruturas e das mentalidades sociais. Os efeitos da inflação, do controle dos preços e das requisições são estipulados em razão dos conflitos de classe: entre camponeses produtores de grãos e camponeses não produtores, bem como entre cidade e campo e, nas cidades, entre as diversas categorias sociais. Encontra-se aqui uma recopilação de algumas das ideias motrizes que Georges Lefebvre desenvolve em seus trabalhos posteriores sobre o campesinato durante a Revolução e que, aplicadas ao estudo das massas populares urbanas, se revelariam igualmente fecundas.

Em 1924 surgiu a obra *Les Paysans du Nord pendant la Révolution Française*.[11]

Em sua resenha publicada na *Revue Belge de Philologie et d'Histoire*, Henri Pirenne fala desse livro como "um modelo de consciência ou, em outras palavras, de abnegação científica". A qualificação não é exagerada para quem conhece o caráter ingrato da análise dos documentos relativos a bens de raiz e da sua elaboração estatística. Mil e cem registros analisados em uma única série! "A maior dificuldade", continua Pirenne, "consiste em criticar e combinar os dados fornecidos pelos levantamentos administrativos, em preencher suas lacunas, calcular os erros, extrair por combinação, comparação e interpretação todo tipo de precisões. Supõe-se que tal trabalho deva exigir ao mesmo tempo prudência e engenho, bem como uma grande massa de conhecimentos precisos sobre homens e coisas: hábitos e costumes, direitos e instituições, técnica agrícola, pesos, medidas e moedas...". Albert Mathiez, nos *Annales Historiques de la Révolution Française*, frisa a importância dos temas tratados. "Havia material para diversas teses diferentes: direitos feudais, impostos, bens nacionais, máximo, terror, questão religiosa etc. Nunca a história social da Revolução fora explorada com tal amplitude e profundidade. As duzentas páginas de quadros estatísticos que aparecem no final do volume, as notas críticas que acompanham cada capítulo comprovam em alto grau a consciência do estudioso, que pertence à raça dos beneditinos."

À primeira vista, o quadro geográfico pode parecer restrito: limita-se estritamente ao departamento do norte. No entanto, como frisava Pirenne, a importância desta região na França rural do final do século XVIII aumenta singularmente o seu alcance. A segurança e a amplitude da documentação, o valor da elaboração estatística permitirão encontrar sempre nessa monografia departamental fatos incontestáveis e exemplos típicos: nessa ordem de coisas, ela constitui uma contribuição fundamental à história econômica e social do final do Antigo Regime e da Revolução.

Focalizada em suas causas e consequências, e no tocante aos camponeses, a Revolução Francesa aparece como uma revolução social. Seu alcance é marcado pela abolição dos direitos feudais, do dízimo, dos privilégios financeiros da aristocracia. Evidencia-se também através da transferência da propriedade fundiária. A do clero desaparece (no futuro departamento do norte, ela constituía cerca de 20% do total), a nobreza diminui de 22% em 1789 para cerca de 12% em 1802: assim mede-se a ruína da aristocracia. No entanto, a propriedade da burguesia passa nesse departamento do norte, nas mesmas datas, de 16% a mais de 28%, a dos camponeses, de 30% a mais de 42%. Esses resultados adquirem um significado singular quando se pensa no irresistível crescimento demográfico que caracterizava naquela época essas áreas rurais do norte. A Revolução não distribuiu aos camponeses toda a terra que atribuíra à nação. A burguesia conservou uma parte considerável. Além do mais, ela impôs sua concepção de propriedade. A massa rural, sem dúvida, não era hostil ao princípio da propriedade individual, porém limitava-a estreitamente devido às suas concepções habituais: direitos coletivos, pastagem livre e *seconde herbe*, respiga, direitos de uso das florestas e propriedades comunais, para o pequeno campesinato, equivaliam a uma copropriedade da terra. Através da liberdade de cultivar e de cercar, a Revolução favoreceu a burguesia rural: fortaleceu a grande propriedade e a grande exploração com todas as suas consequências sociais. Sem dúvida, os camponeses do norte sempre aprovaram o fato de a Revolução ter extirpado de suas cidades a dominação da aristocracia. A revolução agrária, apesar das aparências, será moderada em seus efeitos e "conservadora": ela aparece, conclui Georges Lefebvre, "como uma transação entre a burguesia e a democracia rural".[12]

Pela amplitude das suas conclusões, *Les Paysans du Nord* ultrapassava o âmbito da monografia departamental. Nos anos seguintes, Georges Lefebvre ampliou sua perspectiva a um quadro nacional. Em artigos importantes, centralizou suas pesquisas sobre "La répartition de la propriété et de l'exploitation foncières à la fin de l'Ancien Régime" e posteriormente sobre "La vente des biens nationaux" (1928).[13] Em 1932 surgem consecutivamente *Questions agraires au temps de la Terreure de La Grande Peur de 1789*.[14]

A história social exige que se distingam os fatos de mentalidade coletiva, pois a sua formação supõe evidentemente condições econômicas, sociais e políticas. O Grande Medo de julho de 1789 parecia um mistério para os contemporâneos desconcertados: aqueles que quiseram explicá-lo o atribuíram a um complô tramado, segundo suas opiniões, pelos revolucionários ou pelos aristocratas. Baseando-se em trabalhos anteriores nos quais eram descritos a marcha e os efeitos do pânico, em vez das suas origens, e complementando-os através de múltiplas pesquisas de arquivos, Georges Lefebvre chega até a sua fonte, reconstituindo as diversas correntes, levantando as causas secundárias, para finalmente chegar até as causas gerais; o temor ao "bandido", que pode ser explicado pelas circunstâncias econômicas, sociais e políticas dos campos franceses em 1789. No Antigo Regime, a mendicância constituía uma das chagas do mundo rural; a partir de 1788, agravou-se pelo desemprego e pelo preço elevado dos grãos. A crise política excitou ainda mais os espíritos: além do medo do vagabundo, baseado em causas reais, surgiu em 1789 o medo do "complô aristocrático", cujo fundamento era dado pela resistência da nobreza e pelas intrigas da corte. "Certamente será considerado legítimo", escreveu Georges Lefebvre em seu prefácio, "que, tentando explicar o Grande Medo, tenha me colocado no lugar daqueles que o sentiram". Esta é a origem, neste livro, de um senso agudo das realidades humanas e da sua complexidade. Pesquisando a explicação de fatos menores, o autor penetra no seio da sociedade rural da época, em sua estrutura íntima e nas múltiplas correntes da psicologia coletiva. A originalidade do método consiste aqui no estudo de um fenômeno com valor de sintoma, apto para revelar o estado do corpo social.

Partindo de uma análise dos diversos componentes de mentalidade coletiva, Georges Lefebvre conclui frisando as consequências sociais e políticas desse grande estremecimento: entre os camponeses, uma consciência cada vez maior da sua força e da sua solidariedade, um novo interesse pela ação coletiva que, com o desaparecimento dos bandidos, volta-se naturalmente para o inimigo social mais próximo, o senhor, seu castelo e seus direitos tão detestados. O medo transforma-se em reação defensiva, em solidariedade de classe, em desejo de punição. Ampliando a perspectiva, Georges Lefebvre desmonta o mecanismo mental coletivo das "multidões revolucionárias" em um artigo que esclarece particularmente bem o comportamento popular na época da Revolução.[15]

Em *Questions Agraires au temps de la Terreur*, Georges Lefebvre apresenta o resultado das suas pesquisas sobre problemas que apaixonavam os camponeses desde o princípio da Revolução e que, consequentemente, podiam chamar a atenção do governo do ano II: alienação dos bens nacionais, vista sob o ângulo dos decretos de ventoso, divisão das grandes propriedades rurais, condição da parceria, regulamentação das culturas. Apesar do aspecto algumas vezes técnico das questões estudadas, são encontrados os grandes problemas já levantados no quadro do departamento do norte. Com a eliminação do dízimo e dos direitos feudais, o partido da montanha só podia alimentar o ímpeto revolucionário das massas rurais e usá-lo em seu benefício, através da formulação de um novo programa agrário.

Sensíveis aos desejos expressos pelos camponeses nos documentos aqui publicados, uma fração dos montanheses e sobretudo os robespierristas tentaram conseguir que uma parte dos bens nacionais fosse reservada aos camponeses pobres: esse foi o objetivo dos decretos de ventoso do ano II. De acordo com os desejos da massa camponesa, todos os chefes de família se tornariam proprietários graças à partilha dos bens nacionais e comunais; a grande propriedade, intacta e incontestada, seria subdividida obrigatoriamente em pequenos lotes, sendo proibida qualquer concentração; o direito de propriedade seria desmembrado através dos direitos consuetudinários sobre pousios e prados, florestas e terras vazias. Dessa maneira se frearia ou até mesmo se impediria a transformação capitalista da agricultura, cujos beneficiários seriam apenas uma minoria de camponeses ricos. Há uma grande distância entre esse virtual programa e a medida proposta por Saint-Just, em 8 ventoso, e que constitui todo o programa agrário dos robespierristas. Saint-Just desejava criar um certo número de pequenos proprietários: ele continuava a obra da Constituinte ampliando-a. Sem dúvida, não ignorava os pedidos que afluíam do campo; mas permaneceu calado com relação a todas as demais reivindicações do campesinato pobre. A história agrária da França vincula-se aqui à história política da Revolução.

Em 1933, Georges Lefebvre reuniu em um vigoroso artigo de síntese seus pontos de vista essenciais sobre *la Révolution Française et les paysans*.[16]

Segundo Lefebvre, é mais difícil descobrir o que eles ganharam do que aquilo que não puderam obter. Com exceção da supressão do dízimo e dos mais importantes direitos feudais reais, os arrendatários, os parceiros e todos aqueles que não eram proprietários não ganharam nada. A maioria deles não obteve qualquer parcela dos bens nacionais, e a promessa feita aos indigentes através dos decretos de ventoso não era suficiente. A Revolução Francesa realizou um compromisso entre a burguesia e o campesinato. Para satisfazer à massa camponesa, outras cartas seriam jogadas; conclui Georges Lefebvre: "Mas não foram".[17] Isso não poderia acontecer através da revolução burguesa.

No entanto, a fase da síntese chegara. Baseando-se na pesquisa erudita, a única capaz de enriquecer o conhecimento, porém considerando a síntese como o próprio objetivo do historiador e como coroamento dos seus esforços, Georges Lefebvre dedicou-se, em suas obras gerais, a ajustar seus trabalhos anteriores e nossos conhecimentos.

Na coleção Armand Colin, *Thermidoriens* (1937) e *Directoire* (1946) complementaram solidamente a brilhante síntese de Albert Mathiez sobre o período 1789-1794.[18] Livros menores, sem dúvida, mas denotam uma rara mestria no julgamento de homens e coisas. Mais consideráveis são os dois volumes da coleção "Peuples et Civilisations". *La Révolution Française* fora inicialmente escrito em colaboração com R. Guyot e Ph. Sagnac; em 1951, Georges Lefebvre apresentou uma nova redação do volume.[19] Tendo considerado sempre a época napoleônica como o epílogo da Revolução, redigiu *Napoléon*[20] (1936), para a mesma coleção. Trata-se de elaborações duradouras, pela amplitude do conhecimento, pela profundidade das considerações, pelo ânimo que as nutre.

Georges Lefebvre demonstra melhor essa mestria na arte da síntese em uma obra solta e brilhante, com nítidos contornos, que hoje reeditamos: *1789*, publicada em 1939, por ocasião do centésimo quinquagésimo aniversário da Revolução.[21] Desprovido de notas e referências, destinado a um público mais amplo, este livro faz compreender, sem cair em uma simplificação arbitrária dos acontecimentos. A ação recíproca da economia e dos fatores sociais sobre a vida política é sempre analisada com precisão. Os diversos protagonistas aparecem sucessivamente. Primeiro a aristocracia, que, aproveitando a crise da monarquia, acreditou ter chegado a sua revanche e a oportunidade de reconquistar a autoridade política da qual a dinastia dos Capetos a despojara. A seguir, avançando pelo caminho assim aberto, a burguesia, seguida pelas massas populares das cidades e finalmente pelos camponeses. Os conflitos de classe não poderiam encobrir a ação de homens que Georges Lefebvre sabe reviver: La Fayette, símbolo antes que chefe; Mirabeau, um temperamento de chefe, porém venal; Sieyès, alma da revolução jurídica. Mas nenhum deles conseguiu se impor ao ponto de simbolizar a Revolução de 1789: ela continua sendo "a obra coletiva do Terceiro Estado". Eis aqui um belo exemplo de método e de exposição, simples e clara, uma grande lição de história.[22]

3.

Georges Lefebvre explicou diversas vezes sua concepção da história e do método histórico.[23] Nunca deixou de defender os métodos da erudição, repetindo que "sem ela, não há história",[24] e que para dominar os acontecimentos é preciso em primeiro lugar conhecê-los. Dos documentos que a erudição lhe apresenta, a história extrai sua substância através da análise. Mas a tarefa propriamente dita do historiador é a de "juntar, de reunir os fatos obtidos, a fim de compor com eles um conjunto que satisfaça à inteligência, isto é, encontrar entre esses fatos as relações que, em certa medida, permitiriam a sua explicação. Portanto, a história é uma síntese".[25] Explicar é investigar os fatores da história.

Georges Lefebvre chegara a uma concepção dialética do desenvolvimento da historiografia. Há uma evolução paralela entre a própria história e a concepção da história: seu movimento faz os historiadores descobrirem, pouco a pouco, fatores cada vez mais numerosos e que interagem de uma maneira cada vez mais complicada.[26] O próprio ponto de vista do historiador, fruto do seu tempo e da sua classe, pode fazê-lo elucidar no passado aspectos até então obscuros.[27] Georges Lefebvre gostava de citar o exemplo de Tocqueville, que renovou a nossa concepção das origens da Revolução Francesa. Este aristocrata, considerando que um dos traços essenciais da antiga França era a luta secular entre a monarquia e a nobreza, frisou que a convocação dos Estados gerais foi imposta a Luís XVI pela aristocracia: assim sendo, a Revolução teria começado não em 1789, e sob a iniciativa do Terceiro Estado, mas em 1787, em uma primeira fase denominada por Albert Mathiez "a revolta nobiliária", e por Georges Lefebvre, mediante uma expressão que pode se prestar à confusão, "a revolução aristocrática".

Dentre os fatores históricos, e seguindo assim o próprio desenvolvimento da historiografia, Lefebvre não rejeita as vicissitudes políticas. Não sentia pela história política o menosprezo professado por alguns que a qualificavam de "ocorrencial" ou de "historizante", "neologismos horrendos", como ele gostava de repetir.[28] Mas considerava a vida política "a superfície da história". Para que essa concepção estreita da explicação e da síntese se transforme e, ao mesmo tempo, que nossos estudos assumam uma extensão considerável, é necessário um certo número de fatos resultantes do próprio movimento da história. Em primeiro lugar, Georges Lefebvre colocava a evolução social e econômica, o crescimento da burguesia e do proletariado. "Somente na segunda metade do século XIX o espetáculo das transformações capitalistas tornou-se uma das razões principais da criação da história econômica." E a história social apareceu como um dos elementos essenciais da explicação histórica particularmente "após a organização do proletariado como classe".[29]

Animado pela ambição de aproximar a história das ciências exatas, Georges Lefebvre não tinha a intenção de descobrir leis da história (o termo não lhe parecia conveniente), mas sim "constantes" que considerava aproximativas. Chegou a defini-la como "disciplina positiva do mundo sensível", mencionando ainda uma "história sociológica e suas aspirações científicas".[30]

Considerava que o objetivo ideal dos historiadores deveria ser "uma forma superior de síntese", propondo o exemplo de *L'Ancien Régime et la Révolution*, "o mais belo livro sobre a Revolução Francesa": "Tocqueville não se limitou ao relato; acima desse relato, tentou indicar as relações que explicam os fatos do relato, que supôs como já conhecidos." Determinou assim algumas características gerais e esclareceu um certo número de probabilidades. Da mesma forma, comparando a evolução histórica e particularmente a evolução social e econômica de regiões similares, "pode-se esperar chegar a obter, através dessa comparação, um certo número de traços gerais": isso foi o que tentou fazer Marc Bloch nos seus dois volumes sobre *La société féodale*, que Georges Lefebvre tanto admirava. "Elevando-se a história a esse grau [...], seria possível dar-lhe [...] um valor e uma atração intelectuais realmente superiores."[31]

No entanto, devido a uma postura singular, característica do homem, Lefebvre não pretendia excluir o relato da história. "Não se trata de renunciar ao relato", escreve em seu artigo "Avenir de l'histoire".[32] Atribuía-lhe um valor pedagógico e de formação. Mas, em vez do relato tradicional, que apresenta em primeiro plano os conquistadores e políticos de envergadura, ele tinha a preocupação de salvar do esquecimento a memória daqueles que chamava de "a luz da história". "Quando folheio o passado e seus fantasmas saem da sombra, sinto surgir da inteligência uma profunda emoção: uma fraternidade nos une."[33]

4.

Na obra de Georges Lefebvre, a inteligência crítica e a exigência científica não excluem o calor nem a sensibilidade; isto acontece porque o historiador não pode se dissociar do homem. Sua fidelidade à Revolução Francesa, à sua tradição, às suas ideias foi proclamada e demonstrada por ele mesmo, bem como sua "estima" e sua "amizade" por Robespierre:[34] entre os jacobinos e ao seu lado ele teria se sentado, como Jaurès. Fidelidade a um passado caduco? Amizade esclerosada? Mais do que à letra, Georges Lefebvre permaneceu fiel ao espírito.

Como os homens do século das Luzes, ele deseja "a racionalização da sociedade".[35] Mas tendo sido membro desde o início do Partido Socialista Unificado fundado por Jean Jaurès e Jules Guesde, não concebe essa racionalização a não ser através da abolição da propriedade privada dos meios de produção. "Existe contradição entre a soberania do povo e o sufrágio universal, por um lado, os quais colocam o destino da nação nas mãos de todos, e a economia capitalista, onde o trabalho, o salário e consequentemente a vida do assalariado estão nas mãos daqueles que detêm os meios de produção."[36] Não basta racionalizar a produção: trata-se de racionalizar a sociedade. Quando a Revolução Francesa proclamou a igualdade de direitos, "era razoável esperar que a sociedade se dedicasse a procurar todos os meios de usá-los. Por esta razão, o proletariado tornou-se uma classe revolucionária, como o fora a burguesia. Por isso alguns racionalistas, embora não todos, elaboraram em seu benefício doutrinas socialistas ou, pelo menos, preconizaram a intervenção do Estado nas relações sociais".[37]

Releiamos, sob a luz dos acontecimentos dos últimos trinta anos, as páginas graves, sempre atuais, que lhe foram ditadas, no final de *1789*, pela preocupação de fazer compreender a Declaração dos Direitos Humanos. Ela implica um risco. Tendo sido investidos do poder de se autogovernarem, os cidadãos, "se abusarem de seu poder com relação aos outros e sobretudo se se recusarem, por egoísmo pessoal, a assegurar a salvação da comunidade, esta perecerá, e com ela sua liberdade, e até mesmo sua existência". Chegamos assim ao sentido mais profundo da Declaração: ela supõe, para os cidadãos, o patriotismo no sentido próprio do termo, o respeito do direito dos outros, a consagração racional à comunidade, a "virtude" segundo Montesquieu, Rousseau e Robespierre. A liberdade exige "aplicação, esforço perpétuo, controle rigoroso de si mesmo, sacrifício eventual". A liberdade é "de alguma forma um convite a viver corajosamente e, se preciso for, heroicamente".[38]

A liberdade não pode ser concebida sem a independência. Se Georges Lefebvre aprecia e estima Robespierre, é porque ele foi o maior "daqueles que se propuseram impor a todos a obrigação imperiosa da salvação pública".[39] Patriota, ele foi duramente golpeado pela morte do irmão, o geógrafo Théodore Lefebvre, professor da Faculdade de Letras de Poitiers, pela ocupação hitlerista. Desse fato vem sem dúvida a emoção reprimida com a qual Georges Lefebvre citava um discurso de Robespierre, do qual gostava especialmente, o de 25 de setembro de 1793: "...O mais duro para um patriota é que, nos últimos dois anos, cem mil homens foram guilhotinados por traição e por fraqueza: a fraqueza com relação aos traidores é que nos perde. Enternecemo-nos pelos maiores criminosos, por aqueles que entregam a pátria ao inimigo; eu só consigo me enternecer pela virtude infeliz; só consigo me enternecer pela inocência oprimida; só consigo me enternecer pelo destino de um povo infeliz que é guilhotinado com tanta perversidade."[40]

Essas linhas revelam tanto o Incorruptível quanto o seu historiador. Ele sentia-se ligado por um sentimento fraterno a todos os patriotas mortos pela liberdade. Formulemos com Georges Lefebvre o desejo que ele dirigia a si mesmo, como uma prece: "Que na nossa vida cotidiana de simples cidadãos nunca nos faltem coragem e perseverança, para que sempre possamos ser dignos deles."[41]

Albert Soboul, Université de Paris

Notas

1. "Le 24 février 1848", alocução proferida em 24 de fevereiro de 1946, na Sorbonne, *1848 et les Révolutions du XIXe siècle*, outono de 1946, nº 172, p. 7.
2. Indicações biográficas sobre Georges Lefebvre, fornecidas por ele mesmo, podem ser encontradas em *Annales Historiques de la Révolution Française*, 1946, p. 185, e 1947, p. 188 ("Pro Domo"). Veja também a breve resenha biográfica publicada no cabeçalho dos *Études sur la Révolution Française* (Paris, 1954, in-8º, 328 pp.). Nessa obra publicada por ocasião do seu octogésimo aniversário podem ser encontrados seus artigos mais importantes, bem como uma lista das "Principais publicações de Georges Lefebvre" (p. VII). Em 1963, publicou-se uma segunda edição dos *Études sur la Révolution Française*.
3. "Pro Domo", op. cit., p. 189.
4. *Ibidem*.
5. Veja o que Georges Lefebvre escreve sobre o materialismo histórico em *Notions d'historiographie moderne* (Cursos da Sorbonne, Centre de Documentation Universitaire, Paris, s.d.), p. 237.
6. "Pro Domo", op. cit., p. 189.
7. Veja a introdução a *Paysans du Nord*, p. V.
8. Veja *Annales Historiques de la Révolution Française*, 1946, p. 185.
9. *Études sur la Révolution Française*, op. cit., 1ª ed., resenha biográfica, p. V.
10. Lille, 1914; in-8º, CXXIV-670 pp. O segundo volume foi publicado em 1921 (Lille, 1921; in-8º, 704 pp.). Este estudo foi complementado por um artigo: "La réquisition de l'an VII dans le ci-devant district des Bergues", *Revue du Nord*, fev. 1920, p. 26. Trata-se de documentos precedidos por uma introdução.
11. Lille, 1924; in-8º, XXV, 1.020 pp. Veja a defesa de tese de Aulard na revista *La Révolution Française*, t. LXXVII, 1924, p. 218. As principais críticas são as de Albert Mathiez em *Annales Historiques de la Révolution Française*, 1924, p. 470, de Henri Sée na *Revue Historique*, t. CXLVII, 1924, p. 90, de Henri Pirenne na *Revue Belge de Philologie et d'Histoire*, 1926, p. 198. Dessa tese foram impressos somente 300 exemplares, esgotados há muito tempo, que foram pagos pelo autor. Nenhum editor francês quis arcar com as despesas de uma segunda edição. Esta foi conseguida pelo editor

italiano Laterza (Bari, 1959; in-8°, XXVII-923 pp.; prefácio de Armando Saitta e Albert Soboul).

12. Conclusão, p. 882.
13. Esses dois artigos foram publicados na *Revue d'Histoire Moderne*, em 1928. Foram reproduzidos em *Études sur la Révolution Française* (2ª ed., pp. 279 e 307).
14. *Questions agraires au temps de la Terreur* (Estrasburgo, 1932; in-8°, 256 pp., coleção de documentos inéditos sobre a história econômica da Revolução Francesa). Segunda edição revista e aumentada (La Roche-sur-Yon, 1954; in-8°, 274 pp., mesma coleção). Trad. russa (Moscou, 1936). *La Grande Peur de 1789* (Paris, 1932, in-8°, 272 pp.; 2ª ed., Paris, s.d. (1956); in-8°, 272 pp.). Esta segunda edição compreende também um *Adendo*, paginado de 1 a 6, que oferece uma bibliografia crítica dos trabalhos publicados sobre o tema desde 1932. Sobre o Grande Medo, veja particularmente a crítica de Marc Bloch, em *Annales d'Histoire Économique et Sociale*, 1933, p. 301. Trad. italiana (Turim, 1953).
15. Trata-se de uma comunicação apresentada ao Centro de Síntese, por ocasião da Semana de Síntese de 1932, consagrada ao público. O texto foi publicado, com o conjunto das exposições, em um volume intitulado *La foule* (Paris, 1933), sob o título "Foules historiques. Les foules révolutionnaires" (p. 79; veja a discussão, p. 108), e depois nos *Annales Historiques de la Révolution Française*, 1934, p. 1. Foi republicado em 1954, em *Études sur la Révolution Française*, 2ª ed., p. 371. Georges Lefebvre oferece um belo exemplo de análise de um fato de desejo punitivo em seu artigo "Le meurtre du comte de Dampierre (22 juin 1791)", *Revue Historique*, 1941; republicado em *Études sur la Révolution Française*, 2ª ed., p. 393. Esse assassinato não se deveu apenas à imprudência do conde, que veio saudar o rei em Sainte-Menchould, após o retorno de Varennes; o conde era odiado pelos seus camponeses: "... Através do acontecimento político transparece, como sempre no transcurso da revolução popular, a agitação social que foi sua causa primordial."
16. Trata-se de duas conferências proferidas no Centre d'Études de la Révolution Française, na Sorbonne, em 12 e 14 de dezembro de 1932. O texto foi publicado nos *Annales Historiques de la Révolution Française*, 1933, p. 97, e nos *Cahiers de la Révolution Française*, 1934, nº 1, p. 7. Foi republicado em 1954, em *Études sur la Révolution Française*, 2ª ed., p. 338.

17. *Questions agraires*..., 2ª ed., p. 132.

18. *Les Thermidoriens* (Paris, 1937; in-16, 220 pp.) e *Le Directoire* (Paris, 1946; in-16, 198 pp.). Esses dois volumes foram traduzidos para o alemão (1950), italiano (1952) e polonês (1959).

19. *La Révolution Française* (Paris, 1951; in-8º, 674 pp.). Em 1963 foi publicada uma terceira edição revista e aumentada (698 pp.), com atualização bibliográfica de Albert Soboul. Trad. italiana (Turim, 1958).

20. *Napoléon* (Paris, 1953; in-8º, 610 pp.; 5ª ed. revista e aumentada, 1965, 626 pp., com atualização bibliográfica de Albert Soboul). Trad. italiana (Bari, 1960).

21. *Quatre-vingt-neuf* (Paris, 1939; in-8º, 252 pp.). Trad. inglesa, intitulada *The coming of the French Révolution* (Princeton, 1947); trad. italiana (Turim, 1949); trad. japonesa (Tóquio, 1952) com um prefácio em francês de Georges Lefebvre. Veja a crítica deste livro de L. Febvre, *Annales d'Histoire Sociale*, 1940, nº 2, p. 147.

22. Estas são as obras de Georges Lefebvre publicadas após sua morte: *Cherbourg à la fin de l'Ancien Régime et au début de la Révolution* (Caen, 1965; in-8º, 296 pp.), primeiro trabalho de pesquisa e ensaio escrito na juventude, permite estabelecer o ponto de partida de sua carreira histórica; *Études orléanaises*, t. I, *Contribution à l'étude des structures sociales à la fin du XVIII siècle*; t. II, *Subsistances et maximum, 1789-an IV* (Paris, 1962 e 1963; 2 vols., in-8º, 276 e 476 pp.). Finalizado em 1944, esse trabalho foi complementado alguns anos mais tarde, pois Georges Lefebvre considerou necessário que a história do problema das subsistências e do máximo no departamento de Loiret fosse precedida por um estudo mais profundo das estruturas sociais da cidade e dos campos de Orléans. Esta última obra, devido à sua preocupação por uma erudição impecável, pela amplitude dos problemas abordados e pelas novas perspectivas abertas à pesquisa, ultrapassa o quadro de uma monografia regional: constitui uma espécie de testamento científico.
De *Cherbourg* até *Études orléanaises*, a curva de uma obra é assim traçada e delimitada pela lição que Georges Lefebvre nos dá: a de uma exigência científica sempre desperta e nunca satisfeita.

23. Citaremos os seguintes artigos: "Avenir de l'histoire", *Revue Historique*, jan.-mar. 1947, p. 55; "Recherche et congrès", *ibidem*, jul.-set. 1951, p. 1; "La synthèse en histoire", *Bulletin de la Société d'Histoire Moderne*, out.-nov. 1951, p. 7; "Réflexions sur l'histoire", *La Pensée*, mai.-jun. 1955, p. 27.

24. "Réflexions sur l'histoire", op. cit., p. 32.
25. *Ibidem*, p. 8.
26. Essa é uma das ideias motrizes do curso de Georges Lefebvre, *Notions d'historiographie moderne*. Ela rebate a afirmação de Fénelon, segundo a qual "o historiador não pertence a nenhum tempo nem a nenhum país". Veja também "Réflexions sur l'histoire", op. cit., p. 30.
27. Georges Lefebvre frisa várias vezes que o historiador escreve para as classes dominantes. Consequentemente, "a historiografia deve refletir necessariamente o movimento geral da História, pois as classes dominantes mudam, bem como sua mentalidade" ("La Synthèse en histoire", op. cit., p. 9).
28. "La synthèse en histoire", op. cit., p. 9.
29. *Ibidem*, p. 10.
30. "Réflexions sur l'histoire", op. cit., pp. 32 e 33.
31. "La synthèse en histoire", op. cit., p. 12. Veja também o artigo "Quelques réflexions sur l'histoire des civilisations", *Annales Historiques de la Révolution Française*, 1955, p. 97. Sobre Tocqueville, cuja influência sobre Georges Lefebvre parece determinante, veja a introdução que este último escreveu para *L'Ancien Régime et la Révolution*, t. II das *Oeuvres completes* (Paris, 1952; in-8°, 358 pp.), p. 9. Veja também o artigo "A propos de Tocqueville", *Annales Historiques de la Révolution Française*, 1955, p. 313.
32. Op. cit., p. 60.
33. Essa bela página termina as "Réflexions sur l'histoire", op. cit., p. 34. Sobre o homem, fator da história, veja esse mesmo artigo, p. 32: "Sujeito sem dúvida à influência de outros fatores, é ele quem constrói a história." "Marx achava engraçado que, sendo a história o feito do homem, alguém pudesse duvidar que ele participasse dela." Veja também "Quelques réflexions sur l'histoire des civilisations", op. cit., p. 102, em que Georges Lefebvre contesta "uma ideia imperfeita" que muitos têm do método marxista. "O homem faz a história", escreve, "e consequentemente, Marx o percebeu, sua natureza inscreve-se entre os fatores originais."
34. Veja os dois discursos pronunciados por Georges Lefebvre por ocasião da inauguração do busto de Robespierre em Arras, em 15 de outubro de 1933. *Annales Historiques de la Révolution Française*, 1933, pp. 484 e 492.
35. "Le 24 février 1848", op. cit., p. 16.
36. *Qu'est-ce que le capitalisme?* (Union Française Universitaire, Paris, 1946; in-8°, 18 pp.), p. 17. Conferência proferida por Georges Lefebvre, em 16 de fevereiro de 1946.

37. *Ibidem*, p. 18.

38. *Quatre-vingt-neuf*, 1ª ed., p. 245. Veja a crítica desse livro de Lucien Febvre, nos *Annales d'Histoire Sociale*, 1940, p. 147. "Palavras viris", escreve Lucien em sua crítica, "valem a pena serem meditadas e seguidas" (*Annales d'Histoire Sociale*, 1940, p. 147).

39. "Discours sur Robespierre", op. cit., p. 510.

40. "Pro Domo", op. cit., p. 190. "Em nossos tristes dias", acrescenta Georges Lefebvre, "não posso reler esta página sem uma emoção avassaladora".

41. "Le 24 février 1848", op. cit., p. 17. Sobre Georges Lefebvre e sua obra, veja o número especial dos *Annales Historiques de la Révolution Française*, "Hommage à Georges Lefebvre", 1960, nº 1. Veja também, na mesma revista, "Georges Lefebvre, pour le dixième anniversaire de sa mort", 1969, nº 4, e em particular o estudo de E. Labrousse.

Prefácio à edição alemã

O livro *1789*, de Georges Lefebvre, que hoje temos a honra de apresentar ao público de língua alemã, é, no mais pleno sentido do termo, uma "obra clássica". Célebre no mundo inteiro, foi traduzido para múltiplas línguas em numerosos países. Podemos nos perguntar as razões de tal sucesso, nunca desmentido desde a primeira edição em 1939 e desde que apareceu a primeira resenha crítica assinada por Lucien Febvre, o fundador dos *Annales*, na edição da primavera de 1940 desta revista. Sem dúvida devemos esta obra à mestria de um historiador inspirado que escreveu, com um fôlego só, um livro construído com incomparável facilidade e redigido por uma pena brilhante, apoiada numa ciência impecável. Pois embora esta síntese se destinasse a um público amplo, Georges Lefebvre queria satisfazer também a um leitor exigente: desempenhando simultaneamente as funções de professor e de escritor, redigiu *1789*.

Georges Lefebvre foi chamado em 1935 para lecionar na Faculdade de Letras de Paris, na Sorbonne. Assumiu a direção do Instituto de História da Revolução Francesa, recentemente constituído, que possuía importantes recursos outorgados pelo Estado em vista da celebração do 150° aniversário da Revolução Francesa. Incentivado por esse acontecimento e pelo novo interesse manifestado pela pesquisa científica, Georges Lefebvre elaborou um grande programa de trabalho em história social, consagrado particularmente ao estudo da burguesia. Com essa finalidade, redigiu uma célebre "circular" destinada a sábios e pesquisadores franceses, que entretanto só surtiu pleno efeito após 1945. Ele previa um grande desenvolvimento de publicações de documentos e de obras eruditas, dos quais seu Instituto teria o domínio, em colaboração com outros organismos; no entanto, a eclosão da Segunda Guerra Mundial na Europa anulou ou adiou a maioria dos projetos; após 1945, graças à retomada das pesquisas, uma parte das orientações de Georges Lefebvre começou a produzir resultados, com a publicação de grandes teses, por ele iniciadas, e que ilustram esta "história social à francesa", que conquistou, em anos recentes, uma grande reputação internacional. Mas, para a conclusão dos grandes projetos dos anos 1938-1939, Lefebvre considerou necessário reunir e esclarecer as ideias por meio de uma obra de síntese que resumiria os conhecimentos adquiridos, orientaria as novas pesquisas e chamaria a atenção dos estudantes. O espírito totalmente novo que inspirava tanto a escola dos *Annales* como o economismo de Ernest Labrousse parecia lhe guiar a inteligência histórica da Revolução para a reflexão profunda e a análise das estruturas.

Para realizar esse projeto, que correspondia também ao desejo do Comité National du Cent-Cinquantenaire, Georges Lefebvre escreveu seu *1789*. Seu objetivo era ao mesmo tempo pedagógico, cultural e metodológico; imprimiu a este livro de arquitetura rigorosa "nítidos contornos" (A. Soboul) e um estilo sóbrio e preciso que ainda nos seduz, sessenta anos após a sua publicação.

Em 1939, Georges Lefebvre tinha 65 anos. Sua obra de historiador lhe outorgara uma grande reputação, embora tardia, devido a uma carreira profissional trabalhosa e incerta. Homem do norte, oriundo da Flandres valã, fora professor particular e professor secundário antes que um concurso prestado em 1899 lhe abrisse as portas dos liceus de Cherburgo, de Boulogne-sur-mer e Lille, chegando finalmente a Paris, depois de 1918. Em 1924, defendeu uma tese considerada gigantesca, *Les Paysans du nord pendant la Révolution Française*, amplo levantamento quantitativo e analítico sobre a propriedade rural, a exploração do solo, o comportamento dos camponeses, que se tornou um momento decisivo na França, no tocante à história social do campo, da época da Revolução de 1789. Tendo lecionado em diversas universidades, entre as quais a de Estrasburgo em 1928, onde conheceu Marc Bloch, com 61 anos chega à Sorbonne, em Paris, ocupando desde então até sua morte, em 28 de agosto de 1959, aos 85 anos, os cargos de diretor e orientador da Société des Études Robespierristes e de sua revista, os *Annales Historiques de la Révolution Française*. Verdadeiro fundador de escola, mantém relações com um enxame de grandes historiadores da nossa época mais jovens, que lhe consagram reconhecimento e admiração; entre eles, podemos mencionar: A. Soboul, R. Cobb, K. Tonnesson, G. Rudé, F. Takahashi, E. Hobsbawm, J. R. Suratteau, W. Markov, A. Saitta, F. Venturi etc., sem contar uma plêiade de brilhantes historiadores americanos que, seguindo o exemplo de R. Palmer, passavam pela sua casa em Courbevoie para conversar com ele, na sua biblioteca, onde na minha época de jovem estudante, em 1956 e 1957, também tive o privilégio de ouvi-lo...

Originário de um ambiente muito modesto, Georges Lefebvre era o que chamamos de historiador "de esquerda", com um espírito muito avançado, porém situado nos antípodas do sectarismo e da estreiteza. Munido desde a juventude de princípios republicanos e leigos que dizia ter adquirido graças à escola pública, descobriu as disciplinas modernas ao mesmo tempo que o socialismo, graças ao Ensino Especial criado por V. Duruy no final do Segundo Império, que acolhia bolsistas de origem modesta. Diferentemente dos liceus, lá se ensinava matemática prática, muitas línguas vivas, economia política e direito: aí pode ser encontrada a origem da sua desenvoltura, rara entre os historiadores da sua geração, em matéria de estatística e de análise econômica. A seguir, interessou-se apaixonadamente pelo marxismo. Nos anos 1900, foi sem dúvida um dos raros intelectuais franceses a estudar *O Capital* e a maioria dos textos históricos de Marx disponíveis na época. Mas embora ele mesmo afirme que Jean Jaurès, cujo primeiro volume de *Histoire socialiste de la Révolution Française* apareceu em 1901, foi a sua maior influência, devemos assinalar também que ele nunca deixou de trabalhar segundo os métodos estritos da escola positivista, da qual rejeitava apenas a estreiteza teórica e o dogmatismo filosófico. À sua maneira, *1789* reflete essa tríplice influência: do marxismo, da ideologia republicana e do método positivista.

A obra é apresentada como o relato magnífico em quatro atos e dois epílogos de uma espécie de dramaturgia histórica consagrada ao ano de 1789 na França: a "revolução aristocrática", que desequilibra os poderes, a "revolução burguesa", que funda a nova ordem jurídica, a "revolução popular", que consolida o processo, a "revolução camponesa", que quebra as resistências em nível nacional. Duas confirmações completam esta dinâmica: a Declaração dos Direitos do Homem e do Cidadão e o "regresso" do rei Luís XVI, feito prisioneiro em Paris. A partir daí começa o processo de elaboração da nova sociedade, e o ciclo revolucionário engrena.

Mas *1789* nos oferece também a marca das angústias e inquietações dos anos 1935-1939. Humanista e democrata francês, Georges Lefebvre detestava o fascismo e pressentia a chegada da guerra. Conclui seu livro com um apelo – lutar pelos direitos humanos: "Juventude de 1939! A Declaração também é uma tradição e uma tradição gloriosa." Talvez seja preciso procurar nesse engajamento subjacente porém profundo de seu autor, a serviço do Homem e da Civilização dos homens, as razões do sucesso persistente de um livro cujo mérito científico incontestável é o de ter igualmente, em seu tempo, contribuído para a renovação da historiografia clássica da Revolução Francesa.

Claude Mazauric, Université de Paris
Paris, 20 de junho de 1986

Introdução

A causa primordial da Revolução de 1789 provém do mais profundo da nossa história. No final do século XVIII, a estrutura social da França continuava sendo aristocrática e conservava a marca da sua origem; sendo a terra praticamente a única riqueza, seus proprietários eram donos daqueles que dela necessitavam para trabalhar e viver. Sem dúvida, devido a lutas seculares – a Fronda, última revolta da aristocracia, data apenas do século XVII –, o rei pouco a pouco despojara os senhores do seu poder político e submetera os nobres e o clero à sua autoridade. Mas lhes deixara o primeiro lugar na hierarquia social: eles continuavam sendo *privilegiados*, embora lamentassem incessantemente terem se tornado *súditos*.

Ora, o renascimento do comércio e da indústria criara, nesse ínterim, uma nova forma de riqueza, a riqueza mobiliária, e uma nova classe, a burguesia, que desde o século XVI assumira um lugar nos Estados Gerais sob o nome de Terceiro Estado, e cujos progressos tinham sido poderosamente beneficiados pelas descobertas marítimas dos séculos XV e XVI e pela exploração dos novos mundos, bem como pela preciosa cooperação que prestava ao Estado monárquico, fornecendo-lhe dinheiro e administradores competentes. No século XVIII, o comércio, a indústria e as finanças assumiam um lugar cada vez mais importante na economia nacional; a burguesia era quem socorria o Tesouro real nos momentos prementes; nas suas fileiras era recrutada a maioria dos funcionários e profissionais liberais; ela elaborara uma nova ideologia à qual os filósofos e economistas apenas deram forma. O papel social da nobreza decrescia continuamente e, à medida que o ideal proposto pelo clero ao povo perdia seu prestígio, sua autoridade se enfraquecia. A estrutura legal do país ainda lhes reservava o primeiro lugar, mas na verdade o poder econômico, a capacidade, as perspectivas de futuro passavam às mãos da burguesia. Uma tal discordância não dura nunca eternamente: a Revolução de 1789 restabeleceu a harmonia entre o fato e a lei; e esta transformação, no século XIX, estendeu-se a todo o Ocidente, e posteriormente ao planeta inteiro; neste sentido é que as ideias de 1789 deram a volta ao mundo.

Mas esta causa profunda da Revolução Francesa não explica todas as suas características. A Inglaterra conheceu revoluções políticas, porém a evolução social ocorreu em um clima de tranquilidade: em compensação, a Revolução Francesa foi realizada através da violência. No continente, no século XIX, a transformação foi iniciada pelos exércitos napoleônicos; ulteriormente, a ação dos governos foi mais importante que a dos próprios povos: na França, o Terceiro Estado libertou-se por si mesmo. Da mesma forma, em todas as outras nações com exceção da nossa, a aristocracia conservou uma parte muito maior da sua riqueza e influência. Esses caracteres particulares da Revolução Francesa devem-se a causas imediatas e particularmente ao desmoronamento do poder central, que nos outros países conseguiu conservar o controle dos acontecimentos.

Não teria havido Revolução Francesa – da forma como ela foi realizada – se o rei, "oferecendo sua demissão", não tivesse convocado os Estados Gerais. A causa imediata reside, portanto, na crise governamental, para a qual Luís XVI não conseguiu encontrar outra solução. Mas no princípio o Terceiro Estado não foi de forma alguma o beneficiário dessa situação, contrariamente à opinião geral de que os principais responsáveis são os próprios revolucionários: o povo rebelou-se, repetiram eles incessantemente, e derrubou o despotismo e a aristocracia. Sem dúvida, no fim aconteceu isso mesmo. Mas o povo não foi o primeiro motor. A burguesia, sem dispor de um intérprete legal, não tinha meios de forçar o rei a convocar a nação; a mesma coisa acontecia com camponeses e operários. Em compensação, os privilegiados dispunham desses meios: o clero através da sua Assembleia, a nobreza nos Parlamentos e nos Estados provinciais. Foram eles que coagiram o rei. "Os patrícios", escreveu Chateaubriand, "começaram a revolução; os plebeus a terminaram." Assim, o primeiro ato da Revolução, em 1788, foi marcado pelo triunfo da aristocracia, que, aproveitando a crise governamental, acreditou obter sua revanche e retomar a autoridade política da qual fora despojada pela dinastia dos Capetos. No entanto, tendo paralisado o poder real que servia de escudo à sua proeminência social, ela abriu o caminho para a revolução burguesa, para a revolução popular das cidades e, finalmente, para a revolução camponesa – e foi sepultada sob os escombros do Antigo Regime. Estes são os quatro atos que, em grandes traços, reconstituiremos a seguir.

PARTE I

A revolução aristocrática

1

A aristocracia

Na antiga França, a lei distinguia três *ordens*: o clero, a nobreza e o Terceiro Estado. Suas proporções numéricas são imprecisas: dos 23 milhões de habitantes que o reino podia conter, sem dúvida não havia mais de 100 mil sacerdotes, monges e freiras, e de 400 mil nobres; todo o restante pertencia ao Terceiro Estado.

O clero

Além da proeminência honorífica, o clero possui os maiores privilégios. Forma um *corpo* representado por uma Assembleia periódica, dotada de administração própria – agentes gerais do clero, câmaras diocesanas – e provido de tribunais particulares, o provisorado. Não é obrigado a pagar nenhum dos impostos diretos ordinários e autoestabelece o *dom gratuito* que consente em dar ao rei; algumas vezes, empresta do Estado, encarregando-se dos juros e da amortização. Materialmente, não depende do Estado nem dos fiéis: recebe o dízimo de todos os produtos da terra; suas propriedades fundiárias, de grande extensão no norte, diminuem à medida que se avança para o oeste ou para o sul, mas englobam provavelmente uma décima parte do reino; os bispos, abades e cônegos são senhores em numerosas aldeias, fazendo jus assim às taxas senhoriais. Estreitamente unido à monarquia, cujo direito divino é simbolizado pela coroação, exerce finalmente, por conta do rei e por conta própria, o governo dos espíritos: desde a revogação do Édito de Nantes, todos os franceses são considerados católicos; o que chamamos de estado civil está na mão dos sacerdotes; sem sacramentos, o súdito do rei não tem existência legal, e seus filhos, considerados bastardos, não podem herdar; só no princípio de 1788 reconheceu-se que subsistiam alguns protestantes e abriu-se uma exceção em seu benefício. Enfim, o clero possui o monopólio do ensino e da assistência e participa da censura de tudo aquilo que se imprime legalmente.

Mas, como disse Sieyès, o clero na verdade é uma profissão e não uma classe social; sua unidade é puramente espiritual: representa a Igreja, sociedade perfeita e divina; do ponto de vista social, podem ser distinguidos nele os nobres – trata-se sobretudo do alto clero: bispos, abades, numerosos cônegos – e os plebeus: quase todos os sacerdotes, os vigários, a maioria dos religiosos. Veremos melhor essa divisão nos Estados Gerais, onde os sacerdotes assegurarão a vitória do Terceiro Estado. Assim, na verdade existem apenas duas classes: a nobreza e os plebeus. A aristocracia é a nobreza.

A nobreza

A nobreza também goza de privilégios, honoríficos, como o porte da espada, ou úteis, como a isenção da talha, da obrigação da corveia* nas estradas e do alojamento de soldados; mas é menos favorecida do que o clero: não forma um *corpo* e deve pagar a capitação e o vigésimo. Ainda possui muitas terras – provavelmente uma quinta parte do reino, pelo menos – e detém a maioria dos senhorios, e portanto, dos direitos feudais. No entanto, esses traços não estabelecem uma distinção radical entre ela e os plebeus: províncias, cidades, funcionários plebeus também possuem privilégios; numerosos burgueses não pagam a talha; unicamente os camponeses compõem as milícias e trabalham nas estradas; na França, ao contrário da Prússia, os burgueses e camponeses não são proibidos de adquirir terras, nem mesmo senhorios.

Aquilo que realmente caracteriza a nobreza é o nascimento: sem dúvida, qualquer um pode se tornar nobre, mas a verdadeira nobreza vem do berço. Através do sangue é que o nobre sustenta sua superioridade sobre

* "Corveia" era como se chamavam os dias de trabalho gratuito que os servos deviam ao seu senhor. [N. da T.]

o plebeu *ignóbil*, já que ela é inalienável, sendo o casamento desigual considerado uma mácula indelével. A literatura aristocrática, que prosperou no século XVIII ao lado da filosofia burguesa, dedicou-se a fortalecer essa fantasmagoria racial através de uma representação imaginária da nossa história social. Para o conde de Bolainvilliers, os nobres são descendentes dos germanos, que, através da conquista, se apossaram do território dos galo-romanos, inábeis guerreiros temerosos da morte. Trata-se de uma raça diferente, heroica e militar, feita para o comando e preocupada sobretudo com os sinais de respeito que seus direitos honoríficos lhe asseguram. Como poderia ela imaginar ser confundida com o restante da nação?

No caso de exercer um ofício ou uma profissão, o nobre seria rebaixado, tornar-se-ia plebeu. Colbert permitiu-lhe o comércio marítimo, porém com sucesso medíocre. A menos que seja pobre, o nobre nem mesmo administra seus bens. Permanecendo ocioso, frequentemente vê sua fortuna se esfacelar. A guerra já não proporciona qualquer rendimento; o direito de primogenitura não impede que os filhos mais moços reclamem o que lhes corresponde; a vida, no século XVIII, encareceu muito. Assim, a nobreza é uma classe cada vez menos homogênea. Alguns são muito ricos: La Fayette, após a morte do pai, viu-se possuidor de 140 mil libras de renda; vivem na Corte e em suntuosos castelos, como o de Rohan, em Saverne, e o de Brienne, em Brunoy. Muito frequentemente faltam-lhes ponderação e seriedade, e terminam por contrair dívidas. Nas vésperas da Revolução, os Guéménée foram à falência. Os nobres da província levam uma vida menos dissipada; muitos possuem poucos bens e outros são pobres, sobretudo nas regiões montanhosas; esses "fidalguetes" são os mais fiéis às tradições e também os menos dispostos a concessões: temiam que a renúncia aos direitos feudais ou a obrigação de pagar mais impostos lhes causasse a ruína.

A nobreza de toga

Outro tipo de nobreza se justapôs a essa de espada, à velha, ou supostamente tal, nobreza. O rei pode enobrecer e sempre recompensou dessa forma os seus servidores; nos séculos XVI e XVII, tendo adquirido o costume, para obter dinheiro, de vender as funções públicas – sobretudo as judiciais, mas também as financeiras, militares, administrativas e municipais –, ocorreu-lhe a ideia de enobrecer alguns desses cargos ou *offices*, para elevar seu preço. A nobreza hereditária passou a ser outorgada a membros dos tribunais judiciais parisienses – Parlamento, Tribunal de Contas, Tribunal de Ajudas,* Grande Conselho, Magistratura, Tribunal da Moeda – e a membros de alguns tribunais de província; nos outros, a nobreza concedida a título pessoal tornava-se transmissível após certo tempo de exercício da função: era a nobreza de toga. Tais favores foram concedidos aos relatores do Conselho do rei, aos oficiais das Juntas de finanças e aos arrecadadores de impostos; aos secretários do rei, dispersos por todo o reino, sem exercerem nenhuma função, em número de várias centenas; aos alcaides e regedores de algumas cidades. Esses nobres, de recente extração burguesa, são ricos, pois os cargos são caros; geralmente, por tradição familiar, sabem administrar e aumentar seu patrimônio. Durante muito tempo foram menosprezados pela nobreza de espada, porém esta distância se atenuou no século XVIII; a isca dos dotes facilita casamentos que apressam a fusão. Os enobrecidos, em um piscar de olhos, esquecem a sua origem e adquirem a mesma altivez que os outros.

A nobreza e o dinheiro

No Antigo Regime, portanto, o poder do dinheiro impôs-se à nobreza. Sem ele, não há futuro. Já se foram os tempos em que o caçula da Gasconha vinha tentar fortuna na Corte: o nobre pobre já não tem acesso a ela; mesmo o ingresso no Exército restringiu-se bastante para ele, pois um regimento custa de 25 a 50 mil libras. Assim, vários deles estão em busca de uma sinecura, de uma pensão, de uma doação no caso de poderem se aproximar do rei, ou pelo menos de um casamen-

* "Cour des Aides", em francês. "Ajuda" era o nome dado, no Antigo Regime, a um imposto indireto. [N. da T.]

to rico, mesmo ao preço de uma aliança desigual: Choiseul casou-se com a filha de Crozat, o arrecadador-geral de impostos, um presidente Molé desposou a filha de Bernard, o famoso médico; uma filha do banqueiro Laborde tornou-se condessa de Noailles. Ocorre um fato ainda mais interessante: os nobres deixam-se levar pelo espírito burguês, interessam-se pelo progresso do capitalismo e tentam deduzir uma parte de seus benefícios a favor de sua influência na administração ou invocando os seus direitos feudais. Durante muito tempo, os senhores afirmaram que as concessões de mineração dependiam deles: em 1744, o rei apropriou-se delas; os nobres estão bem colocados para obtê-las, e o duque de Croy, por exemplo, desempenhou um papel de grande relevância na formação da companhia de Anzin. Uma boa parte dos bosques e rios pertence aos domínios senhoriais; no século XVIII, a forja e a vidraria ainda dependem deles, sem falar de outras indústrias. Alguns destinam fundos à indústria; o conde de Artois participa da criação da manufatura de Javel, e Buffon cria uma forja em Montbard; outros dedicam-se a especulações financeiras: o duque de Orléans constrói casas de aluguel no Palais-Royal; outros obtêm participações na Arrecadação Geral, encarregada do recebimento das gabelas* e taxas aduaneiras, associam-se aos provedores do Exército e da Marinha, jogam na Bolsa: o abade d'Espagnac e Talleyrand já eram conhecidos por este motivo antes da Revolução. Alguns grandes proprietários mais tradicionalistas tentavam aumentar sua renda mediante a exploração das suas terras segundo os métodos preconizados pelos fisiocratas e imitados da Inglaterra: assim o fizeram o marquês de Turbilly em Volandry, na Touraine, o duque de la Rochefoucauld, em Liancourt, Montlosier, em Randanne, perto de Clermont, Lavoisier, no Blésois. Mas a maioria dos senhores limitava-se a exigir com maior rigor os direitos feudais: chamamos a isto de reação senhorial; afirmam seus direitos burgueses que procuram impiedosamente recebê-lo; elaboram minuciosos livros de privilégios que fazem entrar novamente em vigor taxas caducas; obtêm do rei editais permitindo-lhes cercar suas terras e proibindo que

* "Gabela" era o imposto cobrado sobre o comércio do sal. [N. da T.]

o gado dos camponeses paste nelas, ou atribuindo-lhes uma terça parte dos bens comunais; utilizam o direito de plantio para plantar árvores na terra dos camponeses, ao longo dos caminhos; expulsam estes últimos das suas florestas.

Tocqueville insistiu sobre as consequências dessa corrida ao dinheiro. No alto, a nobreza tende a excluir uma minoria que adota ideias liberais e cujas condições de existência a aproximam da burguesia; inveja os lordes ingleses que enriquecem burguesamente e que, ao ocupar cadeiras no Parlamento, formam o ministério e governam o país. Mas embaixo a nobreza tende a se pulverizar: devido à falta de dinheiro, os nobres se rebaixam como Mirabeau; muitos filhos mais novos sonham com uma nova ordem na qual encontrarão seu lugar; pelo menos, descontentes com sua vida medíocre, aspiram à aventura e clamam, como Chateaubriand: "Levantem-se, desejadas tempestades!"

A reação aristocrática no século XVIII

No entanto, a importância da evolução não deve ser exagerada. A grande maioria dos nobres não sabe ou não quer enriquecer; a grande maioria dos filhos mais moços não quer se rebaixar. Procuram remediar a situação através de um exclusivismo crescente. Por um lado, a nobreza deve formar um corpo como o clero e se constituir em casta fechada. Pela última vez, em seus cadernos de queixas* de 1789, pedirá a verificação dos títulos de nobreza e a supressão do enobrecimento automático pela compra de cargos. Por outro lado, para que o rei possa contar com a "sua nobreza fiel", deve reconhecer que unicamente ela está credenciada para aconselhá-lo, para comandar em seu nome: ele deve lhe conceder o monopólio dos empregos compatíveis com a sua dignidade, bem como educação gratuita para seus filhos. De qualquer forma, ela obtivera grandes satisfações no decorrer do século XVIII; o

* Em francês, "cahiers de doléances"; continham queixas e reivindicações de cada ordem, dirigidas aos Estados-Gerais. [N. da T.]

rei, primeiro gentil-homem do reino, fizera prevalecer cada vez mais as prerrogativas do sangue, correndo o risco de trair assim aquilo que pode ser chamado de sua missão nacional, e de ver a aristocracia jogar contra ele a influência adquirida.

Efetivamente, a história da monarquia dos Capetos está marcada pela sua luta contra a aristocracia: algumas vezes o poder real prevalece sobre ela, com Francisco I e Henrique II, para não falar de Henrique IV, de Richelieu; outras vezes a aristocracia retoma a vantagem, devido às guerras de religião, à menoridade de Luís XIII, à Fronda. Sob Luís XIV, o conflito parecia ter terminado, e a nobreza teve de se submeter ao imposto direto. No mesmo momento em que tentava unificar as terras francesas, a realeza também preparava a unidade nacional: arrancando a administração local das mãos da aristocracia, ela combatia o particularismo e dedicava-se a reunir todos os franceses sob a mesma lei; obrigando sacerdotes e nobres a obedecê-la, ela os confundia, pelo menos neste aspecto, com o restante da nação. Mas os sucessores de Luís XIV não terminaram essa grande obra. Existe o hábito de caracterizar o século XVIII pela ascensão da burguesia e pelo triunfo da filosofia: mas ele também testemunhou a última ofensiva da aristocracia, e o início da Revolução foi apenas o seu coroamento.

Na época de Luís XVI, um Saint-Simon não teria podido reprovar o monarca pelo fato de estar rodeado pela "vil burguesia": com exceção de Necker, todos os ministros eram nobres, bem como os membros dos conselhos; aos nobres também estavam reservadas, naturalmente, todas as dignidades das Casas do rei, da rainha e dos príncipes. Após cada guerra, os oficiais plebeus são licenciados em primeiro lugar; o conde de Saint-Germain suprimiu, a cada mutação, uma quarta parte da finança dos cargos venais a fim de reservá-los mais tarde para os nobres; a partir de 1781, para aceder aos graus sem passar pela categoria, são necessários quatro costados de nobreza. Na Marinha, onde não existia a venalidade, o exclusivismo encontra ainda menos obstáculos. Em 1789, todos os bispos são nobres. Os Parlamentos relutam em admitir plebeus e alguns deles exigem abertamente a nobreza paterna; por outro lado, não são criados novos cargos, e os antigos tornam-se praticamente hereditários. Com os alcaides ocorre algo parecido: na época de Richelieu e Colbert, os alcaides eram plebeus ou magistrados recentemente enobrecidos; sob Luís XVI, eles têm um costado de nobreza; após residirem muito tempo nas suas localidades, ali se casam, compram terras e confraternizam com os senhores da região. Entre o rei que representam e a aristocracia à qual pertencem, não hesitariam eles em caso de radicalização do conflito?

Enfraquecimento do poder real

No final do reinado de Luís XIV a luta recomeçou. Já não se trata de recorrer às armas. Sinal dos tempos! É no âmbito judiciário e administrativo, através de procedimentos burgueses, que as Cortes soberanas e os Estados provinciais põem em xeque e minam o poder real. As Cortes eram tribunais, porém duas das suas atribuições conferiam-lhes um papel político. Um édito do rei só era válido se registrado por elas, mas antes de fazê-lo podiam apresentar objeções. Evidentemente o rei podia se adiantar: convocava uma sessão das Cortes e ordenava que fosse feito o registro. No entanto, no decorrer do século XVIII, os Parlamentos tinham criado coragem e declarado a nulidade de tal ato; quando o rei obstinava-se, ameaçavam suspender o curso da justiça. Depois disso, seus membros eram exilados por meio de uma carta régia.* Apesar disso, o édito permanecia sem efeito até se chegar a um acordo. As Cortes tinham grandes facilidades quando se tratava de medidas fiscais; pretendendo defender o contribuinte, travavam as reformas que restringiriam os seus privilégios. Em 1774, Maupeou desmantelou essa oligarquia judiciária, porém um dos primeiros atos de Luís XVI foi o seu restabelecimento. Pouco tempo depois ela contribuiria vigorosamente para a queda de Turgot.

---

* "Carta régia", ou "lettre de cachet", era uma espécie de autorização direta do rei permitindo cobranças e prisões sumárias. [N. da T.]

Os progressos dos Estados provinciais são menos conhecidos, porém não menos característicos. Luís XIV permitira a sua subsistência em Artois, Flandres e Cambrésis, em Béarn e em numerosas pequenas localidades dos Pireneus, na Borgonha e, embora mutilados, também na Provença; os mais poderosos eram os do Languedoc e da Bretanha. A nobreza e o clero reinavam neles, e o Terceiro Estado era representado apenas pelos delegados de Municipalidades urbanas, também nobres ou privilegiados; no Languedoc, eles igualavam em número os deputados das duas primeiras ordens, e o voto era por cabeça, sem que a aristocracia fosse prejudicada.

Nos Estados provinciais e nas Cortes de província, o particularismo prosperava. Os Estados, investidos do direito de aprovar o imposto, vangloriavam-se de proteger a população contra o Fisco, mas aproveitavam sobretudo para preservar seus privilégios e para obter pouco a pouco uma grande parte da administração; o Languedoc abriu o caminho, seguido pela Bretanha; em 1788, o alcaide de Rennes tinha que se ocupar apenas da gendarmeria, dos serviços de transportes e dos asilos. As regiões dos Estados excitavam a inveja das outras províncias, e os alcaides, sentindo-se impopulares, exerciam sua autoridade com prudência crescente.

Assim, a nobreza, além de monopolizar as funções públicas, tinha a pretensão de participar do poder central e de apoderar-se de toda a administração local. Os Parlamentos consideravam-se os herdeiros dos Campos de março e dos Campos de maio, nos quais os reis francos consultavam os grandes, do Tribunal Real, no qual os Capetos convocavam seus vassalos. Recordavam que antigamente os Estados-Gerais votavam o imposto e sustentaram que, em sua ausência, este direito era recobrado pelas Cortes. A literatura aristocrática mostra que os senhores tinham recebido, junto com seus feudos, um poder soberano sobre os camponeses, do qual o rei os despojara injustamente. Montesquieu retomara todos esses argumentos, sem deixar de fora nem mesmo a origem germânica da nobreza, para legitimar a existência dos "corpos" considerados indispensáveis para impedir que a monarquia retornasse ao despotismo; a liberdade que ele preconizava era a da aristocracia, da qual o *Espírito das leis* pode ser considerado o breviário com base nesse ponto de vista. Na verdade, frequentemente tentou-se dissociar a nobreza de espada da nobreza de toga e imputar unicamente aos parlamentares, funcionários indisciplinados, o enfraquecimento do poder real no século XVIII; incontestavelmente, estes tinham seus próprios interesses, e Montesquieu, por exemplo, defendera a venalidade dos cargos; mas a nobreza de espada, embora sempre invejasse a nobreza de toga, já não a julgava inimiga, unindo-se a ela contra o poder central: a cada crise, os Estados provinciais sustentavam os Parlamentos e vice-versa.

A unidade nacional fica incompleta

Temendo uns e outros, a realeza não pudera concluir a realização da unidade nacional. Indubitavelmente houve progressos: sem eles a Revolução teria sido impossível. O desenvolvimento das comunicações e do comércio, a educação dispensada nos colégios, a atração da Corte e de Paris teceram inúmeros vínculos entre os franceses. Mas as províncias e as cidades conservaram seus privilégios; o Midi conservou o direito romano e o norte, os seus múltiplos costumes; os pesos e as medidas não foram uniformizados; as aduanas interiores e os pedágios particulares subsistiram; as circunscrições administrativas, judiciais, financeiras, religiosas, umas invadindo o terreno das outras, continuaram sendo um caos; finalmente e sobretudo, a nobreza continuou sendo uma nação dentro da nação.

No entanto, chegou o momento em que uma nova crise financeira determinou Calonne a modernizar o Estado: o eterno adversário obstruiu-lhe o caminho.

2

A CRISE DA MONARQUIA

Sua origem remonta à guerra da América; a revolta das colônias inglesas, efetivamente, pode ser considerada a principal das causas imediatas da Revolução Francesa, não só porque, através da invocação dos direitos do homem e do cidadão, ela superexcitou os espíritos, mas também porque Luís XVI, ao apoiá-la, prejudicou suas finanças. Necker sustentou a guerra por meio de empréstimos; após o restabelecimento da paz em 1783, os aumentos dos impostos não puderam cobrir o déficit, e Calonne continuou apelando aos prestamistas. Em 1786, quando eles começaram a ficar recalcitrantes, teve de convencer o rei de que uma reforma fiscal se tornara indispensável.

O DÉFICIT E A DÍVIDA

Necker e Calonne, recriminando-se reciprocamente, apresentavam cifras sobre a situação do Tesouro impossíveis de serem verificadas. Mas podemos fazer uma ideia aproximada da situação pelo exame do relatório apresentado ao rei em março de 1788, que constituía uma previsão de receita e despesas, isto é, um orçamento – o primeiro, e também o último – do Antigo Regime. As despesas totalizam 629 milhões, e as receitas, 503 milhões, ou seja, o déficit é de 126 milhões, 20% das despesas, devendo ser coberto ainda uma vez mediante o crédito. Infelizmente ignoramos quais foram efetivamente a receita e as despesas, mas o déficit deve ter sido superior, pois uma crise econômica durante o transcurso do ano diminuiu a primeira e aumentou as segundas, devido à compra de grãos no exterior. Por outro lado, os empréstimos foram subscritos apenas parcialmente. Em 13 de outubro de 1787 fora preciso decretar um desconto sobre as pensões; em 18 de agosto de 1788 deu-se livre curso às cédulas do Banco de Descontos para que ela adiantasse cem milhões ao Estado: era a inflação; além do mais, a partir de então as rendas e pensões passaram a ser pagas com uma lentidão calculada.

Causas e remédios

Os contemporâneos atribuem o mal ao esbanjamento desenfreado dos ministros e da Corte, aos benefícios inacreditáveis dos financistas, que arrecadavam a cobrança das taxas indiretas, e dos inúmeros cobradores que centralizavam o produto dos impostos diretos. Neste ponto, os privilegiados faziam coro de bom grado com o Terceiro Estado. Por essa razão os cadernos de queixas, em 1789, exigirão unanimemente que o imposto seja votado pelos Estados Gerais e sua cobrança seja assegurada por administrações eletivas. Os abusos existiam, e apesar de sérias economias ordenadas, o relatório ainda assinalava 35 milhões para as despesas da Corte. No entanto, por mais considerável que fosse, essa quantia não ultrapassava 6% do orçamento; os outros gastos civis representavam 19%; o Exército, a Marinha e a diplomacia, 26%. O que mais prejudicava as finanças do rei era a dívida: seu serviço exigia 318 milhões, ou seja, mais de 50%. Era possível efetuar novos cortes: no Exército, por exemplo, o número de oficiais era demasiadamente alto, e algumas pensões eram fruto apenas do favor; mas evidentemente não seria possível economizar 126 milhões sem amputar a dívida, isto é, sem ir à falência. Não seria a primeira vez, e como a única vítima teria sido a burguesia parisiense, a pequena nobreza da província não teria se oposto. Mas os Parlamentos a teriam denunciado vigorosamente e os financistas teriam recusado novos empréstimos ao Tesouro. É preciso felicitar a monarquia por não ter recorrido a esse expediente e por não ter sequer sonhado em generalizar a inflação que uma falência disfarçada significa, sem esquecer, no entanto, que sua reserva comprova a influência todo-poderosa exercida pela burguesia.

Por outro lado, não se esperava cobrir o déficit através do aumento dos impostos existentes: eles já pesavam muito. Além do mais, se compararmos o período que vai de 1726 a 1741 com o de 1785-1789, constataremos que os preços aumentaram 65%, contra apenas 22% dos salários; o poder aquisitivo das massas diminuíra e o imposto não poderia render muito mais, sobretudo o imposto indireto.

A evasão fiscal

Portanto, restava apenas uma saída, porém significativa. Na verdade, os franceses não contribuíam todos em pé de igualdade. Em primeiro lugar, as regiões que tinham conservado seus Estados provinciais, especialmente a Bretanha e o Languedoc, tinham maiores facilidades; como foi dito, muitos burgueses não pagavam a talha, e a corveia nas estradas atingia somente aos camponeses. No entanto, o clero e a nobreza gozavam de maiores vantagens, e a evasão fiscal que os favorecia tornou-se ainda mais importante devido ao fato de os arrendamentos rurais terem aumentado muito mais do que os preços – 98% contra 65%; por outro lado, o produto do dízimo e dos direitos feudais arrecadados em espécie tinham aumentado proporcionalmente aos preços. Em suma, quanto maior a riqueza, menos se pagava no Antigo Regime. Assim, do ponto de vista técnico, a crise poderia ser resolvida facilmente: bastava que todos fossem obrigados a contribuir.

O plano de Calonne

Calonne tinha plena consciência disso. Em seu relatório de 20 de agosto de 1786, propunha que o rei estendesse às províncias isentas o monopólio do tabaco e a gabela, além de unificar o preço do sal, que até então variava enormemente de uma região para outra. Além do mais, pretendia substituir os vigésimos dos bens de raiz por uma *subvenção territorial* paga em espécie por todos os proprietários, sem distinção nem exceção. Por meio dessas medidas, contava restabelecer o equilíbrio, além de renunciar a numerosas taxas, especialmente sobre o transporte de ferro, óleos, aguardentes, produtos ultramarinos, e sobre a fabricação de ferro e óleo; também os camponeses seriam aliviados trocando por dinheiro a corveia nas estradas. Através desses meios Calonne esperava estimular a atividade econômica e aumentar a riqueza tributável. Com a mesma intenção queria abolir as alfândegas internas e conceder completa liberdade ao comércio de grãos. Esse programa evidenciava uma preocupação com o enriquecimento, que se harmonizava com os interesses dos economistas e da burguesia; por outro lado, atentava contra a estrutura social do Antigo Regime, ao limitar os privilégios fiscais. Mas Calonne ia ainda mais longe. Prevendo que o clero, para se negar a pagar a subvenção, alegaria o ônus da dívida contraída em benefício do Estado, pretendia reembolsá-lo por meio da venda dos direitos feudais que se encontravam nas mãos dos padres. Também queria confiar a divisão do imposto a *assembleias provinciais* eleitas pelos proprietários, sem distinção de ordem, sendo que seu presidente poderia ser um plebeu.

De acordo com esse plano, o poder real se modernizaria e fortaleceria: se o equilíbrio financeiro fosse restabelecido e mantido graças ao aumento da riqueza, os expedientes fiscais já não seriam necessários e o rei escaparia do controle dos Parlamentos. A unidade do reino seria enormemente favorecida. A evolução social também: os privilégios fiscais seriam atenuados; os direitos feudais poderiam começar a ser extintos; burgueses e camponeses proprietários, associados à administração, seriam integrados ao Estado.

O sacrifício exigido aos privilegiados era modesto, pois a nobreza continuaria isenta da talha, o clero, da capitação, e ambos, da corveia. Mas Calonne não se iludiu sobre a acolhida que os Parlamentos dariam às suas propostas. Se tivesse podido contar com o rei, talvez tivesse se engajado abertamente na luta, como alguns dos seus colegas aconselhavam. Mas Luís XVI, embora zeloso da sua autoridade, não tinha força de vontade; honesto e bem-intencionado, estava longe de ser um gênio, e não compreendeu nem o perigo que corria nem o alcance do plano do seu ministro. Além do mais, embora a realeza, símbolo da comunidade nacional, gozasse de um prestígio ainda intacto, Luís XVI, pessoalmente, não desfrutava de nenhum; aficionado à caça e aos trabalhos manuais, amante da comida e da bebida, não gostava da vida social nem de jogos e danças, o que provocava a burla dos cortesãos; os boatos que corriam sobre a rainha tinham-no tornado ridículo; dizia-se que ele não era o pai de seus filhos; Maria Antonieta tinha fama de ser uma messalina, e o famoso caso do colar, em 1785, tinha acabado com a sua reputação perante a nação inteira. Entre as causas imediatas da Revolução, devem-se salientar o caráter do rei e o da rainha: os acontecimentos poderiam ter tomado um rumo diferente se o trono fosse ocupado por um Henrique IV ou mesmo por um Luís XIV.

Assim, Calonne resignou-se à negociação; imaginou convocar uma assembleia de notáveis, na qual figurassem os diversos elementos da nobreza: 14 prelados, 36 grandes senhores, 33 parlamentares, 13 intendentes e conselheiros de Estado, 37 membros de Estados provinciais e de Municipalidades urbanas. Tendo-os escolhido a dedo, contando com a influência administrativa e com o respeito devido ao rei, supôs que eles seriam dóceis e que sua aquiescência influenciaria os Parlamentos. No fundo, tratava-se de uma primeira capitulação: o rei consultava a aristocracia em vez de impor-lhe a sua vontade.

A Assembleia dos Notáveis

Infelizmente Calonne adoeceu, e Vergennes, seu maior apoio no governo, morreu. A abertura dos trabalhos foi marcada para 22 de fevereiro de 1788. Enquanto isto, o público começou a zombar dessa assembleia de figurantes, o que feriu o amor-próprio dos notáveis. Calonne conseguiu indispô-los ainda mais desde a primeira sessão, ao denunciar os abusos com um tom revolucionário e ao declarar que o rei tinha decidido taxativamente corrigi-los. É verdade que vários dos seus projetos, como a comutação da corveia e a reforma dos impostos indiretos, não podiam incomodar os privilegiados: eles inclusive propuseram a extinção pura e simples da gabela; quanto à liberdade do comércio de grãos, eles só tinham a ganhar com isso. Mas quando se tratou das "reformas estruturais" a batalha eclodiu. Se o clero perdesse os seus direitos feudais, não chegaria logo a vez dos senhores leigos? Invocou-se o direito de propriedade. Não era ilusório criar assembleias provinciais que se ocupassem apenas da repartição do imposto? E o fato de elas serem eleitas sem distinção de ordens não sugeriria que as ordens poderiam desaparecer algum dia? Os prelados criticaram abertamente a subvenção territorial e seu caráter perpétuo, ilimitado e universal; ousaram recordar que os Estados Gerais nunca tinham permitido o imposto: ele devia ajustar-se ao déficit e nada além disso; seria preciso, portanto, comunicar-lhes as contas do Tesouro. O direito dos Estados provinciais de permitir o imposto e de obter, através de um *abono*, o direito de entregar uma quantia fixa conseguida pelo meio que lhes parecesse mais conveniente foi vigorosamente reivindicado. Por fim, o recebimento em espécie foi rejeitado unanimemente. Questiona-se se essas múltiplas objeções não dissimulavam a vontade de salvaguardar os privilégios. Na verdade, os notáveis estavam resignados a um sacrifício; mas o déficit, que Mirabeau qualificará mais tarde de Tesouro da nação, no momento era o da aristocracia; ela regateava o voto da subvenção para obter concessões políticas: o exame das contas, isto é, um direito de controle sobre o poder central, e a concessão da administração local a assembleias provinciais, lideradas por ela.

Quando Calonne, na sessão de 12 de março, com incrível audácia agradeceu aos notáveis afirmando que concordavam com ele, eles puseram-se a protestar veementemente, sem deixar, porém, de publicar um manifesto no qual declaravam admitir que seus impostos fossem iguais aos de todos os demais cidadãos, desde que fossem mantidas "para as duas primeiras ordens as formas antigas que as distinguiam". Eram apoiados por jornalistas. Calonne afirmava que Necker, contrariamente às suas afirmações, havia deixado o Tesouro em situação de déficit em 1781: seu rival, que tinha muitos partidários entre os notáveis, pediu em vão para responder. Compreendendo que Calonne não obteria nada dos notáveis, o rei o destituiu em 8 de abril de 1788.

Entre os seus adversários distinguiu-se Loménie de Brienne, arcebispo de Toulouse, não porque verdadeiramente desaprovasse as reformas, como se viu posteriormente, mas porque desejava ser ministro, o que não demorou muito. Sua reputação era a de ser um bom administrador, porém não passava de um ignorante e incapaz; ademais, logo perdeu qualquer autoridade ao pedir transferência para o arcebispado de Sens, muito mais rico. Para conquistar os notáveis, permitiu-lhes o acesso às contas, prometeu fazer economia, dedicou-se a restabelecer as ordens nas assembleias provinciais, sem tocar nos direitos feudais do clero. No tocante à subvenção, retomou o projeto contrário ao de Calonne: pagamento em efetivo e faculdade de abono para as províncias. Mas exigiu o voto do princípio e, além do mais, um grande aumento do imposto do carimbo. Na sua maioria, os notáveis persistiram em sua atitude de rejeição; chegaram a declarar que não tinham poder para aprovar o imposto, aludindo assim aos Estados Gerais. Em 25 de maio, foram mandados embora. O plano de Calonne fracassara, e Brienne teve de enfrentar os Parlamentos sem qualquer cobertura.

Resistência dos parlamentos

O Parlamento de Paris aceitou sem dificuldade a liberdade do comércio de grãos, a comutação da corveia e a criação das assembleias provinciais. Mas relutou em relação ao imposto do carimbo e, quando Brienne submeteu-lhe a subvenção territorial, rejeitou-a declarando, desta vez abertamente, que apenas os Estados Gerais poderiam votar novos impostos. Em 6 de agosto, sessão solene; logo após, o Parlamento a declara nula e sem valor; simultaneamente, abre um inquérito contra Calonne, que foge para a Inglaterra. Em 14 de agosto, os magistrados exilam-se em Troyes. As outras Cortes soberanas os apoiam, e a sublevação eclode. Ela é facilmente reprimida, mas Brienne logo capitula: os éditos fiscais são retirados e, em 19 de setembro o Parlamento, reinstalado, aprova o restabelecimento dos vigésimos. O governo perdera um ano e se encontrava ainda no mesmo lugar.

No entanto, como era preciso viver, Brienne, assim como Calonne, passou a preocupar-se com o empréstimo. A dificuldade era a mesma: precisava da anuência dos parlamentares; os mais influentes deles, tendo aceitado negociar, colocaram porém a condição decisiva: o governo tinha de prometer que convocaria os Estados Gerais. Brienne decidiu pedir 120 milhões, a serem convertidos em cinco anos; no final desse período, ou seja, em 1792, os Estados Gerais seriam convocados. Mas como não estivesse certo de contar com a maioria, decidiu que o próprio rei deveria apresentar o édito, em *sessão real*; neste caso, os parlamentares poderiam dar sua opinião, mas sem proceder ao voto: no fundo, tratava-se de uma *sessão solene*. A fim de prevenir qualquer acordo, a sessão foi anunciada em 18 de novembro, e marcada para o dia seguinte; mas nessa mesma noite o duque de Orléans aceitou discursar em nome da oposição. Quando o rei ordenou o registro, ele protestou: "Senhor, é ilegal!". Desconcertado, Luís XVI se enfureceu: "Não me importo com isso! Sim, é legal, sim, porque eu assim o quero." Após a sua partida, iniciou-se o tumulto: o registro foi declarado nulo. No dia seguinte, o duque foi exilado, assim como dois conselheiros.

A extensão do conflito

A disputa se eternizou; o Parlamento multiplicava as representações e o rei as rejeitava. O debate ampliara-se. Em 4 de janeiro de 1788, assumindo a causa dos exilados, o Parlamento condena as cartas régias e reivindica para os súditos do rei a liberdade individual, como um direito natural. Em 3 de maio, advertido secretamente de que um golpe era iminente, publicou uma declaração das leis fundamentais do reino, do qual se declarava o guardião: a monarquia é hereditária; o voto dos subsídios pertence aos Estados Gerais; os franceses só podem ser julgados pelos seus magistrados ordinários, os quais são inamovíveis e não podem ser presos nem detidos arbitrariamente; finalmente, os costumes e privilégios das províncias são invioláveis. Assim, a aristocracia invocava os direitos do homem e do cidadão para proteger seus membros e obrigar o rei a partilhar o poder com ela. Em 17 de abril, Luís XVI observara que, se os Parlamentos triunfassem, a França tornar-se-ia uma "aristocracia de magistrados"; ele poderia ter dito mais acertadamente: uma "aristocracia", e nada mais. Começou a ser difundido um boato de que uma facção orleanista objetivava a substituição de Luís XVI, se conseguisse conduzi-lo à abdicação.

Ensaio de reforma judicial

No entanto, finalmente o governo decidira recorrer aos meios extremos que Calonne tentara evitar. Foi emitida ordem de prisão contra Duval d'Eprémesnil e Goislart de Montsabert, que tinham se mostrado os mais audaciosos; as Forças Armadas cercaram o Palácio de Justiça, em 5 de maio, conservando-o fechado até a manhã do dia 6, quando os dois chefes se entregaram. No dia 8, o rei mandou registrar seis éditos preparados pelo ministro da Justiça, Lamoignon. O registro passou a ser feito por uma Corte plenária, composta majoritariamente por príncipes e oficiais da Coroa: era o ponto capital. Foi acrescentada uma reforma judicial. Os bailiados e senescalias desapareciam, e os Presidiais tornavam-se tribunais de primeira instância; superpostos a eles, foram criados tribunais de apelação denominados Grandes Bailiados, perdendo assim os Parlamentos a maior parte da sua jurisdição; a questão prévia, ou seja, as torturas que precediam a execução dos criminosos, era suprimida a título de experiência (a questão preparatória que acompanhava a instrução de seus processos já o fora em 1780). No entanto, Lamoignon não ousara imitar Maupeou até o fim: a venalidade e os presentes aos juízes subsistiam, o que não podia ser aprovado nem pela nobreza de espada nem pela burguesia. Por outro lado, ele atribuíra aos tribunais reais a prevenção sobre os juízes senhoriais, isto é, o direito de se encarregar de uma causa deferida por um litigante em prejuízo dos últimos, ataque audacioso contra as prerrogativas judiciais dos senhores, que as consideravam essenciais; alguns considerados éditos criticavam também a confusão da legislação, e acreditou-se que, ao privar os Parlamentos da concessão do registro, o poder tentara também desmantelar a autonomia provincial. Como Calonne, Lamoignon fizera demais ou demasiadamente pouco.

A revolta nobiliária e a capitulação da realeza

Desta vez, a resistência foi muito mais ampla e violenta. Em Paris, o Parlamento, colocado em recesso, estava condenado ao silêncio; mas os outros tribunais soberanos e o Châtelet tomaram seu partido e, nas províncias, os Parlamentos e a maioria dos tribunais subalternos protestaram veementemente. Foram imitados por pares e duques. A assembleia do clero, que se reunira em junho, criticou abertamente a instituição da Corte plenária, exigiu que a autonomia das províncias fosse expressamente confirmada e outorgou apenas um medíocre dom gratuito. Entretanto, isso não foi o pior. Como sempre, a cúria manifestou-se a favor dos magistrados e os tumultos se multiplicaram. Em Paris foram dominados facilmente, porém em Toulouse o Grande Bailiado teve de fugir; em Dijon, a gendarmeria teve de atacar; em 19 de junho, em Pau, os montanheses desceram para a cidade, e o intendente foi obrigado a reinstalar o Parlamento; em Rennes, o Parlamento e os Estados provinciais decidiram enviar uma delegação a Versalhes; em Grenoble, em 7 de junho, quando o Parlamento exilado ia abandonar a cidade, a população se sublevou e do alto das casas atacou a guarnição com projéteis: foi o "dia das telhas".

Paralelamente, as assembleias provinciais só tinham proporcionado contrariedades a Brienne. Para contentar a aristocracia, ele as havia dotado de amplas atribuições, em prejuízo dos intendentes, tinha mantido as ordens e outorgado a presidência aos privilegiados; em vez de serem eleitos, ele mesmo nomeara a metade dos membros, autorizando-os a se completarem por cooptação; dos 341 membros que representavam o Terceiro Estado, 63 eram nobres, e uma centena, privilegiados, sem contar os burgueses de posse de senhorias e os advogados providos de funções senhoriais. Apesar disso, a aristocracia não estava satisfeita, porque, inspirando-se nos Estados do Languedoc, Brienne outorgara dupla representação ao Terceiro Estado e decidira que se votaria por cabeça. O Parlamento de Bordeaux proibiu a reunião da assembleia de Limousin e foi preciso exilá-lo. O Delfinado, o Franche-Comté, o Hainaut, a Provença reclamaram seus antigos Estados provinciais; Brienne satisfez a reivindicação da Provença, mas negou-a ao Delfinado; a aristocracia do Delfinado requisitou então o apoio da burguesia: em 21 de julho de 1788, em Vizille, no castelo de Claude Périer, reuniu-se, apesar da proibição do rei, uma assembleia que convocou os Estados provinciais, tendo Brienne confirmado as suas decisões.

Em tais circunstâncias, era quimérico esperar que os empréstimos fossem investidos. Sem dinheiro, foi preciso deixar os prussianos intervirem na Holanda contra a burguesia e em prol do *stathouder*, que rompeu a aliança com a França e aliou-se à Inglaterra. Ségur e Castries, ministros do Exército e da Marinha, retiraram-se. Brienne capitulou pela última vez: em 5 de julho prometeu convocar os Estados Gerais; em 8 de agosto suspendeu a Corte plenária e marcou a assembleia dos Estados Gerais para 1º de maio de 1789; logo após, no dia 24, como os cofres do Tesouro estivessem vazios, apresentou sua demissão. O rei resignou-se a convocar novamente Necker, cujo primeiro cuidado foi completar o recuo: Lamoignon foi destituído, e o Parlamento, reintegrado.

Estava tudo pronto, portanto: os Estados Gerais se reuniriam, e o Parlamento indicou em seguida a favor de quem; como em 1614, constituíram-se em três ordens, cada uma delas dispondo do mesmo número de deputados e de uma voz: o clero e a nobreza deveriam ser os líderes. Era o triunfo da aristocracia.

Procedimentos revolucionários da aristocracia

Contra o poder real, ela lutara em bloco; ante a coalizão das Cortes, dos Estados provinciais e do alto clero, os intendentes tinham se mostrado indecisos; em Rennes, Bertrand de Moleville desculpou-se por ter de violentar o Parlamento; os oficiais se negavam a obedecer. Esboçara-se uma organização em virtude da ação política: de uma cidade à outra eram transmitidas as palavras de ordem; o "Comitê dos Trinta", que posteriormente assumira a direção do Terceiro Estado, parece ter sido no início um dos focos de resistência parlamentar; na Bretanha, a nobreza de espada e a de toga criaram, de comum acordo, comitês em todas as cidades de alguma importância, e despacharam delegados para estimulá-los e dar-lhes instruções. Para atingir seus objetivos, a aristocracia não hesitou em apelar à burguesia; todos os homens de lei prestaram-lhe ajuda; a cúria e os provedores dos parlamentares e nobres foram estimulados a se manifestar; em Béarn e no Delfinado mobilizaram arrendatários e parceiros; algumas vezes, as próprias tropas foram trabalhadas. Nenhum desses precedentes revolucionários será esquecido. Mas sobretudo os Parlamentos farão escola: as reprovações interativas, a anulação do registro imposto, a atitude do Parlamento de Paris após a sessão real de 19 de novembro de 1788, sua declaração das leis fundamentais, a proibição de arrecadar o imposto, lançada por algumas Cortes, encontrarão equivalentes na história da Constituinte; o Parlamento de Paris foi ainda mais longe que ela: pretendeu acusar um ministro, e Calonne transformou-se no primeiro emigrado.

Os projetos da aristocracia

Agora, a questão era saber se o Terceiro Estado permaneceria docilmente sob a égide da aristocracia; isto dependia dos projetos daquela.

Para os contemporâneos eles não eram equívocos, mas supôs-se depois que a nobreza e o clero estavam prontos para admitir a igualdade fiscal, bem como para impor ao rei um regime constitucional e a garantia das liberdades essenciais; assim, a burguesia foi amargamente criticada por não ter pura e simplesmente abraçado essa bandeira.

É incontestável que, em seus cadernos de queixas, a aristocracia exigiu formalmente a redação de uma Constituição, o voto do imposto pelos Estados Gerais e a entrega da administração a Estados provinciais eletivos. Preocupou-se igualmente em proteger a liberdade individual e a liberdade de imprensa, e até mesmo a liberdade de consciência. Em princípio, seus desejos eram formulados em benefício de toda a nação, e seu sucesso, certamente, teria sido vantajoso para o Terceiro Estado.

No entanto, este deveria se resignar a ocupar uma posição subordinada no seio do Estado, pois segundo a intenção da nobreza os Estados Gerais e provinciais deveriam ficar à sua disposição. "Meu tio", informa Mme de La Tour du Pin, "queria que toda a França fosse governada por Estados como o Languedoc".

A IGUALDADE FISCAL

Quanto à igualdade fiscal, é preciso observar em primeiro lugar que os privilegiados nunca a admitiram unanimemente. Em sua assembleia de 1788, o alto clero reivindicara ainda uma vez a imunidade legal para os seus bens. Os cadernos de queixas eclesiásticos de 1789 oferecem outra versão, pois os padres tinham a palavra dessa vez, e também porque, com a movimentação do Terceiro Estado, as concessões pareciam indispensáveis. Mesmo, a nobreza da Haute-Auvergne, de Carcassonne, de Rouen rejeitava a igualdade; a do Delfinado a aceitou, mas sob a condição de indenizar as terras nobres até então isentas. Outros cadernos – tanto do clero como da nobreza – excetuam os encargos pessoais: o alojamento de soldados, a corveia das estradas, a milícia; alguns exigem uma isenção parcial: é preciso levar em consideração os encargos dos padres, diz o clero do Bas-Limousin; considerar os gentis-homens pobres, exige a nobreza da Basse e da Haute-Marche; o Haut-Limousin quer dispensa total para a casa do nobre e "alguns arpentes"*, e o Bas-Limousin quer isentar o gentil-homem que possua menos de 1.200 libras de renda. Trata-se, sem dúvida, de regiões pobres. Mas no bailiado de Coutances reencontra-se a pretensão à imunidade para "uma parcela de propriedade equitativamente limitada", e na de Caen, "a alguma isenção".

UMA NAÇÃO NO SEIO DA NAÇÃO

Mesmo supondo que a adesão fosse incondicional, a palavra decisiva ainda não fora dita. Numerosos cadernos – mais do clero que da nobreza – *exigem* que cada uma das duas ordens privilegiadas divida sua quota-parte ou, pelo menos, que seus membros desempenhem papéis particulares; que eles não tenham de pagar ao arrecadador da paróquia, mas diretamente ao cobrador; que o imposto pago por eles receba um

---

* O "arpente" ("arpent") era uma antiga medida agrária francesa que valia 50 a 51 ares, conforme a região. [N. da T.]

nome particular, por exemplo, "subvenção nobre". A intenção é evidente: mesmo em matéria fiscal, e apesar da igualdade, deve persistir a distinção entre a aristocracia e os plebeus. Com maior razão as outras prerrogativas nobiliárias devem ser conservadas. Os cadernos de queixas da nobreza, sem exceção, estipularam a manutenção dos direitos feudais e especialmente dos direitos honoríficos. Reencontramos tendências exclusivistas: nada de venalidade, nem de enobrecimento automático; uma preferência, em benefício da nobreza, para a ascensão aos graus militares; colégios gratuitos para seus filhos; cabidos nobres para suas filhas. Portanto, não deve haver nenhuma dúvida: a aristocracia se engajou na luta contra o absolutismo em nome da nação, mas com a firme vontade de governá-la e, sobretudo, de não se confundir com ela.

A nobreza liberal

Alguns dos seus membros, indubitavelmente, tinham uma visão menos estreita: nos Estados Gerais, eles se aliarão ao Terceiro Estado, tomarão a iniciativa do abandono dos privilégios na noite de 4 de agosto e votarão a Declaração dos Direitos do Homem e do Cidadão. Não que tivessem renunciado à esperança de conservar a proeminência no Estado moderno, mas aceitavam contar apenas com o prestígio de seus nomes, a influência da riqueza, os direitos do mérito; almejavam também criar uma câmara alta, na qual exerceriam papel dominante; se tivessem sido bem-sucedidos, a França teria conhecido um regime análogo ao da Inglaterra após a Revolução de 1688. O fato essencial reside em que eles consentiam em ser, legalmente, apenas cidadãos franceses. Mas representavam apenas uma minoria; caso contrário, a Revolução teria sido feita de comum acordo.

Para o Terceiro Estado, era conveniente aceitar com respeito e submissão aquilo que a aristocracia, em sua grande maioria, estava oferecendo? De qualquer forma, não considerou que assim fosse, e reclamou vigorosamente a igualdade perante a lei. Assim começou a Revolução de 1789 propriamente dita.

PARTE II

A revolução burguesa

3
A burguesia

O Antigo Regime confundia no Terceiro Estado todos os plebeus, do mais rico dos burgueses ao mais miserável dos mendigos, ou seja, 96% da nação, segundo Sieyès. Portanto, o Terceiro Estado era uma entidade legal, na qual unicamente os elementos sociais eram reais: o mais importante – aquele que liderou a revolução e foi seu principal beneficiário – era a burguesia.

Burguesia e terceiro Estado

Desde a sua origem, ela sai do campesinato através de um movimento contínuo. Em 1766, em seu *Traité de la population*, Messance escreve: "Quando algum homem sobra no campo, vai para as cidades e torna-se operário, artesão, fabricante ou comerciante; se ele for ativo, econômico, inteligente, se for aquilo que chamamos de afortunado, enriquece." Na França não existem barreiras entre a cidade e o campo, como nas comarcas da Europa central e oriental, onde a indústria e o comércio são proibidos para o camponês, mesmo se ele não estiver ligado à gleba. Pelo contrário: embora a burguesia esteja concentrada preferencialmente nas cidades, cada vez é mais comum encontrar, no século XVIII, nos burgos do campo, pessoas que vivem burguesamente de rendas, advogados, médicos, comerciantes. A burguesia misturou-se ao restante da população e foi em parte por esse motivo que conseguiu liderar a Revolução. No entanto, trata-se de uma minoria, mesmo se lhe acrescentarmos o artesanato urbano, pois a França da época era um país essencialmente agrícola. E essa minoria também não é homogênea.

Financistas e pessoas que vivem de rendas

As finanças e os negócios ocupam o primeiro lugar. Os financistas cresceram a serviço do rei: eram os arrecadadores gerais, que cobravam os impostos indiretos, os banqueiros da Corte, os provedores que se encarregavam de suprir o Exército e a Marinha de todos os recursos de subsistência e transportes. Durante séculos, o rei os tratara com desenvoltura, cobrindo-os de favores quando precisava deles, para depois humilhá-los. No século XVIII, as coisas tinham mudado: são, na maioria, grandes personagens, aliados à aristocracia através do casamento, homens cultos, sábios, escritores, mecenas, tais como Lavoisier, Helvétius, Dupin de Francueil, La Popelinière, Delaborde, assim como financistas ainda não enobrecidos. Pelo menos em Paris, os banqueiros se multiplicam no final do Antigo Regime; em sua maioria são estrangeiros protestantes, sobretudo suíços como Necker, Clavière, o futuro girondino Panchaud, fundador do Banco de Descontos, bem como o holandês Vandenyver e o inglês Boyd. O investimento dos empréstimos do Estado é sua ocupação principal; no entanto, nas vésperas da Revolução, fundam as primeiras sociedades por ações: Périer funda a Compagnie des Eaux em Paris, Clavière inicia o negócio de seguros de vida e contra incêndio. A especulação na Bolsa assume maior importância; Calonne, por um lado, os financistas, pelo outro, tentam manobrar as cotações com a ajuda de jornalistas pagos por eles, como Mirabeau e Brissot. Os empréstimos do rei, do clero e das províncias deram origem a uma categoria particular de financistas vivendo quase todos em Paris e que, muito sensíveis às flutuações do crédito público, desempenharão um papel importante na crise de 1789.

Os negociantes

Para os negociantes, a grande fonte de enriquecimento continuava sendo o comércio marítimo. Este ocupava um lugar importante entre as províncias francesas, porque por via terrestre as mercadorias pesadas dificilmente podiam ser transportadas e porque a rede de canais ainda estava em estado embrionário. O tráfego colonial também era considerável: das "Ilhas", isto é, das Antilhas francesas e principalmente de São Domingos, vinham o açúcar, o algodão, o anil e o tabaco. Muitas dessas mercadorias também provinham do Oriente. A maior parte das exportações era feita por via marítima. Por outro lado, era preciso alimentar as "Ilhas" de "madeira de ébano", escravos negros capturados na África. Segundo Chaptal, em 1789 a exportação teria chegado a 438 milhões, e a importação, a 637, dos quais 250 provinham das colônias, o que dava um saldo favorável à balança. O negociante ainda não tinha se especializado: era ao mesmo tempo armador, comissário, transportador, segurador, banqueiro e finalmente manufatureiro. Os mais poderosos estavam instalados nos portos, principalmente em Nantes, Bordeaux e Marselha, e, no interior, em alguns grandes centros industriais e de distribuição, em Rouen, Orléans, Lyon. Eles formarão a sólida estrutura do partido monarquista constitucional, ou *feuillant*; e, mais tarde, do partido girondino.

A indústria

Tanto do ponto de vista social quanto do econômico, a indústria ocupava uma posição subalterna. A palavra *industrial* ainda não era usada: dizia-se *fabricante* ou *manufatureiro*. A indústria geralmente era um anexo do negócio. Em Lyon, por exemplo, o negociante fazia as encomendas aos artesãos que trabalhavam em domicílio e recebiam dele a matéria-prima: a concentração capitalista tinha características comerciais. Ela recebera um grande impulso no século XVIII graças ao desenvolvimento da indústria rural à qual o rei outorgara completa liberdade em 1762: em Flandres e Cambrésis, na Picardia, na Normandia oriental e na Champagne, milhões de camponeses trabalhavam com o material fornecido pelos negociantes urbanos. Não obstante, esses também fundaram manufaturas. Em Reims, Sedan, Louviers, por exemplo, estava estabelecida uma parte dos fabricantes de tecidos. Essas manufaturas não se multiplicavam rapidamente porque, com exceção das fábricas de Anzin, nenhuma empresa na França utilizava a máquina a vapor; a manufatura impunha-se apenas a certas indústrias novas que exigiam maquinaria de custo elevado: a estamparia de tecidos instalada em Jouy por Oberkampf e na Haute-Alsace; os papéis pintados que Réveillon, por exemplo, fabricava no subúrbio Saint-Antoine; os produtos químicos que tinham feito a fortuna de Chaptal, em Montpellier; a fiação do algodão com ajuda da fiadeira automática, introduzida pelos ingleses. Os negociantes-fabricantes, naturalmente muito protecionistas, exercerão uma influência oculta porém muito poderosa sobre a política aduaneira da Revolução e do Império.

Artesanato e corporações

No entanto, não devemos exagerar a importância de sua produção. A maior parte do consumo local era suprida pelos artesãos que vendiam diretamente ao público. Alguns ofícios, como os Six Corps, em Paris, gozavam de grande consideração, e aqueles que os exerciam faziam parte dos notáveis; mas no artesanato reinava uma extrema variedade quanto à riqueza e à classe social. Seu regime legal também variava de acordo com as profissões, as cidades e até mesmo os bairros. Algumas vezes era livre; outras, o ofício era organizado em *corporação*, investido de um monopólio que no século XVIII só beneficiava os *mestres*, ou seja, os artesãos chefes de ateliê, mas, em contrapartida, sujeitava-os a observar regulamentos de fabricação, cuja aplicação era controlada por juramentados. Suprimidas por Turgot em 1776, restabelecidas posteriormente, as corporações eram cada vez mais criticadas pelos partidários da liberdade econômica; por outro lado, o rei onerara suas finanças ao criar novos mestrados, que elas tiveram de comprar para conservar seu monopólio. Os artesãos livres também não estavam satisfeitos porque se sentiam cada vez mais ameaçados pela concorrência da manufatura e por serem obrigados a trabalhar para o negociante, que os reduzia à condição de assalariados.

Em sua maioria, os artesãos eram hostis ao capitalismo: em suas fileiras serão recrutados os *sans-culottes*.

AS PROFISSÕES LIBERAIS

As profissões liberais também eram atributo da burguesia, e do seu seio saiu a maioria dos revolucionários. Os homens de lei – juízes, procuradores (que correspondem aos nossos procuradores judiciais), notários, oficiais de Justiça e sobretudo advogados – eram muito numerosos, pois havia muito mais tribunais do que hoje, bem como justiças senhoriais em diversas paróquias rurais. Os médicos eram relativamente raros, embora alguns deles fossem célebres, como Tronchin, Guillotin, Cabanis e Vicq d'Azyr; nos burgos e aldeias, era preciso contentar-se com o boticário ou o cirurgião,* tão humilde de condição quanto de saber. O monopólio da Igreja não permitia que os leigos fizessem carreira no âmbito do ensino; o Collège de France, o Jardin du Roi, as faculdades de direito e de medicina comportavam alguns deles; a maioria era de professores primários ou preceptores: tratava-se de uma condição muito modesta e sem qualquer independência. Os editores e livreiros, os homens de letras e os jornalistas eram da maior importância, pelo menos em Paris; era um mundo muito confuso; advogados sem causas, como Desmoulins e Brissot, nobres desclassificados, como Mirabeau, recorriam à pena para viver: a Revolução lhes proporcionará uma carreira.

HÁBITOS BURGUESES

A burguesia apresentava uma extrema diversidade de condições que se refletia nos costumes. A grande burguesia das finanças e dos negócios vivia em soberbas mansões nos bairros novos de Paris e das grandes

* O chamado cirurgião, no Antigo Regime, não pertencia à classe dos médicos; a cirurgia era considerada uma atividade inferior à medicina, e os cirurgiões eram recrutados entre os barbeiros. [N. da T.]

cidades: unicamente o nascimento a distinguia da alta aristocracia. A vida da maioria dos burgueses era bem diferente. Frequentemente, não eram muito ricos: Cournot, em seus *Souvenirs*, conta que seu avô, um notário, ganhava 800 libras por ano e tinha de alimentar dez filhos. Eram econômicos, de hábitos frugais e até mesmo austeros; as mulheres ignoravam o luxo no seu vestuário. A família era muito coesa, e o poder do marido e do pai era limitado. É importante frisar que esses burgueses mantinham íntimo contato com o povo. Com suas economias, compravam terra e controlavam severamente seus parceiros e diaristas; o artesão trabalhava com seus *compagnons* ou operários; nas casas das cidades, os burgueses ocupavam o andar térreo e o primeiro andar, enquanto as pessoas do povo habitavam os andares superiores. Nessa intimidade podem ser explicadas parcialmente a autoridade moral da burguesia e a expansão das ideias revolucionárias por meio da propaganda oral.

Durante séculos a burguesia, invejando a aristocracia, pensara unicamente em insinuar-se em suas fileiras, e diversas vezes o conseguira, pois no século XVIII um grande número de nobres descendia de burgueses enobrecidos. Essa ambição não se extinguira. Os Rolands lutaram para que sua nobreza fosse reconhecida; os Derobespierres partiram em dois o seu nome e Danton enfeitou o seu com uma apóstrofe; Brissot, filho de um hospedeiro de Chartres, transformou-se em Brissot d'Ouarville ou de Warville. Isso tinha cheiro de gentil-homem. Os burgueses de origem antiga, por outro lado, orgulhavam-se da sua linhagem e evitavam alianças desiguais. Os cargos e as profissões estabeleciam entre eles uma hierarquia que preservavam zelosamente e que gerava, como diz Cournot, "uma cascata de desprezo": "Não havia nada mais marcante que a subordinação das categorias nessa sociedade burguesa. A mulher do procurador e do notário era chamada de *Mademoiseller*; a do conselheiro era incontestavelmente *Madame*, e a do advogado ou graduado, como se dizia também, era com frequência cumprimentada com o próprio título. Havia uma grande diferença entre o médico e o boticário: um entrara no círculo da burguesia, e o outro só batia à sua porta." Em suma, a burguesia, tão menosprezada pelos nobres, fazia o possível para imitá-los. Por isso pode parecer estranho que, possuidora de um caráter tão pouco democrático, ela tenha cometido a imprudência de atentar contra o próprio princípio da hierarquia social, combatendo a aristocracia.

A BURGUESIA CONTRA A ARISTOCRACIA

Em primeiro lugar, a abolição da hierarquia legal e do privilégio de nascimento não lhe parecia absolutamente incompatível com a manutenção de uma hierarquia baseada na riqueza, função ou profissão. Em segundo lugar, como o acesso à nobreza podia beneficiar apenas um pequeno número de burgueses, os outros terminaram por execrar aquilo que ambicionavam sem esperança. E, finalmente, no século XVIII o exclusivismo da nobreza tendia a tornar a ascensão ainda mais difícil, visto que ela se esforçava ao mesmo tempo para reservar para si mesma os empregos públicos mais importantes. No entanto, com a riqueza geral, o número e a ambição dos burgueses aumentavam constantemente; os sacrifícios efetuados para instruir seus filhos não eram recompensados facilmente: a correspondência de Sieyès com seu pai é um testemunho desse fato, bem como os exemplos de Brissot, de Desmoulins, de Vergniaud. O jovem Barnave escrevia: "Todos os caminhos estão fechados." No decorrer do século, vários administradores se preocupavam com o progresso da instrução e, no ano III, Boissy d'Anglas teme que desse progresso resulte a formação de "minorias parasitárias e ambiciosas". Como as portas se fecham, nasce a ideia de derrubá-las. A partir do momento em que a nobreza pretende tornar-se uma casta e reservar os cargos públicos ao privilégio de nascimento, o único recurso é suprimir o privilégio do sangue para dar "lugar ao mérito". É claro que o amor-próprio não estava ausente da jogada, e qualquer fidalguinho pouco importante, que simplesmente marcasse as distâncias, fazia renascer as feridas. Entre burgueses de diversos tipos forjou-se um vínculo que nada pôde romper: um ódio comum à aristocracia.

A filosofia da burguesia

Mas não estaríamos sendo justos se os apresentássemos como guiados unicamente por interesses ou ressentimentos estreitamente pessoais. A burguesia ocidental – e a inglesa conscientizou-se disso em primeiro lugar – elaborara uma concepção da vida e da sociedade que correspondia sem dúvida às suas origens e ao seu papel, e ela considerava válida para toda a humanidade. Na Idade Média, sem reprovar a busca do bem-estar, a Igreja frisava a preparação para a morte e para a vida futura, o caráter indiferente em si mesmo das condições materiais da existência, os méritos da renúncia e do ascetismo. Tratava-se de uma concepção da vida e da sociedade que poderia ser chamada de estática, pois o progresso técnico e científico era inútil para a salvação das almas. A burguesia acentuou a felicidade terrestre e a dignidade do homem, a necessidade de realçá-las mediante o domínio das forças da natureza através da ciência, e utilizando-a, para o aumento da riqueza geral. Acreditou ter encontrado os meios de fazê-lo outorgando total liberdade ao espírito de pesquisa, de invenção e de empresa, estimulado pela isca do lucro pessoal e pela atração da descoberta, da luta e do risco. Era uma concepção dinâmica que convocava todos os homens, sem distinção de nascimento, para uma concorrência universal da qual deveria resultar o progresso infinito da espécie. A ideia apareceu confusamente na França, na época do Renascimento; posteriormente, Descartes inaugura um novo humanismo abrindo a grandiosa perspectiva de um domínio da natureza através da ciência; incentivados pelas influências inglesa e americana, os escritores do século XVIII – deve-se pensar sobretudo em Voltaire, nos enciclopedistas e nos economistas – finalmente expõem de forma brilhante os princípios da nova ordem e suas consequências práticas.

A propaganda filosófica

Suas obras alimentaram a propaganda oral nos salões e cafés que se multiplicavam no século XVIII, bem como nas sociedades, cada vez mais numerosas: sociedades de agricultura, associações filantrópicas, academias provinciais, grupos de estudo, como o *Musée* de Paris, câmaras de leitura, sociedades mesmerianas, onde era experimentado o magnetismo cuja moda foi lançada por Mesmer, finalmente e sobretudo, lojas maçônicas, importadas da Inglaterra após 1715. Era impossível que a filosofia do século fosse excluída das conversações e não empolgasse os debates; isso pode ser visto, por exemplo, nos temas de concurso adotados pelas academias: a de Dijon suscitou o famoso discurso de Rousseau sobre *a origem da desigualdade entre os homens*. A maçonaria, embora reunisse burgueses, padres, nobres e até mesmo irmãos de Luís XVI, favorecia particularmente a infiltração filosófica, porque seus ideais eram os mesmos: igualdade civil, tolerância religiosa, liberação de todas as tutelas que oprimiam a pessoa humana.

Através dessas diferentes vias, o pensamento dos escritores do século XVIII penetrou no seio da burguesia, dando-lhe plena consciência de sua missão histórica. Durante muito tempo exagerou-se a importância dessa preparação intelectual e moral, chegando-se a ver nela a única origem da Revolução. Isto significa tanto mutilar a realidade quanto desdenhar o jogo dos interesses e o papel desempenhado por ele na gênese do espírito revolucionário. Há cerca de meio século começou a ser demonstrado que ele nasceu do movimento econômico e social. Mas cometeríamos o mesmo erro se esquecêssemos que não teria havido verdadeiro espírito revolucionário sem o idealismo que inspira o sacrifício. Sem dúvida, abaixo da filosofia do século XVIII, o interesse da burguesia revela-se facilmente, pois ela deveria tirar as maiores vantagens do novo regime. Mas ela acreditava sinceramente trabalhar pelo bem da humanidade. E mais: estava persuadida a preparar a chegada de uma nova era da justiça e do direito. Todo o Terceiro Estado acreditou na mesma coisa. Os combatentes das jornadas revolucionárias de Valmy, de Jemappes e de Fleurus nunca teriam arriscado suas vidas se pensassem somente em si mesmos.

4
A primeira vitória da burguesia

Para opor-se aos ministros, dos quais não esperavam nada de bom, numerosos burgueses, e sobretudo os homens de lei, mostraram-se favoráveis à causa do Parlamento. Não obstante, muitos outros permaneceram indiferentes, como os Roland e Rabaut Saint-Étienne, cujo projeto de édito a favor dos protestantes os tinha atraído para Paris. De qualquer forma, no verão de 1788, era impossível prever que a burguesia iria intervir, em nome do Terceiro Estado, no conflito que questionaria o poder real e a aristocracia. Porém, com a notícia da convocação dos Estados Gerais, ela vibrou: pela primeira vez desde 1614, o rei a autorizava a falar. Além do mais, no primeiro momento não se oferecia uma perspectiva de luta; o rei convocava seus súditos porque queria ouvir suas queixas; a aristocracia pretendia falar em nome de todos os franceses; seus intérpretes autointitulavam-se "os nacionais", e a assembleia de Vizille, na qual haviam concedido ao Terceiro Estado a duplicação, o voto por cabeça e a igualdade fiscal, causara uma grande impressão: o acordo não parecia impossível.

Ainda uma vez a situação mudou bruscamente; em 23 de setembro, o Parlamento de Paris especificou que os Estados Gerais seriam constituídos como em 1614. De um extremo a outro do reino, ouviu-se apenas um clamor; da noite para o dia, os parlamentares viram sua popularidade se desvanecer. "Nunca nenhuma revolução dos espíritos foi tão profunda", informam as memórias de Weber; "nunca a maldição substituiu tão rapidamente o entusiasmo." A partir de então a burguesia deixou de falar de despotismo: Luís XVI tornou-se seu ídolo e todos os esforços passaram a ter a aristocracia como alvo; a luta social, a "guerra de classes", como disse M. Sagnac, desencadeou-se abertamente. "O debate público mudou de fisionomia", constatará Mallet du Pan, em janeiro de 1789. "Trata-se apenas muito secundariamente do rei, do despotismo e da Constituição; é uma guerra entre o Terceiro Estado e as duas outras ordens." Naquele momento, Mme Roland e Rabaut apaixonam-se pelos negócios públicos. "Havia passado apenas seis meses do dia em que eu deixara a França", escreveu Brissot, que fora visitar os Estados Unidos; "quando voltei, não reconheci mais meus compatriotas; eles tinham superado um imenso obstáculo."

O partido patriota

Ao levantar-se contra os privilegiados, a burguesia adjudicou-se o nome que até então fora reservado a todos os opositores ao poder real: formou o partido *nacional* ou *patriota*. Aqueles privilegiados que haviam adotado sem reservas as novas ideias se alinharam em suas fileiras; eram grandes senhores: o duque de la Rochefoucauld-Liancourt, os marqueses de La Fayette e de Condorcet; parlamentares: Adrien du Port Hérault de Séchelles, Le Pelletier de Saint-Fargeau. Para assumir a direção do movimento, uniram-se a banqueiros, especialmente os Laborde, a acadêmicos como o advogado Target, a juristas e escritores famosos, Bergasse e Lacretelle, Servan e Volney. O partido organizou-se para a propaganda. Como tinham feito os nobres bretões e os parlamentares, cada um deles utilizou as suas relações pessoais, e a mesma coisa foi feita nas províncias. Os vínculos criados pelas sociedades foram naturalmente úteis. Desde 1786 haviam aparecido em Paris verdadeiras associações políticas: uma sociedade galo-americana, a dos Amigos dos Negros, que reclamava especialmente a abolição da escravatura, e verdadeiros clubes, como o do Palais-Royal. Breteuil proibira estes últimos em 1787, porém Necker voltara a permitir seu funcionamento. O estado-maior do partido encontrava-se em certos salões como o de Mme de Tessé, que será a conselheira de Mounier; os jornalistas discursavam nos cafés: o de Foy e o Caveau do Palais-Royal, a Regência, pouco distante, e na margem esquerda, o Procope.

A questão é saber se um órgão central orquestrou a agitação. No princípio, este papel foi atribuído à maçonaria, assim, a Revolução seria o resultado de um "complô maçônico". Mas nunca houve nenhuma prova disto. Muitos revolucionários – não todos – eram "irmãos" e indubitavelmente este fato facilitou sua aliança. Mas um grande número de aristocratas frequentava as lojas, e os órgãos diretores das diversas tendências maçônicas, particularmente o Grande Oriente, não teriam podido ordenar-lhes que se colocassem sob as ordens do Terceiro Estado sem provocar protestos e cisões das quais não se possui nenhum exemplo. Esse papel de liderança só poderia ser atribuído ao Comitê dos Trinta, do qual infelizmente sabe-se muito pouco. Ele costumava reunir-se na casa de du Port, e entre seus membros são citados o duque de la Rochefoucauld-Liancourt, La Fayette, Condorcet, o duque d'Aiguillon; homens da igreja, como Talleyrand, bispo de Autun, Sieyès, cônego de Chartres, o abade Louis. Mirabeau também fazia parte. Esse comitê lançou folhetos, difundiu modelos de cadernos de queixas, sustentou candidaturas, enviou agentes para a província, como Volney para Rennes. Alguns dos seus membros eram ricos e podiam financiar a ação. Nada nos permite pensar que ele estivesse a serviço de Filipe de Orléans, mas é certo que Sieyès e Mirabeau mantinham relações com este personagem. Pois bem, o duque dispunha de poderosos recursos: dinheiro, um verdadeiro governo que administrava seu vasto domínio, onde havia um grande número de pessoas sob a sua dependência; também ele estabeleceu instruções e modelos de cadernos de queixas onde é possível reconhecer a mão de Sieyès. Sua campanha eleitoral reforçou a da burguesia. Mas exageraríamos grosseiramente a ação do Comitê dos Trinta e a do duque, se imaginássemos que em cada cidade eram executadas somente as suas ordens; o estado das comunicações não permitia uma centralização rigorosa; se o movimento pôde prosperar, foi porque a burguesia local tomou a iniciativa; a experiência mostrou, durante os primeiros anos da Revolução, o quanto ela era zelosa da sua autonomia.

A DUPLICAÇÃO

A propaganda não encontrou nenhum obstáculo. Em 5 de julho de 1788, ao prometer a convocação dos Estados Gerais, o rei convidara todos os seus súditos a estudar os precedentes e a propor as mudanças que as novas circunstâncias poderiam tornar necessárias; ele não tivera a intenção de outorgar a liberdade de imprensa; contudo, com o pretexto de responder ao seu apelo, multiplicaram-se os folhetos sobre todos os temas; seu número assombrou os contemporâneos. O lançado por Sieyès em janeiro de 1789 tornou-se célebre devido às suas fórmulas surpreendentes: *Qu'est-ce que le Tiers État? Tout. Qu'a-t-il été jusqu'à présent: Rien. Que demande-t-il? A être quelque chose.* O tom cortante das duas primeiras e sua hostilidade revolucionária contra a aristocracia tendem a fazer esquecer a moderação da terceira, que exprimia bem a primeira campanha do partido patriota.

Efetivamente, ele exigia apenas que os Estados Gerais fossem eleitos sem distinção de ordens. Parecendo temer a influência dos privilegiados e acreditando que eles fossem capazes de se impor aos plebeus a ponto de serem designados por eles, exigia frequentemente, até nos cadernos de queixas, que cada ordem só pudesse escolher seus representantes entre seus próprios membros. Embora ele já se considerasse "a nação", contentava-se com reclamar para si mesmo tantos deputados quanto a nobreza e o clero reunidos. Isto é o que se chama de duplicação, a favor da qual era invocado o exemplo dos Estados do Languedoc, das assembleias provinciais e da assembleia de Vizille. É certo que esta exigência era de enorme importância, pois implicava o voto por cabeça, e com frequência o Terceiro Estado o estipulava expressamente; como ele podia contar com os nobres liberais e com a maior parte dos sacerdotes, a aristocracia perderia simultaneamente, com a maioria, o meio de impor ao rei suas condições e o de manter o Terceiro Estado em estado de sujeição. Mas, na verdade, a duplicação não prejudicava a modalidade do voto, e o equívoco beneficiava o Terceiro Estado, abrandando a resistência de uma parte dos seus adversários. À primeira vista, a burguesia dava mostras de um refinado senso político.

Quanto à execução, a palavra de ordem era confundir o governo através de uma torrente de petições das quais as Municipalidades tivessem que assumir a responsabilidade, de boa ou má vontade, durante o decorrer do outono. Eis aqui, por exemplo, como a questão foi tratada em Dijon. Uma vintena de notáveis reuniu-se e decidiu submeter às suas corporações respectivas a questão da duplicação e do voto por cabeça. O corpo dos advogados emitiu um voto favorável; mais ou menos rapidamente, outros o seguiram: em 11 de dezembro, foram conquistadas 20 corporações, de 50. A Municipalidade teve então de se pronunciar: ela aprova a duplicação mas não o voto por cabeça; mas os deputados das corporações invadem a sala e, sob sua pressão, os magistrados municipais cedem. Os advogados são encarregados de redigir o requerimento ao rei em nome do Terceiro Estado de Dijon. Nas demais cidades e burgos da Borgonha, ocorre mais ou menos a mesma coisa, embora a assembleia possa ser mais numerosa; em alguns lugares, camponeses e operários enchem a sala, e a petição é assinada por todo o Terceiro Estado.

Dessa maneira, a burguesia põe "a nação" em movimento. Desde o primeiro momento sua manobra foi denunciada, e desde então não deixou de sê-lo. Mas a aristocracia, pouco tempo antes, procedera do mesmo modo: todo movimento político tem naturalmente seus instigadores e seus chefes. Nunca ninguém ousou afirmar que o Terceiro Estado, convidado a comparecer aos Estados Gerais, pudesse achar natural deixar a aristocracia conservar sua proeminência! Assim, o que se reprova aos iniciadores do partido patriota é unicamente ter ajudado a nação a sair da modorra e a organizar-se para defender sua causa.

A política de Necker

Ao dirigir ao rei essas petições, na verdade a burguesia contava com Necker. Esse genovês, filho de um prussiano imigrado, viera tentar fortuna em Paris e, tendo sido bem-sucedido em seu propósito, lançara-se na vida social. Sua mulher tinha um salão e oferecia jantares; sua filha casou-se, em 1786, com o barão de Staël, embaixador da Suécia. A casa estava aberta às pessoas de letras, que deram ao generoso anfitrião uma reputação de filósofo e de inovador. Durante seu primeiro ministério Necker conquistou a Corte através de pequenas reformas, e sua demissão tornou-o popular. Sua obra sobre a administração das finanças e sua polêmica com Calonne fizeram sua reputação crescer ainda mais: esperava-se que ele fizesse milagres.

Era um técnico capaz que, como banqueiro e protestante, podia em certa medida obter apoio dos círculos financeiros estrangeiros, não só de Paris como da Suíça e da Holanda. Conseguiu fazer o Estado viver durante um ano, no meio das piores circunstâncias políticas e econômicas. Obteve créditos e ele mesmo emprestou ao rei, recorreu ao Banco de Descontos e sobretudo às antecipações, isto é, delegou aos prestamistas o futuro produto dos impostos: que bom negócio para as altas finanças! No entanto, esse expediente só podia ser provisório, e Necker bem o sabia: tinha a esperança de ganhar tempo até que os Estados Gerais tivessem restabelecido o equilíbrio através da abolição dos privilégios fiscais. Deixar a aristocracia com as mãos livres para decidir significava abandonar o rei aos seus desígnios; ele inclinava-se portanto a fortalecer o Terceiro Estado, sem contudo depender dele. Outorgando-se a duplicação e o voto por cabeça unicamente nas questões financeiras, conciliava-se tudo: os privilégios fiscais seriam abolidos enquanto as reformas constitucionais atiçariam as ordens, o que deixaria a arbitragem ao rei. Um homem de Estado teria certamente previsto que o risco seria o de unir todo o mundo contra si, sendo portanto indispensável obter do rei a formulação imperativa das reformas aceitáveis e agir logo em seguida para assegurar uma maioria favorável. Necker, porém, não era um grande espírito nem um grande caráter. Não possuía uma visão de conjunto sobre a obra a ser realizada, e se a possuísse não poderia impô-la: conhecia a fraqueza do rei, a influência da rainha e dos príncipes, e como os privilegiados haviam triunfado sobre seus predecessores; pessoalmente, sua maior ambição era conservar o poder que lisonjeava seu amor-próprio. Portanto, como Calonne, tentou ser astuto.

A segunda assembleia dos notáveis

Necker convocou os notáveis imaginando, apesar da primeira experiência, que poderia persuadi-los a se pronunciarem a favor da duplicação. A assembleia reuniu-se a 6 de novembro de 1788: após a primeira e tímida alusão de Necker, o príncipe de Condé começou a protestar energicamente; cinco das seis comissões nas quais os assistentes tinham se dividido para deliberar rejeitaram a duplicação. Em 12 de dezembro os príncipes enviaram uma súplica ao rei que, pela sua clareza e tom patético, pode ser considerado o melhor manifesto da aristocracia: "O Estado está em perigo [...]; prepara-se uma revolução nos princípios do governo [...]; dentro em pouco serão atacados os direitos de propriedade, a desigualdade das fortunas será apresentada como um objeto de reforma: a supressão dos direitos feudais já foi proposta [...] Vossa Majestade poderia sacrificar, humilhar sua brava, antiga e respeitável nobreza? [...] Que o Terceiro Estado pare de atacar os direitos das duas primeiras ordens [...]; Que se limite a solicitar a diminuição dos impostos que pesam sobre ele; então, as duas primeiras ordens, reconhecendo na terceira cidadãos que lhes são caros, poderão, através da generosidade dos seus sentimentos, renunciar às prerrogativas que tenham por objeto um interesse pecuniário, e consentir em suportar, na mais perfeita igualdade, os encargos públicos."

No entanto, como era de se prever, alguns privilegiados estavam inclinados a conceder ao Terceiro Estado o que poderia parecer uma satisfação do amor-próprio. Em 5 de dezembro, os *nacionais* do Parlamento apresentaram um decreto declarando que o número dos deputados não era estabelecido por nenhuma lei; a comissão de notáveis presidida pelo conde de Provence se pronunciara a favor da duplicação por 13 votos contra 12, sob a condição de que cada ordem tivesse a prerrogativa de aceitar ou rejeitar o voto por cabeça. No âmbito privado, os privilegiados exprimiam-se formalmente a favor do Terceiro Estado, por exemplo, o conde de Saint-Chamans e sua irmã, Mme de Meulan, cuja filha mais tarde casou-se com Guizot. François Patau, senhor do Maulette, escrevia ao conde de Surgères, presidente da Comissão intermediária da assembleia provincial de Île-de-France: "Deseja-se que os não privilegiados, base e sustentação do Estado, não possuam representantes suficientes em uma assembleia que deverá regulamentar seu destino. Isto é leviano e não deverá ser aprovado. Por outro lado, o véu está despedaçado. E preciso tomar muito cuidado com relação ao que será feito... Mas percebo, senhor conde, que estou somente repetindo o que vós sabeis e pensais." Diversos ministros, Montmorin, Saint-Priest, concordavam com Necker. A rainha, irritada pela queda de Brienne, seu protegido, parecia disposta a dar uma lição à aristocracia. Necker considerou que poderia dar prosseguimento ao parecer dos notáveis.

A outorga da duplicação

Em 27 de dezembro de 1788, através de uma ata intitulada Resultado do Conselho, fórmula insólita que parecia excluir o rei, decidiu-se que o Terceiro Estado teria tantos deputados quanto o clero e a nobreza reunidos, sem precisar se se votaria por ordem ou por cabeça nos Estados Gerais. Geralmente conclui-se que o governo cometera o erro de deixar a questão em aberto, em vez de estabelecê-la inexoravelmente antes da reunião da assembleia. No entanto, essa opinião não está bem fundamentada. Em seu relatório, o próprio Necker lembrara que o voto por ordem era legal e que, para ser substituído pelo voto por cabeça, seria necessário o acordo unânime das ordens; ele ficara surpreso com a polêmica causada pela questão da duplicação. Juridicamente, portanto, o sentido do Resultado é incontestável: o princípio do voto por ordem era mantido. Mas politicamente a crítica não perdia seu valor por isso. Por um lado, o próprio texto do Resultado não se pronunciava sobre esse ponto, embora fosse indispensável prevenir qualquer equívoco. Por outro lado, Necker afirmara que não se podia contestar aos Estados Gerais o direito de adotar o voto por cabeça, se ele fosse considerado conveniente; inclusive acrescentara que essa modalidade lhe parecia a mais conveniente em matéria de impostos, concluindo-se então que esse deveria ser o desejo do governo. Provavelmente, se Necker não estipulara isso no Resultado, deve ter sido por saber que o rei não o permitiria. Era evidente que o Terceiro Estado e os privilegiados interpretariam o texto em sentido contrário e que, consequentemente, desde o seu início, os Estados Gerais estariam condenados à dissensão.

Agrava-se o conflito de classes

Qualquer dúvida existente a esse respeito foi logo eliminada. O Terceiro Estado exultou e aparentou considerar o voto por cabeça uma realidade. A aristocracia negou a consequência, porém não se manifestou com menos violência contra a duplicação que permitira formulá-la. A nobreza do Bas-Poitou reuniu-se espontaneamente para protestar; o Parlamento de Besançon redigiu as admoestações e, em 6 de janeiro de 1789, os Estados provinciais do Franche-Comté, reunidos nas formas antigas, também protestaram; a mesma coisa foi feita pela nobreza da Provença e, por isto, o Terceiro Estado negou-se a participar dos Estados provinciais. Na Bretanha, o conflito de classes degenerou em guerra civil. Os Estados Gerais reuniram-se em 25 de dezembro de 1788, porém o Terceiro Estado negou-se a deliberar enquanto a nobreza e o clero não consentissem em pagar sua parte dos tributos extraordinários. Em 26 de janeiro de 1789, grupos recrutados pelos nobres entraram em conflito com os estudantes de direito, dirigidos por Moreau, futuro general da República. Estes últimos venceram a batalha e cercaram seus adversários na sala dos Estados Gerais; informada do fato, a juventude de Nantes tomou armas e pôs-se em marcha para socorrer os patriotas de Rennes. Os nobres se negaram a eleger deputados para os Estados Gerais e não foram representados.

A resistência da aristocracia, de novembro de 1788 a fevereiro de 1789, fez um grande número de burgueses evoluir para soluções radicais. Desde o início dos Estados Gerais, os deputados bretões serão abertamente hostis à conciliação. Em outubro, Rabaut Saint-Étienne pronunciou-se novamente a favor do regime inglês, no qual uma das duas câmaras era constituída pelas duas ordens privilegiadas; ele defendia os privilégios honoríficos como uma barreira oposta à democracia, que em seu parecer representava unicamente a anarquia. Em dezembro, pelo contrário, demonstrava ser partidário de uma câmara só com o voto por cabeça. Em seu famoso folheto *Qu' est-ce que le Tiers État*? Sieyès exprime, com fria violência, o ódio e o desprezo que a aristocracia lhe inspirava. Deseja-se impedir o Terceiro Estado, diz ele, de ter acesso aos cargos, de ser honrado com distinções, mas "quem ousaria afirmar que o Terceiro Estado não possui tudo aquilo que é necessário para constituir uma nação? ... Se a ordem privilegiada fosse eliminada, isto não representaria nenhuma perda para a nação, mas sim um benefício ... Que seria o Terceiro Estado sem a ordem privilegiada? Tudo, e um tudo florescente. Nada poderia ser feito sem ele, tudo funcionaria infinitamente melhor sem os outros ... Esta classe (privilegiada) é seguramente estranha à nação devido à sua ociosidade". E a conclusão que poderia ser extraída disso era explicada claramente por Mirabeau, no discurso que pronunciaria nos Estados da Provença, a 3 de fevereiro de 1789, e que depois foi impresso; nele, Mirabeau elogiava Mário, "não tão importante por ter derrotado os cimbros, como por ter exterminado, em Roma, a aristocracia da nobreza". Exterminar a nobreza! Palavras formidáveis! Em 1793, os *sans-culottes*, e no ano VI, o próprio Sieyès, as repetirão.

O procedimento eleitoral

Enquanto isso, o governo preparava um regulamento eleitoral que foi dado a conhecer em 29 de janeiro de 1789; não foi o único, pois o caso de Paris só foi regulamentado em 23 de abril; segundo o costume do Antigo Regime, foram autorizadas exceções: os Estados provinciais do Delfinado puderam nomear os deputados da província, favor reclamado em vão pela aristocracia em outros lugares; vários detalhes ficaram sem solução: o quadro das circunscrições eleitorais, os bailiados, exigia retoques, e a geografia administrativa era tão incerta, que algumas paróquias eram disputadas por duas ou mais.

Os bailiados eram subdivisões territoriais cuja origem remontava a Filipe Augusto e cujos chefes tinham acumulado primitivamente todos os poderes; mas em 1789, sob o nome de Grandes Bailios, estes eram apenas personagens honoríficos, e os bailiados se reduziram a distritos judiciais. Seu número aumentara com o passar dos séculos, enquanto sua extensão e população apresentavam incríveis disparates. Podem ser distinguidos, ao acaso, os *bailiados secundários,* que não participavam diretamente dos Estados Gerais e enviavam uma quarta parte da sua assembleia eleitoral à de um *bailiado principal.*

Na assembleia dos notáveis houve votos a favor de um censo, mesmo para os privilegiados. No tocante aos últimos, foi descartado. Todos os nobres hereditários foram admitidos à assembleia de bailiado da sua ordem, pessoalmente ou através de procuradores, quer fossem ou não proprietários de um feudo. No entanto, os não proprietários não foram convocados pessoalmente e se queixaram de terem sido equiparados aos plebeus neste particular. Quanto aos enobrecidos a título pessoal, foram rejeitados no Terceiro Estado. Todos os bispos e sacerdotes foram admitidos pessoalmente ou por meio de procuração; em compensação, cônegos e religiosos só foram autorizados a enviar representantes; os segundos puderam enviar apenas um por comunidade. Assim, na assembleia de bailiado do clero, os sacerdotes obtiveram uma maioria significativa, o que representou um forte golpe para a aristocracia, pois quase todos eles eram plebeus, enquanto todos os bispos eram nobres. A nobreza nomeava diretamente seus representantes aos Estados Gerais, a menos que o bailiado fosse secundário; nesse caso, a operação comportava dois graus; para os bispos e sacerdotes, nada variava; mas no caso dos outros clérigos, a eleição era feita em dois ou três graus.

O regime eleitoral do Terceiro Estado era muito mais complexo. Direta ou indiretamente, exigia-se um censo. Nas cidades, a eleição primária era feita por corporações, e os habitantes que não pertenciam às corporações reuniam-se separadamente; em princípio, os ajudantes deveriam votar; em Reims, os fabricantes de tecidos invadiram a assembleia e originou-se um tumulto que foi duramente reprimido; na verdade, as assembleias corporativas compreenderam apenas os mestres ou a eles coube a decisão. Em Paris foi impossível adotar o sufrágio corporativo: votou-se por bairros ou *distritos*; mas unicamente aqueles que pagavam 6 libras de capitação puderam ser eleitores, o que excluía, calcula-se, 50 mil chefes de família, sem contar os filhos que viviam com eles. No campo, os habitantes de 25 anos, inscritos na lista daqueles que pagavam impostos, foram admitidos à assembleia de paróquia; praticamente todos os chefes de família estavam qualificados para participar, mas seus filhos eram excluídos: tratava-se de um sufrágio muito liberal, senão universal. Nesse sentido os camponeses foram beneficiados, pois não se desconfiava deles. Cada paróquia enviava um delegado por cem casas à assembleia de bailiado, na qual os delegados rurais deviam dispor então de significativa maioria.

O SISTEMA FAVORECE A BURGUESIA

Mas as modalidades do voto atenuaram aquilo que o sistema podia ter de democrático e permitiram que a burguesia se impusesse aos camponeses. No princípio, os representantes do Terceiro Estado nunca eram eleitos diretamente, mas sim em dois, três ou quatro graus. Em Paris, eles são eleitos pelos delegados dos bairros, isto é, em dois graus. Nas outras cidades, os delegados das corporações elegem os representantes da comunidade urbana para a assembleia de bailiado, na qual nomeiam os deputados aos Estados Gerais com os delegados das paróquias: portanto, esses deputados são eleitos em dois graus quanto aos eleitores primários do campo, em três quanto aos das cidades, em três ou quatro respectivamente quando se trata de um bailiado secundário.

Por outro lado – e trata-se do ponto capital – ninguém votava isoladamente como hoje, apresentando um título de eleitor, nem os nobres e eclesiásticos. Todos os eleitores, em todos os graus, constituíam-se em assembleia e, ao serem chamados, vinham redigir seu boletim de voto no comitê. Além disso, como tinham de elaborar um caderno de queixas coletivo, sua reunião não tinha caráter unicamente eleitoral, mas sim deliberativo. Isto permitiu que os burgueses de maior influência, os que estavam mais a par dos negócios públicos ou os habituados a falar em público – os homens de lei –, passassem a dominar os debates; nas assembleias de bailiado, os camponeses incultos e incapazes de se expressar deixavam-se conduzir docilmente. Daí resultou que a representação do Terceiro Estado fosse constituída somente por burgueses; se às vezes eram eleitos agricultores, tratava-se de uma exceção apenas aparente; na verdade não eram agricultores propriamente ditos, mas cultivadores cujos interesses e estilo de vida estavam vinculados aos da burguesia. A composição do Terceiro Estado teria sido bem diferente se, como alguns aristocratas haviam proposto e alguns cadernos de queixas o exigiam, o governo tivesse criado uma ordem de camponeses ou, pelo menos, atribuísse deputados diferentes às cidades e ao campo. Composto em parte ou majoritariamente de camponeses, o Terceiro Estado teria perdido muito da sua capacidade, da sua autoridade e provavelmente da sua audácia, mesmo admitindo-se que burgueses e camponeses tivessem marchado perfeitamente de acordo, o que teria sido muito difícil.

A propaganda eleitoral

As eleições foram efetuadas em fevereiro e março. Necker foi convidado por diversos setores a montar uma "máquina" para propor às assembleias um plano de reformas e candidatos confiáveis. "Deveis possuir um plano determinado de concessões, de reformas que, em vez de abalar tudo, consolide as bases da autoridade legítima", escrevia a Necker um intendente da Marinha, Malouet, candidato pelo Terceiro Estado da Basse-Auvergne. "Por meio de vossa influência, esse plano deve se transformar no texto de todos os cadernos de queixas de bailiados. Não deveis esperar que os Estados Gerais vos exijam ou ordenem. Deveis apressar-vos para oferecer tudo aquilo que os bons espíritos possam desejar dentro de limites razoáveis, seja no tocante à autoridade, seja com relação aos direitos nacionais." Ele mesmo tinha um projeto pronto. Mas Necker não ousou entrar nessa linha; suas razões continuavam sendo as mesmas: para elaborar um plano de reformas, o rei precisaria estar decidido a impor sacrifícios à aristocracia sem oferecer-lhe a contrapartida exigida por ela, e o ministro estava convencido de que, à primeira palavra, a aristocracia exigiria, com sucesso, a sua demissão. "É possível que vós tenhais razão", respondeu a Malouet. "Vós haveis ampliado ao máximo a parte das comunas. Mas não levais em consideração as resistências das duas primeiras ordens; e fazer o rei se pronunciar neste sentido significaria afastar dele o clero e a nobreza, que contam muito na balança." "Não receio as resistências das suas primeiras ordens", retorquiu seu correspondente; "temo o exagero das comunas."

Como o governo permanecia neutro, outros tomaram o seu lugar? Aos privilegiados não faltavam recursos. O presidente da assembleia de bailiado era dos seus: em Saumur, o notário Rossignol lavrou um protesto por ele ter tentado influenciar os delegados. Em numerosas paróquias, os camponeses deliberam sob a direção do juiz senhorial, e em inúmeros casos por certo não ousaram falar livremente. Mas em nenhum lugar a burguesia se deixou intimidar. De qualquer forma, as iniciativas dos privilegiados continuaram sendo puramente individuais.

O partido patriota foi muito mais ativo. Já se disse que o Comitê dos Trinta exerceu uma ação diretora, embora seja impossível determinar seu alcance. Em todas as regiões, os burgueses empreendedores devem ter assumido a liderança das assembleias municipais e de bailiado, bem como o maior número possível de assembleias paroquiais, para difundir modelos de cadernos de queixas recebidos de Paris ou, mais frequentemente, redigidos ali mesmo, e para sugerir candidaturas. Muitos homens de lei residiam nas cidades ou vinham frequentemente a elas para as audiências senhoriais, e nelas exerciam grande influência. Foram auxiliados por numerosos sacerdotes indispostos com os senhores por conflitos de interesse, rivalidade de influência, problemas de amor-próprio ou por sincera devoção à causa dos seus paroquianos. Desde 1789, outros partidos políticos organizaram-se mais do que o partido patriota, mas nunca encontraram, da parte dos diversos governos, tão pouca resistência quanto ele.

Os deputados aos Estados Gerais

Em geral, os nobres descartaram os cortesãos, os liberais e, obviamente, os recentemente enobrecidos. Em Riom, La Fayette foi admitido a duras penas. Em todos os bailiados, os sacerdotes adjudicaram-se uma parte das cadeiras, eliminando o bispo em numerosos deles. O Terceiro Estado nomeou preferentemente homens de lei e, em todos os casos, escolheu representantes oriundos do seu seio, com exceção de três sacerdotes, um dos quais era Sieyès, descartado pelo clero de Montfort l'Amaury, e de uma dezena de nobres, entre os quais Mirabeau, além de alguns nobres a título pessoal.

Entre os deputados da nobreza havia homens de valor, mas as circunstâncias não lhes permitiram prová-lo; por outro lado, logo após a vitória do Terceiro Estado, a maioria deles optou pela abstenção. O mais conhecido dos oradores da oposição nobiliária era Cazales, deputado de Rivière-Verdun, oficial e filho de um conselheiro do Parlamento de Toulouse. Os nobres liberais desempenharam um importante papel: entre eles sobressaíram La Fayette, Lally-Tollendal, Clermont-Tonnerre, o visconde de Noailles, o duque d'Aiguillon, Mathieu de Montmorency. Du Port, deputado de Paris, Charles e Alexandre de Lameth, deputados de Artois e de Péronne, despontavam em 1790 como chefes do partido patriota. O duque de la Rochefoucauld foi um orador influente e ouvido.

No abade de Montesquiou o clero encontrou um hábil defensor, e proporcionou à contrarrevolução um orador corajoso e violento, o abade Maury. Entre os bispos, sobressaíram unicamente os liberais, especialmente Talleyrand, bispo d'Autun, de Boisgelin, arcebispo de Aix, Champion de Cicé, arcebispo de Bordeaux, que se tornou ministro constitucional de Luís XVI. Os sacerdotes pouco se distinguiram. O mais conhecido deles é certamente o abade Grégoire, sacerdote de Embermesnil e deputado do bailiado de Nancy.

Os representantes do Terceiro Estado que passaram a liderar os Estados Gerais transformados em Assembleia Constituinte eram em sua maioria homens maduros, ricos, possuidores de posições de destaque em Paris (como o advogado Target, o astrônomo Bailly, ambos acadêmicos, e Camus, advogado do clero) ou em suas províncias (como os advogados Mounier e Barnave, no Delfinado, Merlin de Douai, em Flandres, Lanjuinais, Le Chapelier, na Bretanha, Thouret, na Normandia). Praticamente todos os mais jovens já haviam ultrapassado os 30 anos de idade, e gozavam pelo menos de uma reputação local, como Robespierre e Buzot. Todos eram instruídos, peritos em alguma especialidade, trabalhadores, honestos; a maioria deles, dedicada apaixonadamente à causa da sua classe, que eles não distinguiam da nação, e muito entusiasmados com sua missão. É impossível negar que eram uma elite, e a grandeza da sua obra, por mais discutível que seja, é uma prova incontestável desse fato. Também é característico que seus chefes mais marcantes tenham sido privilegiados, pelo menos no princípio: pode-se medir assim até que ponto a aristocracia ainda os intimidava, bem como o lugar que esta poderia ter conservado no Estado se tivesse aceito um compromisso.

O marquês de La Fayette, célebre por ter participado da guerra da América, desfrutou, a partir de 14 de julho e durante cerca de um ano, de um prestígio incomparável: tornou-se "o herói dos dois mundos" e permaneceu como a encarnação da revolução burguesa. Sua sinceridade, sua generosidade e seu desinteresse pelas coisas materiais criaram uma auréola em torno da sua figura, mas nele havia mais ilusão romântica e vaidade juvenil do que inteligência política e habilidade realista. Foi mais um símbolo do que um chefe.

Por outras razões, o abade Sieyès e o conde de Mirabeau também atraíram as atenções. Ambos eram oriundos da Provença. Filho de um notário de Fréjus, de posses médias, que o introduzira nas ordens com a esperança de ele se tornar a providência da família e sobretudo dos seus dois irmãos, o abade Sieyès, plebeu, não tivera acesso ao episcopado; mesmo para se tornar cônego de Chartres teve de esperar muito. É possível que essas mortificações tenham sido causa da violenta animosidade que sentia contra a aristocracia. Seus folhetos transformaram-no em oráculo. Em seu parecer, o Terceiro Estado era a nação, e aparentemente ele foi o seu principal líder durante as primeiras semanas. A soberania pertencia unicamente à nação e, até a redação da Constituição, seus representantes estavam investidos de um poder ditatorial: Sieyès foi o teórico do "poder constituinte" e a alma da revolução jurídica. No entanto, como não era orador nem homem de ação, somente a burguesia o conhecia. A partir do 14 de julho, perdeu rapidamente o controle da própria Assembleia: o aspecto social da revolução popular o assustou, e ele passou a defender os direitos feudais e os bens eclesiásticos; receava a democracia e, para instaurar definitivamente o reino dos "notáveis", terminará por maquinar o 18 Brumário; assim, por um destino estranho, tornou-se o coveiro da liberdade política após ter sido seu padrinho. De inteligência singular, aplicada a fazer do direito constitucional uma ciência abstrata e a construir incansavelmente sistemas de governo minuciosos e complicados, escrevia pouco e esperava que se viesse a consultá-lo; nunca agia diretamente; sem deixar de ser respeitado, rapidamente foi abandonado à sua solidão.

O destino do conde de Mirabeau parecia brilhante. Trânsfuga da nobreza, veemente intérprete do Terceiro Estado em circunstâncias memoráveis, era, como La Fayette, um líder para os patriotas, e tinha disposição natural para sê-lo, bem mais que seu rival: inteligência rápida e penetrante, imaginação fecunda, senso de realidade, conhecimento dos homens, dons oratórios que se manifestavam sobretudo na improvisação e, infelizmente, ausência total de escrúpulos na escolha dos meios. É verdade que era preguiçoso e bastante ignorante, mas sabia selecionar colaboradores preciosos, que elaboravam para ele discursos e folhetos que o fazem passar ainda hoje por um trabalhador infatigável e onisciente. Com tudo isso, nunca conseguiu vencer a desconfiança que inspirava, plenamente justificada pelas suas aventuras e venalidade. O arrebatamento que herdara de seus ancestrais, e que o exemplo deplorável dos seus pais não conseguira disciplinar, rapidamente o precipitou na desordem. Suas extravagâncias escandalizavam, e várias vezes fora preso por carta régia. Como não dispunha de recursos, colocara sua pena a serviço de Calonne e de seus inimigos, ou vendera seu nome para realçar publicações que especuladores como Clavière difundiam para preparar seus golpes. Todos aqueles que o conheciam não duvidavam que ele seria capaz de oferecer seus serviços à Corte mediante pagamento, e esperava que Necker o comprasse. Por essas razões, embora tenha prestado grandes serviços ao Terceiro Estado, não conseguiu governá-lo.

Em suma, nenhum desses homens conseguiu impor-se a ponto de personificar a Revolução de 1789: ela foi obra coletiva do Terceiro Estado.

Os cadernos de queixas

Antes de nomear seus delegados, os eleitores das três ordens colocavam-se de acordo para elaborar a lista das suas queixas: havia tantos cadernos de queixas quanto graus eleitorais, e a assembleia superior comparava e resumia em um só os das assembleias inferiores. As reclamações dos bailiados eram apresentadas nos Estados Gerais, mas para nós os cadernos primários e sobretudo os das paróquias rurais são igualmente preciosos. Permitem-nos entrever as influências exercidas nas assembleias e até mesmo determinar às vezes os modelos propostos; levando em consideração esse exame crítico, eles nos permitem conhecer, melhor do que os cadernos de bailiados, as aspirações e o estado de espírito da população.

O estudo desses cadernos de queixas de paróquias mostra que houve numerosos modelos, frequentemente de origem local, o que prova que a burguesia provincial, como já dissemos, embora tenha se inspirado nas publicações parisienses, conseguira conservar sua independência. Por outro lado, as assembleias que optaram por um modelo algumas vezes combinaram-no com outros, ampliando-o segundo sua conveniência e complementando-o com reclamações particulares. Enfim, numerosos cadernos são originais. Por exemplo, no bailiado de Nancy foi possível distinguir 11 modelos; 33 paróquias adotaram um deles; 12 combinaram dois ou vários; 32 não os conheceram ou os descartaram. No bailiado de Arques, somente uma quarta parte dos cadernos inspirou-se em modelos. Estes últimos continham invariavelmente reivindicações políticas, o que nos leva a concluir que elas eram importantes para os camponeses que os assinaram e, mesmo, que eles conseguiram compreender seu alcance. Também não se deve esquecer que, diante do juiz senhorial, os camponeses nunca devem ter dito o que mais lhes interessava. Em suma, os cadernos de paróquia não são um espelho fiel; os de bailiado o são ainda menos, pois demasiado frequentemente descartaram aqueles artigos dos cadernos primários que desgostavam a burguesia ou não a interessavam em absoluto.

Quando os cadernos de queixas de bailiado das diferentes ordens são comparados entre si, constata-se sua unanimidade contra o poder absoluto: as três ordens querem uma Constituição que reserve o voto do imposto e de novas leis a Estados Gerais periódicos, que atribua a administração a Estados provinciais eletivos e que garanta a liberdade individual e de imprensa. Sobre a liberdade de consciência, frequentemente são reticentes ou se omitem, e mesmo hostis quando emanam do clero. Naturalmente, todos são monarquistas; nem sequer contestam ao rei a iniciativa e a sanção das leis, nem sobretudo a integral idade do Poder Executivo, especialmente a livre escolha dos ministros, o direito de paz e guerra e a conclusão de tratados. Embora considerem com frequência uma reforma da Igreja e um novo ordenamento das suas rendas, nem questionam seu privilégio do culto público, nem sua influência moral nem suas prerrogativas honoríficas. Muitos burgueses franceses, sob a influência de Voltaire, tinham se afastado do cristianismo para aderir à "religião natural", preconizada também pela maçonaria e da qual Rousseau corrigira a rigidez mediante suas efusões sentimentais. No entanto, esses burgueses não se tornaram "leigos" e, convencidos de que o povo precisava de uma religião, pensavam apenas em separar a Igreja do Estado.

As ordens também estão de acordo no tocante a diversas reformas técnicas; em particular, manifestam-se contra o desperdício do governo e dos seus agentes, contra os abusos do fisco, contra o mal gerado pelas taxas indiretas, contra a divisão arbitrária dos impostos diretos por falta de um cadastro. É igualmente notável que, apesar de uma preocupação muito aguda pela autonomia provincial e municipal, a ponto de as províncias se considerarem "nações" particulares (o Artois, por exemplo, fala da "nação artesiana") e do fato de só estarem unidas à França em virtude da pessoa do soberano (o rei era duque na Bretanha, rei em Navarra e em Béarn etc.), os cadernos quase sempre testemunham um sentimento muito nítido de unidade nacional, reclamando consequentemente a unificação da legislação e dos pesos e medidas, bem como o recuo para as fronteiras das "barreiras" alfandegárias. Em geral, a nação era unânime no tocante às reformas política e administrativa.

Mas o acordo entre as ordens dá lugar a um conflito radical no que diz respeito às suas respectivas posições no Estado. A nobreza, como já vimos, admite quando muito a igualdade fiscal; pretende manter e reforçar seus outros privilégios. O Terceiro Estado quer a igualdade civil integral; alguns *cahiers* aceitam somente que a aristocracia conserve distinções honoríficas. Mas contra a sua fortuna, a ameaça é apenas discreta: seria conveniente regulamentar rigorosamente a caça, os locais de pesca e os pombais; seria bom suprimir alguns direitos feudais odiosos, especialmente os resquícios da servidão; com bastante frequência, propõe-se que os direitos senhoriais sejam declarados resgatáveis; o dízimo é frequentemente atacado, porém seria tolerado se fosse comutado por dívidas pecuniárias e se o produto fosse reservado ao clero da paróquia e aos pobres; reiteradamente, aconselha-se o rei a amortizar a dívida apossando-se de parte da renda dos conventos ou mesmo vendendo-os; quanto às terras da nobreza, são consideradas propriedade incontestável e tão inviolável quanto a dos plebeus. No entanto, por mais moderadas que fossem as pretensões do Terceiro Estado, elas eram formais, e por isso eclodirá o conflito: a Revolução de 1789 é, antes de tudo, a conquista da igualdade.

Em conjunto, os *cahiers* deixam a impressão de que Malouet tinha razão ao aconselhar Necker a traçar publicamente um plano de reformas. Um regime político análogo ao que será instituído pela Carta de 1814, a igualdade perante a lei, o acesso de todos os franceses aos empregos públicos, uma reforma do dízimo, a autorização de resgatar os direitos feudais, uma redistribuição das rendas eclesiásticas que destine boa parte delas aos sacerdotes, aos pobres e às escolas, a certeza de que, de acordo com os Estados Gerais, o governo vai combater os abusos e aprimorar os métodos administrativos, teria constituído um programa que agruparia em torno do rei a imensa maioria do Terceiro Estado e do clero. Ainda não era tarde demais, mas não havia mais nenhum minuto a perder.

Entretanto, a Corte permaneceu inerte. E pior do que isso: as notícias procedentes das províncias parecem tê-la irritado contra o Terceiro Estado e contra Necker, que ela considerava seu cúmplice. Esqueceu seus motivos de queixa contra a aristocracia enquanto esta, por seu lado, adiava implicitamente a satisfação das suas reclamações: ambas aproximaram-se para defender em comum a ordem social tradicional.

5

Os Estados Gerais

A abertura da assembleia

Os Estados Gerais reuniram-se em 4 de maio de 1789 para desfilar com grande aparato, com a Corte e o rei, pelas ruas de Versalhes até a igreja Saint-Louis, aonde assistiram à missa do Espírito Santo e ouviram o sermão de monsenhor de la Fare, bispo de Nancy. A escolha de Versalhes foi uma grande imprudência; em vez de impressionar os deputados, a magnificência da Corte apenas reforçava suas prevenções, enquanto a proximidade de Paris encorajava sua firmeza; seria de esperar também que qualquer conflito nos Estados despertaria um considerável eco na capital. Esses perigos foram previstos, e pensara-se em convocar a Assembleia em alguma província; mas a dificuldade de alojar tantas pessoas em uma cidade pequena, a repugnância da Corte por ter de passar semanas aborrecidas e incômodas, o hábito do rei de caçar regularmente levaram a que se renunciasse a esse projeto. Demonstrando grande falta de tato, o governo não tentou modificar a etiqueta para extirpar tudo aquilo que pudesse indispor os deputados do Terceiro Estado, ao evidenciar cruamente a desigualdade das ordens. Eles encabeçavam o cortejo, logo após os guardas, vestidos modestamente com roupas negras à francesa, seguidos pela nobreza dourada e enfeitada; os sacerdotes, com seus hábitos negros, também foram agrupados antes dos bispos e dos cardeais. Quando os deputados foram ao castelo apresentar suas homenagens, o rei não se absteve de manifestar uma consideração especial pelo "seu" clero e pela "sua" nobreza. Em 5 de maio, na sessão de abertura, também não foi possível evitar os atritos. A nobreza e o clero instalaram-se em uma sala recentemente construída, localizada na rue des Chantiers, atrás do hôtel des Menus Plaisirs, que ladeava com a avenida de Paris; enquanto isso, os deputados do Terceiro Estado caminhavam do lado de fora, durante a chamada interminável dos bailiados. Quando o rei se sentou e cobriu a cabeça, os privilegiados também cobriram as suas, e o Terceiro Estado, embora isso contrariasse os hábitos, imitou-os apressadamente.

Após um discurso incolor de Barentin – o ministro da Justiça, que era contrário às novidades –, Necker tomou a palavra, em um silêncio apaixonado. Foi uma decepção: tendo se cansado logo, passou seu manuscrito a um auxiliar, que prosseguiu a leitura com um tom monótono; não se tratava de forma alguma de um programa, apenas de conselhos: aos privilegiados, que renunciassem aos seus privilégios pecuniários; ao Terceiro Estado, que demonstrasse seu "reconhecimento"; a todos, que determinassem em seguida de comum acordo os pontos sobre os quais se deliberaria conjuntamente. O Terceiro Estado retirou-se cansado e desiludido. Malouet declarou novamente a Necker que, devido à omissão do governo, tudo redundaria em fracasso; o ministro, sentindo que sua posição estava abalada, julgava-se mais impotente do que nunca. Mirabeau ofereceu-lhe seus serviços; desprezando-o, como todo mundo, ele os rejeitou.

Em 6 de maio, nobreza e clero reuniram-se nas salas a eles destinadas. O Terceiro Estado, mais numeroso, ocupou a sala do trono; o público compareceu maciçamente, e como só mais tarde foram construídas tribunas, misturou-se com os deputados, repreendendo-os severamente; a multidão habituou-se a aplaudi-las ou a vaiá-los.

O conflito das ordens

Os privilegiados puseram-se logo a verificar os poderes a fim de se constituir separadamente. A situação do Terceiro Estado ficou difícil. Se os imitasse, estaria concordando com o voto por ordem; se contestasse abertamente este último, estaria infringindo a legalidade. Os bretões e os do Delfinado, especialmente os primeiros, queriam radicalizar, porém os políticos estavam preocupados. Os deputados não se conheciam, e ninguém sabia até que ponto estavam dispostos a avançar; era evidente que o ardor dos bretões assustava a mais de um. Assim, impunha-se uma tática dilatória. Como o Terceiro Estado reclamara frequentemente a duplicação sem mencionar o voto por cabeça, exigiu que os poderes fossem verificados em comum, como se isso não pudesse originar um precedente decisivo; alegava que para cada ordem era importante constatar que as duas outras estavam legalmente compostas e verificar se todos os seus membros foram regularmente eleitos. Agora que os Estados Gerais estavam reunidos, o Terceiro Estado dispunha de um meio de pressão, no sentido de que nada poderia ser decidido sem seu parecer favorável; evitou constituir-se e tentou não dar nenhum pretexto para que se pudesse alegar que tinha se constituído; não havia processo verbal, nem regulamento, nem sequer uma comissão, apenas um deão para dirigir os debates, Bailly, a partir de 3 de junho; até o nome de Terceiro Estado foi substituído pelo de Comunas.

No entanto, havia um grave inconveniente. As sessões não passavam de reuniões políticas tumultuadas. Corria-se o risco de ser acusado de travar a regeneração do Estado, imputação que poderia incomodar inúmeras pessoas. Malouet tentou pregar a conciliação. O Terceiro Estado, como toda assembleia recentemente eleita, devia considerar-se provisoriamente constituído, e nada impedia que ele enviasse uma deputação às outras ordens para entabular negociações: responderam-lhe que só eram possíveis as gestões individuais. No dia 14, foi mais longe: se o Terceiro Estado declarasse solenemente que respeitaria as propriedades, direitos e prerrogativas das duas primeiras ordens, poderia exigir em seguida o voto por cabeça em matéria fiscal com a certeza de ser atendido. Foi censurado e tornou-se suspeito. No entanto, todo mundo compreendia que, para não se tornar perigoso, o jogo não deveria se prolongar, e foi então o clero que proporcionou um novo argumento de manobra.

A nobreza não tinha se abalado com a atitude do Terceiro Estado. Em 6 de maio, apenas 46 votos contra 188 tinham se pronunciado a favor da conciliação; no dia 11, declarou-se constituída. No clero, porém, a minoria fora de 114 contra 134, e logo ficou claro que se o conflito se prolongasse essa proporção poderia mudar. Diversos bispos, entre os quais Champion de Cicé e Lefranc de Pompignan, arcebispos de Bordeaux e de Vienne, respectivamente, Lubersac, bispo de Chartres, inclinavam-se a fazer concessões. Também o clero absteve-se de se declarar constituído e decidiu propor que as três ordens nomeassem comissários para conferenciar sobre a situação.

O Terceiro Estado ficou novamente perplexo. Le Chapelier afirmou que, além de inúteis, pois o Terceiro estava decidido a não fazer concessões, as conferências eram perigosas – visto que no caso de nomear comissários, se poderia alegar juridicamente que ele estava constituído, e que a verificação em comum já não tinha sentido. Mas uma recusa poderia indispor o clero. Por meio de uma moção de Rabaut Saint-Étienne, a oferta foi aceita, em 18 de maio. As conferências realizadas de 23 a 27 de maio não serviram para nada, pois tanto a nobreza quanto o Terceiro mostravam idêntica obstinação.

A partir de então, a tática do Terceiro Estado passou a ser a de conclamar o clero "em nome do Deus da paz", como dizia Mirabeau, a juntar-se a ele. No dia 27 uma delegação encabeçada por Target foi muito bem acolhida. Alguns dias depois, em 6 de junho, quando o clero, aludindo à penúria, observou que era urgente deliberar sobre os meios de socorrer o povo, foi-lhe respondido que a reunião das ordens era justamente o meio mais conveniente. No entanto, durante esse intervalo, ao sentirem que os sacerdotes estavam a ponto de escapar do seu controle, os bispos solicitaram a intervenção do rei. Assim, em 28 de maio, Luís XVI propôs que as conferências fossem reiniciadas com a presença dos ministros, e em 4 de junho estes apresentaram um projeto de acordo; cada ordem verificaria os poderes de seus próprios membros; os que fossem contestados seriam examinados conjuntamente pelos comissários das três ordens; em caso de não haver entendimento, o rei decidiria. Pela terceira vez, o Terceiro Estado encontrou-se em uma situação difícil; sem ousar recusar a arbitragem do soberano, adiou sua decisão até o final das conferências. Nesse instante decisivo, a nobreza dispensou-o de se pronunciar: em 5 de junho, por 158 votos contra 76, reduziu a arbitragem dos comissários e do rei às "delegações inteiras", que, como a do Delfinado, haviam sido eleitas pelas três ordens reunidas: os nobres, eleitos por nobres, só substituíam seus pares. No dia seguinte a conferência constatou seu fracasso: no dia 9 foi realizada a última sessão, para a adoção do processo-verbal. Este foi o sinal da ação revolucionária.

A ASSEMBLEIA NACIONAL

Já se passara um mês; em Versalhes e Paris aumentava a agitação; a febre do público durante as sessões contagiava pouco a pouco os deputados, que, por outro lado, aproveitavam o tempo para se conhecer e se unir. Os bretões haviam criado uma "Câmara da Província da Bretanha"; ela tornou-se o núcleo de uma reunião de representantes do Terceiro Estado realizada no café Amaury e denominada "Clube Bretão". No princípio de junho, Sieyès declarou que chegara o momento de "romper as amarras". Em 10 de junho propôs que se redigisse uma *intimação* aos privilegiados, instando-os a unir-se ao Terceiro Estado; em caso de recusa, proceder-se-ia à chamada dos deputados sem distinção de ordem, e os que não comparecessem seriam considerados ausentes. Em outras palavras, por sua própria vontade e sem o consentimento do rei, o Terceiro Estado constituía-se em representação nacional. Target e Treilhard, com o consentimento de Sieyès, substituíram *intimação* por *convite* e, no escrutínio, a moção assim corrigida obteve 247 votos. Mas Regnaud de Saint-Jean d'Angély propusera também que se enviasse ao rei uma mensagem com exposição de motivos, o que foi aprovado por Sieyès, e 246 votos foram favoráveis à moção acompanhada pela mensagem: eram os tímidos e vacilantes que desejavam atenuar aquilo que a moção tinha de insólito, ou mesmo deixavam entender que ela precisava da sanção real; 51 deputados optaram pela devolução às comissões ou pela rejeição. Era essencial que a iniciativa do Terceiro Estado obtivesse a unanimidade dos sufrágios: isso foi conseguido na sessão da noite, adotando-se conjuntamente a moção e a mensagem. A chamada começou no dia 12 e terminou no dia 14. Em 13 de junho, três sacerdotes vieram unir-se ao Terceiro Estado; no dia 14 vieram outros seis, e no dia 15, mais três. Nenhum nobre comparecera: La Fayette não ousara infringir o mandato que proibia o voto por cabeça.

O Terceiro Estado não poderia assumir a denominação de Estados Gerais, o que por outro lado teria perpetuado a lembrança da divisão por ordens; precisava de uma denominação que exprimisse a unidade da nação, em vez da sua pluralidade. Vacilou vários dias antes de escolhê-la. Em 15 de junho, Sieyès propôs que se intitulasse *Assembleia dos Repre-*

sentantes Conhecidos e Verificados da Nação Francesa, fórmula equívoca na medida em que implicava que tal assembleia era incompleta; Mounier propôs então: *Representantes da Maioria da Nação Francesa Agindo na Ausência da Minoria*. Apesar do caráter vacilante dessas denominações, o seu próprio princípio foi contestado, e é provável que seus opositores tenham contribuído involuntariamente para a adoção de uma solução radical. Malouet combateu a iniciativa de Sieyès e de Mounier porque ela suprimia implicitamente as ordens; Mirabeau, que considerava a soberania nacional como atributo comum do rei e da Assembleia, percebendo que esta, sem que ainda se desse conta disso, tendia a apropriar-se totalmente de tal soberania, e querendo evitá-lo, sugeriu o título de *Representantes do Povo*, o que tumultuou o debate. Perguntou-se a ele se traduzia *peuple* por *plebs* ou por *populus*; no primeiro caso, a assembleia representaria somente a plebe, ou seja, os que não eram nobres nem sacerdotes, e não toda a nação; Mirabeau quisera dizer justamente isso, criando-se assim novo motivo de suspeita contra ele. A maioria não considerava o título preconizado por Sieyès suficientemente claro. Parece que este tinha reservado a proposta definitiva e que Legrand, deputado de Berry, que a apresentou, foi apenas seu porta-voz. De qualquer forma, em 16 de junho, Legrand sugeriu que o Terceiro Estado adotasse a denominação de *Assembleia Nacional*. Em 17 de junho ela foi adotada, por 491 votos contra 89; portanto, cerca de uma sexta parte dos representantes do Terceiro Estado desaprovou a revolução jurídica. Logo em seguida a Assembleia fez uso pela primeira vez do poder que se atribuíra: segundo proposta de Le Chapelier, autorizou provisoriamente a supressão dos impostos existentes, resultando daí que, em caso de resistência, ela poderia proibir seu recebimento.

O juramento do Jogo da Pela

A audácia do Terceiro Estado não assustou a maioria do clero: pelo contrário, em 19 de junho a maioria, inclusive alguns bispos, pronunciou-se favoravelmente à reunião; mas como dez membros haviam se mostrado reticentes, o presidente, cardeal de La Rochefoucauld, declarou rejeitada a proposta e encerrou precipitadamente a sessão, e foi correndo suplicar a intervenção do rei. No dia 15 a nobreza já abdicara em benefício do poder real, como o observara Lally-Tollendal, ao perceber um pouco tardiamente que, sem esse protetor, sua proeminência social corria o risco de desaparecer, e o convidara a colocar o Terceiro Estado em seu devido lugar.

Luís XVI acabara de perder seu filho mais velho, o delfim, morto em 4 de junho, e retirara-se para Marly. No dia 19 decidiu convocar uma "sessão real" para o dia 22, e reuniu o Conselho. Houve acordo quanto à necessidade de anular as resoluções do Terceiro Estado e de regulamentar a questão da verificação de poderes e do voto por cabeça. Admitiu-se então que estava na hora de elaborar um programa de reformas que incluísse a igualdade fiscal. Mas Necker considerava que ela já não era suficiente e que, se não se conseguisse um acordo com o Terceiro Estado, a falência seria inevitável; portanto, gostaria de acrescentar ao programa de reformas a possibilidade de admissão de todos os franceses aos cargos públicos e a autorização de proceder ao voto por cabeça na futura organização dos Estados Gerais. Então eclodiu o conflito. Montmorin, Saint-Priest, La Luzerne apoiaram Necker; Barentin, Villedeuil, Puységur protestaram; sobretudo o último, ministro da Guerra, protestou contra qualquer medida que pudesse limitar a liberdade do rei no tocante à escolha de oficiais, e Luís XVI, muito emocionado por essa perspectiva, acusou Necker de tê-la considerado. Finalmente, após uma intervenção da rainha, a decisão parece ter sido adiada para o dia 21 e, consequentemente, a sessão real foi transferida para 23 de junho. No sábado 21, reforçado por diversas pessoas, entre as quais os dois irmãos do rei, o Conselho rejeitou as mais importantes inovações de Necker; no dia seguinte, aprovou o texto definitivo das decisões que o rei transmitiria aos Estados Gerais.

Esse atraso já permitira que o Terceiro Estado se preparasse para resistir. Em 20 de junho, encontrara fechada a Salle des Menus Plaisirs, entregue aos operários. Terminou por encontrar asilo num jogo de pela próximo dali, que ainda existe. A multidão era grande e os deputados estavam bastante animados. O perigo unia praticamente todos, sem exceção dos opositores de 17 de junho, numa intenção comum de resistir. Os mais exaltados, liderados por Sieyès, queriam ir para

Paris, onde a Assembleia contaria com a proteção do povo. Mounier adiou essa iniciativa revolucionária substituindo-a pelo juramento de permanecerem unidos até a votação da Constituição. A resolução foi votada por aclamação:

> A Assembleia Nacional, considerando-se chamada a elaborar a Constituição do reino, a operar a regeneração da ordem pública e a manter os verdadeiros princípios da monarquia, nada pode impedi-la de continuar suas deliberações, em qualquer lugar que ela seja obrigada a se estabelecer, e que, finalmente, em qualquer lugar onde seus membros se reúnam, aí está a Assembleia Nacional, determina que todos os membros desta Assembleia prestarão a seguir juramento solene de não se separarem jamais e de se reunirem sempre que as circunstâncias o exigirem, até que a Constituição do reino seja estabelecida, baseada e fortalecida em fundamentos sólidos, e que, após o juramento, todos os membros, e cada um deles em particular, confirmarão através de suas assinaturas esta resolução inabalável.

Bailly foi o primeiro a jurar e 577 membros assinaram com ele, dos quais 557 eram deputados titulares e 5 eram deputados do clero. A intervenção de Mounier tivera a vantagem de manter o conflito no terreno jurídico e pacífico, assim o Terceiro Estado não parecia ser o primeiro a recorrer à violência; mas havia ainda outra vantagem: a de unir solidamente todos os membros do Terceiro Estado. Apenas um deles, Martin Dauch, que representava a senescalia de Castelnaudary, recusou-se a prestar juramento, alegando que não podia comprometer-se mediante juramento a executar decisões não ratificadas pelo rei. Bailly replicou que a intenção da Assembleia não era duvidosa: a Constituição e as leis seriam submetidas à sanção real. Mas essa resposta não correspondia exatamente à verdade; o que estava em questão ali era a própria existência da Assembleia, e o Juramento do Jogo da pela anunciava bem a intenção de defendê-la contra o rei. Nem todos devem ter aderido alegremente. Mirabeau teria dito: "Assino porque senão vós me condenareis à execração pública [...], porém declaro que o que se assina é uma verdadeira conspiração"; pode-se também atribuir à prudência algumas das ausências constatadas naquele dia solene: 55 deputados ou suplentes, bem como 5 sacerdotes, só assinaram no dia 22. Pelo menos dois deputados do Terceiro Estado imitaram Martin Dauch, porém com menos coragem, pois não explicitaram sua oposição, abstendo-se simplesmente de assinar. A firmeza coletiva do Terceiro Estado evidencia-se cada vez mais.

Em 22 de junho o Terceiro encontra um lugar de reunião mais apropriado, na igreja Saint-Louis, e a maioria do clero veio, em grupo, reunir-se a ele. Os nobres do Delfinado e uma deputação dissidente da nobreza da Guyenne imitaram esse exemplo. O projeto do governo já era posto em xeque.

A sessão real de 23 de junho

Em 23 de junho, em presença da nobreza exultante, do Terceiro Estado e dos sacerdotes desanimados e sombrios, com a ausência de Necker, que demonstrava assim sua desaprovação, Luís XVI anunciou que Barentin tornaria pública a sua vontade. Declarava nulas as resoluções do Terceiro Estado, mas cassava igualmente os mandatos imperativos e, consequentemente, aqueles que proibiam que os privilegiados aceitassem o voto por cabeça. Reconhecia-se a cada ordem o direito de verificar separadamente os poderes de seus membros; se um excluído protestasse, porém, seu caso seria resolvido pelas três ordens reunidas, através do voto por cabeça; no entanto, se uma ordem contestasse a decisão através de maioria de dois terços dos votos, o rei exerceria a arbitragem. Autorizava igualmente a deliberação em comum e o voto por cabeça com relação a assuntos de interesse geral, dos quais eram excluídos "os direitos antigos e constitucionais das três ordens, a forma de constituição dos próximos Estados Gerais, as propriedades feudais e senhoriais, os direitos úteis e os privilégios honoríficos das duas primeiras ordens", e reservava à aprovação especial do clero tudo aquilo que dissesse respeito à sua organização e à religião.

Após a leitura, o rei retomou a palavra e anunciou que as reformas por ele aprovadas seriam notificadas aos Estados Gerais. "Nunca nenhum rei", especificou ele, "fez tanto por nenhuma nação."

O programa atribuía aos Estados Gerais a aprovação do imposto e dos empréstimos, bem como a divisão dos subsídios entre os diversos serviços públicos, compreendendo entre eles a manutenção da Corte. O rei prometia sancionar a igualdade fiscal logo que ela fosse votada pelos privilegiados; os encargos pessoais, embora mantidos, poderiam ser substituídos por um imposto ordinário. Seriam garantidas a liberdade individual e a liberdade de imprensa. Os Estados provinciais eleitos por ordem, porém com dupla representação do Terceiro Estado e voto por cabeça, receberiam atribuições administrativas. Os Estados Gerais examinariam as reformas a ser introduzidas na administração do domínio real, na administração da gabela e impostos indiretos, na milícia, na justiça; poderiam suprimir as alfândegas internas. Finalmente, seriam abolidos a corveia real e a mão morta senhorial.

O rei falou ainda uma terceira vez: "Se me abandonais em tão belo empreendimento, eu sozinho farei o bem dos meus povos; [...] sozinho, me considerarei seu verdadeiro representante [...] Nenhum de vossos projetos, nenhuma de vossas deliberações pode ter força de lei sem minha aprovação especial [...] Ordeno-vos que vos separeis imediatamente e que amanhã de manhã vos reunais nas salas destinadas à vossa ordem para continuar vossas deliberações." A ameaça era clara: os Estados Gerais seriam dissolvidos se não se submetessem.

O programa de 23 de junho é de interesse capital porque esclarece plenamente o conflito que se seguiu e de toda a Revolução. O rei aceitava tornar-se um monarca constitucional, e consequentemente, pelo menos em princípio, o problema político estaria resolvido. As reformas práticas dependiam apenas do tempo. Porém, com exceção do privilégio fiscal, cuja supressão deveria redundar em seu benefício e no do Terceiro Estado, a realeza colocava todo o seu poder na balança para conservar a ordem social tradicional e a proeminência da aristocracia.

Esse programa, formulado seis meses antes, provavelmente não teria obtido a adesão do Terceiro Estado. De qualquer forma, era demasiado tarde. "O odioso aparato do trono", como diz Ferrieres, o tom imperioso do rei e sua ameaça final só conseguiram exasperar os espíritos. Aqueles que tinham pregado a conciliação fizeram causa comum com a maioria: "Após a sessão real", escreveu Malouet, "não tínhamos outro caminho senão honrar a resolução tomada na sessão do Jogo da pela." A nobreza retirou-se, mas o Terceiro Estado, bem como alguns sacerdotes, permaneceram na sala, conforme fora combinado. Quando o marquês de Dreux-Brézé, grão--mestre de cerimônias, recordou-lhes as ordens do rei, Bailly declarou: "A nação reunida não pode receber ordens", e Mirabeau, de seu lugar, lançou ao cortesão a frase que passou a ser o símbolo da sessão: "Só sairemos daqui pela força das baionetas."[1] Sieyès concluiu, de forma lapidar: "Vós sois hoje o que éreis ontem", o que significava que a Assembleia, como antes o Parlamento, considerava nulas as ordens do rei. A Assembleia confirmou suas resoluções precedentes e declarou a inviolabilidade dos seus membros.

No castelo, a nobreza aclamava o rei e a rainha, e dava-se ordem de expulsar o Terceiro Estado; mas os guardas encontraram, às portas da Sala dos Menus, nobres liberais que os persuadiram a retroceder; com a notícia da demissão de Necker, a multidão aumentava constantemente. O rei renuncia temporariamente ao emprego da força: "Pois bem, f..., que fiquem." Necker era ovacionado incessantemente. Pareceu prudente sancionar a reunião das ordens. A nobreza obstinava-se, e para fazê-la ceder foi preciso uma ordem do rei e uma carta do conde de Artois. Em 27 de junho foi ocupar seu lugar na Assembleia Nacional.

A revolução jurídica e pacífica

Assim ocorreu a revolução burguesa, que também pode ser chamada de revolução jurídica, realizada mediante procedimentos que os homens de lei tomaram emprestados aos parlamentos e sem recorrer à violência. Em 7 de julho, a Assembleia nomeou um Comitê de Constituição: para a história a partir desse momento ela passa a ser a *Assembleia Nacional Constituinte*; no dia 9, em nome do Comitê, Mounier apresenta um primeiro relatório. No dia 11, La Fayette apresenta seu projeto de uma Declaração dos Direitos do Homem e do Cidadão.

Por essa data, o Terceiro Estado não parece ter assimilado em toda a sua extensão as consequências da sua vitória. Considerava a sua autoridade mais como Mirabeau que como Sieyès. Embora o primeiro tivesse se referido ao rei, em 23 de junho, como *mandatário* da nação, sustentava que a soberania era exercida de forma indivisa entre o monarca e a Assembleia. Por outro lado, esta não questionara nem a monarquia hereditária nem a necessidade de o rei ratificar a Constituição. Para ela, portanto, Luís XVI continuava investido de um poder próprio, outorgado pela história, e a nação deveria concluir com ele um pacto, de igual para igual. Ainda não surgira a noção moderna de Constituição, segundo a qual ela não se limita a regulamentar as atribuições dos poderes públicos, mas os *cria* integralmente. Neste particular, não se tratava da ditadura do poder constituinte mencionada por Sieyès. Ainda não se contestara que o rei devesse sancionar ou rejeitar livremente os artigos constitucionais e, com maior razão, as leis ordinárias, nem que ele devesse exercer integralmente o poder executivo.

Por outro lado, a reunião das ordens não as fizera desaparecer no seio da nação. O Terceiro Estado nem sonhara eleger uma nova assembleia, de modo que nobres e clérigos conservavam todas as suas cadeiras, embora representassem apenas uma ínfima parte dos franceses. Não dissera uma palavra sobre os direitos feudais. Portanto, não é possível pretender que seu objetivo fosse uma ditadura de classe.

Ora, após os plebeus terem obtido a reunião e o voto por cabeça, o clero só podia se pronunciar a favor de soluções conciliatórias; era altamente considerado, e o arcebispo de Vienne foi eleito presidente em 3 de julho. A minoria do Terceiro Estado, que manifestara em 17 de junho suas tendências conservadoras, certamente estava com a mesma disposição. O mesmo ocorria com a nobreza liberal, cujo prestígio estava intacto, e que parecia designada para desempenhar um papel eminente tanto no governo como na assembleia, pois mesmo os mais reputados plebeus ainda sentiam-se inconscientemente tímidos diante dos grandes senhores. Se o restante da nobreza, aceitando o fato consumado, colaborasse de boa-fé com esses diversos elementos da Assembleia, poderia formar-se uma maioria moderada, que, de comum acordo com o rei, sustentaria um governo estável e realizaria as reformas através dos compromissos.

Mas essas chances muito reais de a Revolução conservar seu caráter pacífico e de restabelecer a concórdia nacional não foram consideradas nem por um momento pelo rei e pela aristocracia. No momento em que se resignavam à reunião das ordens, optavam por recorrer à força para reduzir o Terceiro Estado à obediência.

A CONVOCAÇÃO DOS SOLDADOS

A maioria da nobreza logo adotou uma atitude significativa. Muitos dos seus membros se recusaram a participar da Assembleia; outros só assistiam formalmente às sessões, negando-se a tomar parte nos discursos e escrutínios; alegavam que seus cadernos de queixas proibiam o voto por cabeça; em 8 de julho a Assembleia aboliu os mandatos imperativos, e o rei autorizou os deputados nobres a viajarem para seus bailiados a fim de pedir novos poderes aos seus comitentes. As suspeitas dos plebeus que haviam se mostrado céticos sobre a boa-fé dos seus adversários aumentavam dia a dia, e a maioria moderada não pôde se constituir.

Simultaneamente, o rei concentrava tropas ao redor de Versalhes e de Paris: as primeiras ordens foram dadas em 26 de junho. Seu pretexto: a crescente agitação popular, os problemas provocados pela miséria, a insubordinação do regimento dos guardas franceses que, no fim do mês, provocou um tumulto na capital. Quando a assembleia, inquieta, exigiu explicações em 8 de julho, após uma violenta diatribe de Mirabeau contra a ditadura militar, Luís XVI replicou que era preciso manter a ordem e que, se a Assembleia desejasse, ele transferiria de bom grado as tropas para Soissons. Ele convocara cerca de 18 mil homens, que deviam chegar entre 5 e 20 de julho. A miséria e a penúria do Tesouro prejudicaram bastante essas movimentações e obrigaram a dispensar os recém-chegados. O comando das tropas estava nas mãos do marechal de Broglie, que era representado em Paris pelo barão de Besenval. Aparentemente, ele não considerava a ação iminente, tendo inclusive deixado Besenval sem ordens durante as jornadas decisivas. Indubitavelmente, a Corte tinha a intenção de dissolver os Estados Gerais; naquelas circunstâncias, podia contar com a docilidade dos Parlamentos e, se fosse necessário, resignar-se à falência. Mas ainda não havia um plano concreto; para elaborá-lo, tinha primeiramente que demitir Necker e formar um ministério de combate. Em 9 de julho realizou-se um conselho com o rei: decidiu-se chamar o barão de Breteuil, que chegou no dia seguinte. Por prudência, deveriam ter constituído um governo oculto que estivesse pronto a atuar no momento em que tivesse sob o seu controle todas as forças envolvidas. Iniciava-se uma terrível partida: pode-se entender facilmente que o rei de direito divino se sentisse revoltado com a ideia de se inclinar ante seu povo, que ele só podia considerar rebeldes; pelo que conhecemos da aristocracia, podemos conceber também que ela considerava a capitulação sem luta uma injúria mortal; mas corria-se o risco de se iniciar uma guerra civil e, se o golpe falhasse, o sangue derramado seria responsabilidade do rei e da aristocracia. No entanto, em 11 de julho, durante um conselho para o qual Necker não fora convocado, decidiu-se imediatamente dar posse aos novos ministros. Os eleitores parisienses pressionavam a Assembleia para autorizar a formação de uma guarda burguesa, e a indisciplina fazia rápidos progressos no exército: provavelmente esses tenham sido os motivos que fizeram a Corte adotar as medidas mencionadas. Necker foi demitido e rumou para a Suíça; Montmorin, Saint-Priest e Ségur foram demitidos com ele; La Luzerne apresentou sua demissão. Breteuil e seus auxiliares os substituíram, porém nenhuma medida foi adotada.

Entretanto, a Assembleia estava à espera de algum procedimento violento. Os deputados já não ousavam retornar às suas casas e passavam a noite na sala de reuniões. Pensava-se que pelo menos haveria um certo número de detenções. M. de la Châtre acalmava assim Thibaudeau pai, que tremia de inquietação: "Não sereis enforcado e podereis retornar a Poitiers." A burguesia mostrou coragem e todos os testemunhos demonstram sua firmeza. No entanto, não podia ter ilusões: estava à mercê das baionetas. Discursos não poderiam salvá-la. Mas a força popular interveio e, sob seus golpes, o Antigo Regime abateu-se inexoravelmente.

Nota

1. Como não havia estenógrafos na Assembleia, as palavras de Mirabeau não foram anotadas naquele momento, e é impossível reconstituí-las exatamente. A frase acima reproduzida encerra o texto que Mirabeau inseriu em uma das suas Cartas aos seus comitentes.

PARTE III

A revolução popular

6

A MOBILIZAÇÃO DAS MASSAS

A AGITAÇÃO POLÍTICA

Toda a França observava os acontecimentos com uma curiosidade apaixonada. Os jornais de Paris só começaram a falar dos Estados Gerais no final de junho, mas os curiosos dirigiam-se todos os dias a Versalhes e traziam novidades que eram comentadas nos cafés e no Palais-Royal, lugar que estava na moda, cujos jardins e as luxuosas mercadorias expostas sob as arcadas atraíam a multidão. Todos aqueles que viviam de renda, temendo a falência, também estavam atentos, e a demissão de Necker irritou-os profundamente.

No interior, como os jornais não relatavam nada, só seria possível ficar a par das novidades pelos viajantes e pelas cartas particulares; no entanto, no momento das eleições, foram constituídos comitês que se transformaram em agências de informação. Em numerosos bailiados, os eleitores do Terceiro Estado, e mesmo da nobreza, designaram algumas pessoas para manter correspondência com os deputados, isto é, para vigiá-los; outras vezes, os deputados do Terceiro Estado mantinham informada a Municipalidade da capital distrital. Na maioria das vezes, suas cartas eram lidas publicamente; quando a carruagem do correio chegava à cidade, as pessoas acorriam de todas as partes; em Rennes foi necessário escorar a sala onde todos se reuniam. Também tiravam-se cópias das mensagens; em Rennes, Nantes, Angers elas eram impressas.

Os deputados provocaram a desconfiança de algumas autoridades, e desde então passaram a ser acusados, sem qualquer prova, de fomentar a violência; na verdade eles a temiam, e Duquesnoy, deputado de Bar-le-Duc, exprimiu perfeitamente bem o pensamento de seus colegas ao escrever: "É preciso fazer a felicidade do povo, mas sem a sua participação." No entanto, ainda conservavam na memória a campanha de 1788, e contavam com as manifestações de opinião; não cessavam, pois, de convidar seus comitentes a desmascarar as manobras da aristocracia, enviando sua adesão à Assembleia Nacional: um grande número de cartas aprovou assim o voto de 17 de junho, protestou contra a sessão real, felicitou-se pela reunião das ordens. Foi por essa via que os deputados contribuíram para animar a opinião pública.

Além do mais, é indubitável que de bom grado os notáveis da cidade teriam tentado ir mais longe. Quando a autoridade municipal não estava nas mãos de oficiais que tinham comprado seus cargos e que frequentemente eram enobrecidos, pertencia a uma pequena oligarquia emparentada com os juízes dos diferentes tribunais, que às vezes até se confundia com eles. Em Paris, o preboste dos comerciantes e os quatro almotacéis eram eleitos por um corpo eleitoral composto daqueles que deviam substituir, por 24 conselheiros de cidade que compravam seu cargo, por 16 alcaides de bairros, oficiais de polícia designados pela câmara municipal, e por 32 notáveis escolhidos pelos próprios alcaides.

A burguesia invejava amargamente os detentores desse monopólio e, se pudesse, teria aberto para si as portas das câmaras municipais. Em Paris, os 407 delegados dos bairros que haviam nomeado os deputados e eram chamados de eleitores não tinham perdido contato e, em 25 de junho, reuniram-se na rua Dauphine, na sala do Museu; de lá foram até a câmara municipal, onde formaram uma espécie de Municipalidade oficiosa; em alguns lugares, os tumultos permitiram que a revolução municipal se concretizasse antes da tomada da Bastilha: assim, em Rouen e em Lyon, os corpos de guarda da cidade, desamparados, uniram-se a eleitores ou a notáveis. Ao satisfazer à sua ambição, a burguesia obtinha uma vantagem política, pois nas suas mãos o poder local passava a apoiar a Assembleia Nacional.

Ela só teria a ganhar com a criação de uma força armada. Em Paris, a manutenção da ordem era confiada ao tenente de polícia, agente do rei, às suas patrulhas de vigilância e ao regimento dos guardas franceses. No interior, as cidades dispunham de uma guarda burguesa, apenas formal;

em caso de problema, era preciso recorrer à guarnição ou pedir o envio de tropas ao comandante militar da província. A partir da primavera, com a multiplicação dos tumultos, foi reorganizada a guarda burguesa, que ficava, porém, à disposição das autoridades legais. O desejável era uma *milícia nacional*, que elegesse seus chefes e fosse capaz de realizar ações independentes, em caso de necessidade. Em Paris, os eleitores propuseram sua criação à Assembleia Nacional, que não ousou autorizá-la. Invocava-se — sinceramente — a necessidade de conter o povo; mas havia uma dupla intenção: tratava-se também de tirar do rei o pretexto que ele invocava para convocar tropas e, eventualmente, resistir a elas.

Finalmente, não resta dúvida de que os burgueses contribuíram para o progresso da indisciplina no Exército. E isso não foi difícil: como os nobres se apossavam de todas as graduações, os baixos oficiais, como eram chamados, não podiam esperar qualquer promoção; os soldados, que tinham de pagar uma parte da sua subsistência, sofriam com a carestia. Em Paris os guardas franceses, dispersos por diversos lugares, constantemente misturados com o povo, às vezes casados, estavam sinceramente com o Terceiro Estado. Eram chamados ao Palais-Royal e às tabernas, onde lhes era oferecida bebida; está provado que o marquês de Valady e um dos irmãos de André Chénier, antigos oficiais, participaram da propaganda distribuindo dinheiro.

Os membros da insurreição

Ao evidenciar-se o golpe da Corte, pelo menos uma parte da alta burguesia contribuiu para organizar a resistência. Banqueiros como Delaborde, negociantes como Boscary, que se vangloriou do fato mais tarde, adiantaram os fundos para indenizar os insurgentes pelas suas jornadas perdidas ou para provê-los de armas e munição. Entre os *Vencedores da Bastilha* identificados, podem ser encontrados representantes de todas as categorias sociais. No entanto, ao estudar a lista, nota-se claramente que a imensa maioria dos combatentes era de pessoas com algum ofício, residentes no subúrbio de Saint-Antoine ou no bairro de Marais. A força do movimento insurrecional, durante toda a Revolução, residiu sobretudo na pequena burguesia do artesanato e da loja. Os chefes de ateliê e os varejistas tornaram-se, entre a massa iletrada de ajudantes e clientes, os propagadores de notícias, os iniciadores das manifestações, tendo sido eles que forneceram os quadros. Os ajudantes ou operários os seguiram, não como membros de uma classe diferente, mas como associados ao artesanato.

Certamente, eles já eram numerosos. Em Paris, por exemplo, em uma população calculada em 500 ou 600 mil habitantes, eram cerca de 75 mil, ou, contando também os membros das suas famílias, de 250 a 300 mil pessoas. Concentram-se em algumas empresas determinadas: fábricas de tecidos, de confecção de bonés, de papéis pintados, que agrupavam, de 200 a 300 operários. Preferentemente também habitavam alguns bairros: desde aquela época, a zona oeste da cidade era sobretudo o domínio dos ricos; mas entre os mercados e a Municipalidade, do Sena até os bulevares, e além deles, residiam mais de 20 mil operários; na margem esquerda, do Palais Mazarin até o Panteão, pelo menos 6 mil. Enfim, os operários de certos ofícios, principalmente os da construção, estavam fortemente organizados em associações de ofícios que sobreviviam a todas as perseguições e que frequentemente entravam em greve. Apesar disso, a condensação territorial ou técnica, bem como a organização profissional, ainda abrangia apenas uma pequena minoria. Os grandes subúrbios revolucionários — Saint-Antoine com seus marceneiros, Saint-Marceau com seus curtidores de peles — eram ricos sobretudo em pequenas empresas, nas quais os artesãos e seus ajudantes confraternizaram durante as jornadas. Em seu conjunto, os operários não tinham uma clara consciência de classe. Caso contrário, seria de duvidar que a Revolução de 1789 tivesse sido possível. Talvez eles tivessem consentido em fazer causa comum com o restante do Terceiro Estado contra a aristocracia, mas é provável que a burguesia, como ocorreu mais tarde na Alemanha, tivesse renunciado ao apoio de aliados tão perigosos.

A mentalidade coletiva popular

Artesãos e lojistas, por um lado, ajudantes operários, pelo outro, tinham motivos de queixa contra o Antigo Regime e detestavam a aristocracia; mas não podiam esperar os mesmos benefícios imediatos dos notáveis com a vitória do Terceiro Estado. Para eles tinham especial importância a diminuição das cargas fiscais e, sobretudo, a abolição das taxas indiretas e das alfândegas municipais, das quais as Municipalidades tiravam a maior parte de sua renda, em benefício dos ricos. Sobre as corporações, sua opinião estava longe de ser unânime. Politicamente, tendiam obscuramente para a democracia, mas ninguém ainda sonhava em lhes prometer isto. Pensando neles é que é possível perceber mais claramente o caráter mítico que a convocação dos Estados Gerais teve para o povo. Um acontecimento tão estranho despertou a esperança, brilhante e nebulosa ao mesmo tempo, de uma regeneração nacional, de uma nova era na qual os homens seriam mais felizes. Por isso a Revolução, no seu início, comporta a comparação com muitos movimentos religiosos, em estado inicial, no qual os pobres acreditavam ver de bom grado a promessa de uma volta ao paraíso terrestre. Essa foi a origem do idealismo revolucionário. Mas esse mesmo idealismo também inflamou simultaneamente todo um conjunto de paixões perigosas.

O "complô aristocrático"

Essa grande esperança era contrariada pela convicção de que os nobres defenderiam obstinadamente seus privilégios, convicção que a burguesia compartilhava com artesãos e camponeses, inspirada, pelo menos parcialmente, no motivo realista de que qualquer um, no seu lugar, agiria da mesma forma. A oposição à duplicação e posteriormente ao voto por cabeça a tinha consolidado; o monarca era benevolente, mas a aristocracia o rodeava e terminaria por impor-lhe sua vontade; diversas ameaças fizeram pensar que ela não hesitaria ante nenhum meio para "liquidar" o Terceiro Estado. Desde 15 de maio o povo estava persuadido, segundo um informante de Montmorin, que os Estados Gerais seriam dissolvidos pela força; em "27 de junho", acrescentava ele, "espera-se que os nobres montem a cavalo". Périsse-Duluc, deputado de Lyon, afirmou que no dia 23 tinha-se planejado dispersar, prender ou até mesmo matar os deputados nacionais. No final de junho e início de julho, pensava-se que, se não conseguisse concretizar seus objetivos, o conde de Artois emigraria para pedir socorro aos soberanos estrangeiros; não seria natural? Luís XVI não era cunhado do imperador e do rei de Nápoles, e primo de Carlos IV da Espanha? Seus dois irmãos não eram genros do rei da Sardenha? Périsse-Duluc lembrava que, desde antes da abertura dos Estados Gerais, previra que os contrarrevolucionários da Holanda que haviam convocado os prussianos para sufocar seus compatriotas serviriam de modelo à aristocracia francesa. Seu conluio com os estrangeiros, que tanto pesou na história da Revolução, foi admitido desde o princípio, e em julho temia-se a invasão. Todo o Terceiro Estado acreditou no "complô aristocrático".

A angústia nervosa inspirada por ele se degenerava às vezes em pânico, a partir do momento em que a Corte tomou a ofensiva, mas o Grande Medo não pode ser considerado sinal de covardia. A ansiedade e o terror serão sucedidos imediatamente por uma violenta reação defensiva e militar. Desde junho, em Versalhes, mediante manifestações tumultuosas, tentava-se intimidar a Corte e a nobreza. A ação preventiva, com seu cortejo de suspeitas, denúncias, visitas domiciliares e detenções, não tardaria a se impor. E esses movimentos apaixonados não podiam deixar de inspirar, após a vitória, a vontade de castigar os inimigos da "nação" e da felicidade comum, abrindo o caminho para as execuções sumárias e para todos os excessos da vingança.

As massas populares teriam sido menos sensíveis a essas esperanças e temores se uma terrível crise econômica não tivesse tornado a sua vida insuportável? Seria uma discussão infindável. Mas a verdade é que, na maioria das cidades, os tumultos de 1789 foram fruto da miséria, e seu primeiro efeito foi uma baixa do preço do pão; nesse caso, os revoltados contribuíram para o sucesso da revolução ao deslocar a administração do antigo regime em benefício da burguesia, mas certamente essa não fora a sua intenção. Por outro lado, algumas incidências da crise econômica fortaleceram e enriqueceram curiosamente a ideia do complô aristocrático. Portanto, essa crise poderia ser contada entre as causas imediatas da revolução.

A crise econômica. A penúria

Como sempre na antiga França, ela resultava essencialmente de uma sucessão de colheitas medíocres ou totalmente deficitárias. Os franceses da época comiam muito pão; camponeses e operários não exigiam menos que duas ou três libras, e a Convenção avaliou o consumo médio em uma libra e meia, enquanto na guerra de 1914 a ração foi fixada em 200 gramas. No entanto, salvo nas grandes cidades e nas regiões onde se produzia muito trigo, o povo contentava-se com pão de centeio, de trigo mourisco ou de mistura, combinação variável de trigo, centeio e cevada. Pode-se admitir que, apesar de uma cultura ultrapassada, a França anterior à Revolução, nos anos bons, conseguia ser autossuficiente; no sul nunca se colhiam grãos suficientes, mas os que faltavam eram obtidos por mar, da Bretanha, do norte e do exterior, ou por rio, da Borgonha. Em qualquer época, porém, havia a ansiedade de saber se os celeiros estavam bem providos. Caso contrário, a colheita seguinte seria difícil; com exceção do sul da França, onde se debulhavam imediatamente as espigas fazendo-as pisar por mulas, asnos e bois, elas geralmente eram batidas com malhos, operação longa e cansativa geralmente adiada para o inverno; enquanto se esperava, era preciso dispor de novas sementes. Pensava-se que nunca se teriam sementes suficientes; sem elas, a miséria seria certa se a colheita não fosse boa: não era fácil transportar grãos de uma província para outra, pois, devido à falta de canais, o transporte por água frequentemente era impossível e o transporte terrestre era lento e muito oneroso; por via marítima, o fluxo era irregular e relativamente baixo; os navios tinham uma capacidade máxima de 200 a 300 toneladas, mas geralmente só podiam transportar menos de 100; por outro lado, nunca se sabia se os países estrangeiros não proibiriam a exportação nos momentos mais prementes. Portanto, cada região desejava guardar seus grãos e viver autonomamente. Sem dúvida, a dificuldade no âmbito das comunicações não permitia grandes açambarcamentos: a exportação total da França parece nunca ter ultrapassado 2% da colheita. Qualquer remessa, mesmo destinada a outra província francesa, não era vista com bons olhos. Não se receava apenas a miséria, mas também a carestia; as autoridades, preocupadas em manter a ordem pública, compartilhavam as inquietações dos consumidores, sobretudo as autoridades municipais, as mais expostas em caso de problema.

Assim, o comércio de grãos era cuidadosamente regulamentado. Os camponeses não podiam vendê-los antes da colheita, nem nos seus campos nem mesmo nos caminhos; eram obrigados a transportá-los ao mercado urbano para mostrá-los aos habitantes, que eram os primeiros a comprar; em seguida vinham os padeiros, e por último os comerciantes. Em caso de necessidade, a autoridade intervinha para repartir o grão disponível e até mesmo para estabelecer o preço; ela possuía uma relação de preços de gêneros, usando-a para fixar a taxa do pão. Esse regime sacrificava o camponês e beneficiava o habitante da cidade. O mercado desempenhava um papel de suma importância na vida das cidades. Somente os muito pobres compravam pão todos os dias do padeiro; os outros compravam grão para uma semana pelo menos, moíam e assavam pão em casa. Só nas grandes cidades o hábito de comprar na padaria era mais geral, sem ser universal. Em Paris era bastante comum.

Os economistas exigiam a total liberdade do comércio de grãos, a fim de que o preço fosse o mais alto possível e que a cultura pudesse ser ampliada e aperfeiçoada. Em 1763 e em 1774 fora liberada a circulação interna, pelas vias terrestre e marítima, e se permitira sua venda fora dos mercados; no entanto todas as vezes a experiência foi rapidamente interrompida. Brienne a retomara em 1787, e foi ainda mais longe: autorizou a exportação. Foram feitas remessas importantes, e, embora a exportação não tenha sido considerável, contribuiu para diminuir as reservas, sendo o restante transportado do norte para o sul; assim, às vésperas da colheita de 1788, todas as províncias estavam desprovidas de grão. A colheita foi péssima, e a partir do mês de agosto começou a alta dos preços, que continuou incessantemente até julho de 1789. Uma das primeiras medidas tomadas por Necker foi ordenar compras no exterior, outorgar incentivos à importação e restabelecer a venda exclusiva no mercado; em abril de 1789 chegou mesmo a autorizar os intendentes a guarnecê-lo por meio de requisições. Deve-se acrescentar que, nas regiões de vinhedos, essa crise fora precedida de outra, de características totalmente diferentes: durante vários anos a colheita de uvas fora extraordinariamente abundante, o que levou o vinho a um preço ínfimo; por isso, os produtores de vinho, muito numerosos, sentiram ainda com maior intensidade a carestia do pão.

O desemprego

Colheita e venda ruins produzem os mesmos efeitos: o poder aquisitivo das massas diminui. A carestia dos grãos produzia resultados particularmente desastrosos, porque uma grande parte dos camponeses não colhia o suficiente para se autoabastecer. Assim, a crise agrícola provocava uma crise industrial. Naturalmente, podem ser assinaladas outras causas. Os contemporâneos atribuíram um papel muito importante ao Tratado de 1786, que, em troca de concessões sobre vinhos e aguardentes franceses, concedera à Inglaterra um abatimento dos direitos sobre certos produtos manufaturados, principalmente artigos de algodão e malharia; como a indústria britânica possuía ferramentas mecânicas bastante superiores, atribuiu-se à sua concorrência a forte decadência da fabricação de têxteis francesa às vésperas da Revolução. Na verdade, ela remontava ao final de 1786, enquanto o tratado em questão passou a vigorar somente em meados de 1788; portanto, apenas agravou o problema. A guerra, que a partir de 1787 a Turquia enfrentou com a Rússia e a Áustria, a agitação por ela provocada na Polônia, de onde as tropas moscovitas tiveram de se retirar, também contribuíram para aumentar a crise, ao dificultar a exportação para a Europa oriental e para o Oriente. Por outro lado, todo o comércio internacional foi afetado, pois a colheita de 1788 foi ruim para todos os países ocidentais. O desemprego aumentou cruelmente, justo no momento em que o custo de vida também subia de forma vertiginosa. Os operários não podiam obter aumento de salários; calcula-se que, do período de 1726 a 1741 até o de 1785 a 1789, os preços aumentaram 65%, enquanto os salários subiram apenas 22%. Em 1789, um operário parisiense ganhava em média de 30 a 40 *sous*,* e para que ele pudesse viver, o pão não deveria custar mais do que dois *sous* a libra: na primeira quinzena de julho custava o dobro; na província o preço era bastante superior, chegando a oito *sous* ou mais; em Paris, receando sublevações, o governo vendia o pão abaixo do custo do trigo importado. Desde a morte de Luís XIV o pão nunca custara tanto: como não suspeitar de uma relação entre essa prova e a febre insurrecional que tomou conta da população naquele momento?

O PONTO DE VISTA POPULAR

O povo jamais se resignara a imputar a penúria e a carestia à influência dos meteoros. Sabia que os dizimeiros e os senhores que recebiam rendas em espécie dispunham de importantes reservas de grãos e esperavam impacientemente a alta de preços para vendê-las. Incriminava ainda mais os negociantes de grãos, os pequenos comerciantes ou *bladiers* que percorriam mercados, moinhos e padarias, aos quais era proibido o comércio de grãos; suspeitava-se que todos eles faziam reservas e se dedicavam ao *açambarcamento*, para provocar ou aumentar a alta de preços. As compras do governo ou das autoridades locais também eram altamente suspeitas: pensava-se que as autoridades obtinham benefícios pessoais ou para seus orçamentos. Por ter confiado a uma companhia a criação de depósitos destinados ao abastecimento de Paris, Luís XV fora acusado de abastecer seu Tesouro às custas da subsistência do povo, e esse "pacto de fome" encontrava poucos incrédulos. Necker também sofreu ataques por estar vinculado aos moleiros, encarregados de moer

* Um sou equivalia a um vigésimo do franco. [N. da T.]

os grãos importados, que aproveitavam – dizia-se – para reexportá-los fraudulentamente em forma de farinha. A liberdade do comércio de grãos era vista como uma assinatura em branco criminosamente outorgada a todos aqueles que enriqueciam com a miséria dos pobres; é evidente que, embora o raciocínio dos economistas fosse correto, o progresso beneficiava proprietários e negociantes, enquanto o povo, pelo menos naquele momento, custeava todas as despesas. Os economistas consideravam que essa desgraça era providencial e confessavam claramente que o progresso social só pode ser realizado em detrimento dos pobres. O povo pensava e às vezes dizia que deveria poder subsistir mediante seu trabalho e que o preço do pão deveria ser proporcional ao salário; se o governo concedia plena liberdade a negociantes e proprietários, em nome do interesse geral, pelo menos deveria tomar medidas para que o direito à vida fosse assegurado a todos, devendo os ricos indenizar os padeiros ou vender o grão abaixo do preço. Mas mesmo o meio que o povo considerava incontestavelmente mais simples era o retorno à regulamentação, e sua aplicação rigorosa sem recuar ante a requisição e a taxação.

Os tumultos

Não seria de admirar, portanto, que a penúria e a carestia gerassem regularmente tumultos. As vezes aqueles que supostamente possuíam grãos ou comerciavam com eles eram atacados, suas casas eram saqueadas e eles eram enforcados na corda destinada a sustentar o candeeiro de iluminação pública. Outras vezes, atacavam-se personagens cujos supostos propósitos imprudentes podiam despertar a cólera pública. Em 28 de abril de 1789, o fabricante Réveillon, que supostamente dissera que os operários podiam viver bem com 15 *sous* por dia, e o salitreiro Renriot viram seus estabelecimentos do subúrbio Saint-Antoine serem devastados durante um terrível tumulto, reprimido com fuzis e execuções. O mercado era o mais frequente palco da desordem: roubavam-se grãos dos camponeses ou exigia-se a intervenção da autoridade.

Também eram, com frequência, detidos os comboios que circulavam constantemente em todos os sentidos por terra ou por água, da granja para o mercado, de um mercado para outro, da cidade para o moinho e vice-versa, mostrando aos famintos os grãos e a farinha que eles não possuíam. A tropa e a cavalaria, correndo de um ponto para outro, cansavam-se e irritavam-se: como também sofriam com a carestia, eram bastante indulgentes com os rebeldes. Enfim, também as autoridades administrativas e sociais podiam ser atingidas: tanto a Municipalidade como os senhores e dizimeiros podiam ser vítimas dos sublevados. A partir da primavera de 1789, houve uma ou várias rebeliões em todas as cidades, que duplicaram em julho, às vésperas da colheita.

O MEDO DE SALTEADORES

O desenraizamento de uma parte da população provocado pela crise abalou também o regime. A mendicância era uma ferida incurável devido ao desemprego, especialmente no campo, e porque o doente, o velho, a viúva eram abandonados à sua própria sorte. Por outro lado, a mendicância não era considerada vergonhosa: um pai de família com muitos filhos mandava-os "procurar seu pão". Frequentemente, desempregados e mendigos abandonavam suas paróquias, tornavam-se vagabundos e terminavam por desembocar na cidade. Em épocas de crise, seu número aumentava em proporções inacreditáveis. Em 1790 constatou-se na Constituinte, após uma pesquisa, que 2.739.000 chefes de família, isto é, cerca de 10 milhões de franceses de um total de aproximadamente 23 milhões, precisavam de auxílio, e que 3 milhões deles deveriam ser considerados "indigentes", ou seja, mendigos. As Municipalidades urbanas atribuíam aos "de fora" as sublevações em suas cidades; no entanto, elas exageravam: em Paris, por exemplo, os registros de prisões mostram que a maioria dos acusados era constituída de desempregados domiciliados na capital; mas não há dúvida de que os errantes aumentaram a insegurança. No campo, a situação era bastante pior: formavam-se bandos que não recuavam ante ameaças ou violência. Eram chamados de "salteadores", e entre eles existiam, efetivamente, malfeitores e contrabandistas de sal ou outros contrabandistas. Surgido no campo, o "medo dos salteadores" chegava às cidades. Muito antes de julho de 1789 houve várias situações de pânico locais. Em maio, em Montpellier, esperava-se que os bandidos chegassem por mar! Em junho, em Beaucaire, espalhava-se o boato de que viriam saquear a feira. Em 8 de julho, em Bourg, dizia-se que atravessariam a fronteira, provenientes de Savoia, região pobre, da qual vinham muitos imigrantes miseráveis. Esses alarmes foram outro motivo para reclamar e, com frequência, obter a formação de milícias.

Novamente o complô aristocrático

Entre o medo inspirado pela aristocracia e o "medo dos salteadores" estabeleceu-se rapidamente uma relação. Logo admitiu-se que a aristocracia açambarcava e conservava seus grãos para arruinar o Terceiro Estado, e que veria com agrado, pela mesma razão, que se cortasse o trigo verde e se saqueassem as colheitas. Temendo-se que ela recorresse às armas, pensava-se que recrutaria suas tropas entre os errantes, da mesma forma que os recrutadores do rei às vezes encontravam voluntários entre os miseráveis. Suspeitava-se também que as prisões, os trabalhos forçados e os asilos de mendigos poderiam fornecer eventualmente um contingente. E como se esperava que os nobres chamassem tropas estrangeiras, achava-se natural que recorressem aos "salteadores" dos países vizinhos: no início de julho, contava-se em Paris que 60 mil deles estavam em marcha. Assim, graças à crise econômica, o "complô aristocrático" transformou-se em uma máquina monstruosa que, não contente em impedir a liberação do Terceiro Estado, o puniria mediante o saque e o massacre. As paixões chegaram ao máximo grau de exaltação, e a demissão de Necker provocou o efeito de uma tocha no depósito de pólvora.

7

A REVOLUÇÃO PARISIENSE DE 14 DE JULHO DE 1789

A INSURREIÇÃO

A notícia propagou-se na manhã do domingo 12 de julho. Era um dia bonito, e à tarde havia uma multidão no Palais-Royal. A estupefação e a consternação transformaram-se rapidamente em indignação e cólera. As pessoas agrupavam-se em torno de oradores improvisados que discursavam exaltadamente. Só um deles deixou-nos seu nome: Camille Desmoulins, que, por volta das três e meia, brandindo uma pistola, conclamou os cidadãos às armas. Os manifestantes logo começaram a percorrer as ruas; o cortejo principal, que partira do Palais-Royal por volta das quatro horas, dedicou-se a fechar os teatros que teriam representação às cinco ou cinco e meia; da casa de Curtius, que mantinha uma espécie de museu Grévin, foram retirados os bustos de Necker e do duque de Orléans, que foram carregados pelo bulevar. A multidão voltou ao Palais-Royal e depois partiu para os Champs-Élysées.

A cavalaria finalmente interveio. Mas os guardas franceses, tomando o partido do povo, também empunharam suas armas e a enfrentaram. O Royal-Allemand, comandado pelo príncipe de Lambesc, a partir das oito horas começou a tentar expulsar os manifestantes da praça Luís XV; o povo retrocedeu para as Tulherias, e do alto dos terraços apedrejava os cavaleiros que arremetiam, empurrando ou ferindo algumas pessoas. Sem dúvida, ocorreram diversas outras escaramuças, que não chegaram ao nosso conhecimento. Marat vangloriou-se de ter conduzido a multidão contra um destacamento na Pont Royal. Sabe-se também que Danton agitara o bairro do Théâtre-Français, abandonado pelos artistas em 1771, e que também era o do Odéon: era lá que ele morava, e onde foi colocada a sua estátua. Advogados, procuradores e escrivães participavam de corpo e alma do movimento.

Sem ordens, Besenval optou por concentrar os seus comandados no Champ-de-Mars. A cidade abandonada ficou à mercê do tumulto e da desordem; os populares, não esquecendo seus ódios particulares, correram para as "barreiras", isto é, as portas que interrompiam o muro edificado pela Arrecadação Geral de Impostos em torno da capital, em 1766, incendiando-as: no dia seguinte saquearam Saint-Lazare, que era utilizado como depósito de grãos. Com o desaparecimento da polícia, a segurança de pessoas e bens corria perigo, e o temor pairava sobre Paris.

O MEDO

No entanto, ainda não chegara o pior. Que planejava a Corte? Ninguém podia pensar que ela ainda não tivesse um plano concreto, o que de fato ocorria. No dia 13 interromperam-se as comunicações com Versalhes, pois as pontes de Sèvres e de Saint-Cloud estavam protegidas militarmente. A Assembleia parecia perdida, e os parisienses não tentaram socorrê-la; a jornada de 14 de julho só a salvou indiretamente. Os parisienses estavam preocupados, e com razão, com seu próprio destino. As tropas reais pareciam cercar a cidade: vindas pelo norte, ocupariam Montmartre, onde instalariam suas baterias; pelo oeste, encontrariam Besenval e seus suíços; ao sul, ameaçavam a margem esquerda; a leste encontrava-se a Bastilha, cujo governador, De Launay, mandara colocar canhões nos parapeitos que ameaçavam o bairro e o subúrbio Saint-Antoine. Atacada concentricamente e bombardeada, a capital seria tomada e saqueada. Em 17 de julho, o livreiro Hardy, da rua Saint-Jacques, anotará em seu diário que 30 mil homens estavam prontos para entrar em batalha, com o apoio de grande número de bandidos. O pânico era contínuo. Na noite de 13 para 14 anuncia-se na Municipalidade que 30 mil homens tinham entrado no subúrbio de Saint-Antoine; depois, que o Royal-Allemand estava na barreira do Trône; mais tarde ainda, que o inimigo penetrara pela porta de la Chapelle. Tomamos conhecimento desses incidentes através dos Registros dos Eleitores: devem ter ocorrido vários outros. Essas jornadas parisienses são apenas o primeiro ato do Grande Medo.

A reação defensiva

Mas a reação militar – e defensiva – gerada por elas foi singularmente rápida e eficaz. No dia 13 os sinos tocaram o estado de alerta; o povo, além de vigiar as portas e de controlar minuciosamente entradas e saídas, começou a construir barricadas e a se armar da melhor maneira possível, esvaziando as lojas de armas. Por outro lado, a burguesia assumiu a direção do movimento e esforçou-se por regularizá-lo, para restabelecer a ordem e tornar a resistência eficaz. Desde o dia 10, propusera-se na reunião dos eleitores que fosse eleita uma Assembleia da Comuna. No momento a proposta pareceu revolucionária. Mas no dia 12 foi adotada sem discussão; esperando o momento de proceder à eleição, confiou-se o poder a um comitê permanente do qual faziam parte Flesselles, o preboste dos comerciantes, seus quatro almotacéis e alguns conselheiros da cidade, bem como uma maioria de eleitores. Por seu intermédio, a Assembleia dos Eleitores passou a administrar tanto os cofres públicos quanto os centros administrativos. Ao tomar posse da capital, a burguesia decidiu, no dia 13, que cada bairro ou distrito teria de fornecer 800 homens à milícia burguesa ou nacional; os guardas franceses ofereceram seus serviços; começaram a circular patrulhas; à noite, todas as casas se iluminaram.

O Comitê desejava que a milícia fosse composta de homens conhecidos e de confiança; a eles seriam reservadas as armas e munições conseguidas. Mas a multidão cercava a Municipalidade e, com o pretexto de se defender, exigia fuzis. Flesselles tentou contemporizar; no entanto, teve de se dirigir ao Arsenal e deixou que o pouco que lhe fora entregue fosse repartido. Na verdade, tratava-se de um armamento geral, e os meios disponíveis eram ridiculamente insignificantes. A multidão correu para os Invalides, onde, na manhã do dia 14, apropriou-se de 32 mil fuzis; atrás do Luxemburgo, em Chartreux, procurou em vão o depósito que supostamente existia lá; no dia 13 também não se encontrara nada no Arsenal, mas dizia-se que na Bastilha havia bastante armamento; foi esta informação que provocou o acontecimento decisivo.

A tomada da Bastilha

A lenda contrarrevolucionária apresenta o povo de Paris atacando estupidamente a Bastilha para soltar presos que não foram encontrados – ou quase isso, pois eles se reduziam a sete; acrescenta ironicamente que há muito tempo essa honra não era concedida às pessoas do povo, o que era exato. É provável que a célebre prisão estatal representasse um símbolo do despotismo para o povo, e se ele tivesse cometido o erro que lhe é imputado seria facilmente explicável, visto que ignorava o que lá acontecia. No entanto, quando a população de Saint-Antoine dirigiu-se à Bastilha, no dia 14 pela manhã, não foi para atacá-la, mas sim para pedir que o governador distribuísse as armas e munições existentes e, acessoriamente, para exigir que retirasse dos parapeitos os canhões que ameaçavam a cidade. Com seus muros de 30 metros de altura e seu fosso de 25 metros de largura, repleto de água, a Bastilha parecia inexpugnável. A guarnição compreendia apenas 80 antigos combatentes, além de um reforço de 30 suíços comandados pelo tenente Louis de Flue; os primeiros não viam com bons olhos os soldados estrangeiros, e foi difícil persuadi-los a atirar contra o povo; o governador, marquês de Launay, incapaz e indeciso, não tomara a precaução de se abastecer de víveres. Do lado de fora, porém, ninguém conhecia esses pontos fracos. A ideia de tomar a Bastilha surgiu após circunstâncias imprevisíveis.

Avisado das inquietações populares por volta das oito horas, o Comitê Permanente enviara três delegados para tranquilizar De Launay e para convidá-lo a retirar os canhões. Eles só chegaram à Bastilha às dez horas; o governador recebeu-os amigavelmente e os convidou para almoçar; eles sentaram-se à mesa. A multidão, que naquele momento já era imensa, sem saber o que havia acontecido com eles e acreditando que tinham sido presos, irritou-se, e foi então que os mais exaltados começaram a falar em exigir a rendição da fortaleza ou de atacá-la. Os eleitores do distrito vizinho, informados, encarregaram um de seus membros, o advogado Thuriot, de pedir a rendição de De Launay. Thuriot constatou que os canhões haviam sido retirados dos parapeitos e que os antigos combatentes pareciam dispostos a capitular, mas o Estado-Maior convenceu o governador a não fazer nada. Nesse momento, a multidão penetrara apenas no primeiro pátio, cuja entrada dava para a rua Saint-Antoine e que era separado do Pátio do Governador, onde se encontrava a porta da fortaleza; como De Launay considerava que não poderia defendê-la, mandara suspender a ponte levadiça. Cerca de meia hora após a partida de Thuriot, dois homens escalaram o muro e fizeram a ponte cair. A multidão precipitou-se, e De Launay, perdendo a paciência, ordenou que os soldados atirassem. Alguns homens caem; outros recuam desordenadamente, gritando que houve traição e convencidos de que seu avanço só foi permitido para podê-los fuzilar com mais facilidade. Os que estavam armados começaram a disparar contra os sitiados e o combate prolongou-se de uma forma totalmente desigual: os sitiantes tiveram pelo menos 98 mortos e 73 feridos, enquanto apenas um antigo combatente era atingido. Novas delegações foram enviadas pelo Comitê, a segunda delas com uma bandeira branca, e tentaram em vão intervir: a guarnição não a poupou, despertando assim mais um motivo de queixa.

A situação permanecia inalterada quando dois destacamentos de guardas franceses saíram da Municipalidade, bem como um certo número de burgueses da milícia, sob o comando de Hulin, antigo suboficial, e penetraram nos pátios da Bastilha, levando cinco canhões. Élie, tenente do Regimento da Rainha, veio juntar-se a eles. Sob o fogo, três peças de artilharia foram colocadas diante da porta da fortaleza. Essa intervenção foi decisiva: De Launay dispôs-se a capitular, ameaçando incendiar a pólvora em caso contrário. Élie aceitou, mas a multidão protestou: "Baixem as pontes! Não queremos capitulação!". Apesar das ponderações de Louis de Flue, De Launay, no cúmulo da desordem, mandou baixar a ponte levadiça.

A multidão arremessou-se para a fortaleza. Foi possível salvar a maior parte da guarnição, mas três oficiais do Estado-Maior e três antigos combatentes foram massacrados. Com grandes esforços, De Launay pôde ser levado até as portas da Municipalidade; chegando lá, sua escolta foi empurrada e ele foi morto. Pouco depois, Flesselles foi morto com um tiro de pistola. As cabeças cortadas foram carregadas pela cidade, espetadas em piques.

Besenval não se manifestara durante toda a jornada, seus regimentos pareciam inseguros; encorajara De Launay a resistir: seu bilhete caiu nas mãos dos insurretos. À noite ele bateu em retirada para Saint-Cloud.

Assim sucumbiu a Bastilha, por falta de habilidade do seu governador, graças à defecção das tropas reais e à obstinação heroica de algumas centenas de combatentes. A traição imputada a De Launay reforçou o receio inspirado pelo complô aristocrático. Ninguém pensara que a Bastilha seria o eixo do conflito; ninguém supusera, no primeiro momento, que sua queda estabeleceria uma saída para ele. Na noite de 14 para 15, o pânico continuou. Desèze, o futuro defensor do rei, que tomara parte ativamente na organização da milícia, escrevia em 18 de julho: "Todos nós esperávamos uma luta contra as tropas na qual seríamos degolados." No entanto, no dia seguinte, a revolução parisiense se afirmou. Os eleitores decidiram nomear um prefeito, e Bailly foi escolhido; ofereceram a La Fayette o comando da guarda nacional. Aos soldados-cidadãos, o marquês deu como insígnia um laço com as cores de Paris, vermelho e azul, entre as quais colocou o branco, que era a cor do rei: a bandeira tricolor, emblema da Revolução, também foi uma síntese da antiga e da nova França.

O rei capitula

De importância medíocre em si mesma, a tomada da Bastilha representava um acontecimento de grande alcance que desconcertou a Corte: a capital estava perdida para o rei e decidida a se defender; as tropas disponíveis não eram suficientes para tomá-la nem para sitiá-la; por outro lado, sua defecção era provável; e finalmente, era possível que a província imitasse a capital. Na noite de 14 para 15, o rei vacilava entre fugir ou submeter-se: não havia em vista outra possibilidade. Mais tarde ele declarará a Fersen, amigo da rainha: "Perdi a chance"; mas naquele momento a fuga lhe pareceu indigna de um rei, apesar dos pedidos do conde de Artois.

No dia 15, dirigiu-se à Assembleia, manifestou suas boas intenções e anunciou o retorno das tropas; no dia seguinte, convocou novamente Necker. Em 17 de julho, acompanhado por cinquenta deputados, partiu para Paris. A recepção foi digna, porém reservada. Na Municipalidade, Bailly congratulou-se com o povo por ter "reconquistado" seu rei, e Luís XVI colocou a insígnia tricolor em seu chapéu. Na volta, como sua capitulação parecia definitiva, a alegria popular explodiu em aclamações.

O medo continua

No entanto, ninguém concluiu que a aristocracia desistira da luta, e o medo persistiu. Guardas franceses acreditaram ter sido envenenados; em Versalhes, espalhou-se o boato de que das cavalariças do conde de Artois partia uma galeria subterrânea, destinada a explodir a Assembleia. Em Paris, o Comitê tinha a maior dificuldade para obter trigo, e esse fato era atribuído à má vontade; os tumultos multiplicavam-se, nos mercados e nas passagens dos comboios; em 17 de julho, em Saint-Germain-en-Laye, um moleiro foi massacrado e, no dia 18, um arrendatário salvou-se por pouco. Esperava-se que as colheitas fossem devastadas e, em 26 de julho, a Assembleia foi informada, equivocadamente por sinal, que também na Picardia havia conflitos. Afluíam de todas as partes da província notícias inquietantes sobre a emigração, os preparativos das potências, a atividade dos salteadores pagos. O conde de Artois, os Condé, os Polignac e vários outros haviam deixado a França; contava-se que uma esquadra inglesa atravessava em direção a Brest, e que através de uma conspiração, da qual a nobreza bretã era considerada cúmplice, esse porto lhe seria cedido: o embaixador da Inglaterra protestou oficialmente sem convencer ninguém. O Comitê revistava os acessos à capital, em busca de salteadores, perseguia os vagabundos e os enviava para as suas paróquias de origem. Todos os subúrbios, temendo ser atingidos, convocavam as milícias; sinais localizados de medo surgiam em Bourgival, em Sceaux, em Villiers-le-Bel, em Pontoise, em 17 e 18 de julho, e em Etampes, no dia 21, e a opinião pública parisiense sofreu o contragolpe. A vitória popular não tinha tranquilizado o clima, e a imprensa, agora livre, excitava a febre, multiplicando os detalhes retrospectivos sobre a conspiração aristocrática e ecoando todos os boatos que provavam sua persistência. Ao mesmo tempo que o temor, também se exaltava a vontade repressiva e punitiva. Em 13 de julho, Desèze já anunciara que se falava "de exterminar todos os nobres". Pois bem, apesar dos seus esforços, nem Bailly nem La Fayette conseguiam controlar Paris. A pedido do primeiro, os distritos elegeram, em 23 de julho, um conselho comunal de 120 membros que sucederia os eleitores, mas as assembleias distritais continuaram a reunir-se cotidianamente, com a pretensão de discutir as decisões da Municipalidade, para confirmá-las ou anulá-las: era a democracia direta que a pequena burguesia do artesanato e da loja, mais do que os operários, tentava instituir; ora, ela constituía a maior parte da guarda nacional.

Por infelicidade foram presos nas redondezas, quase simultaneamente, o intendente de Paris e de Île-de-France, Bertier de Sauvigny, considerado responsável pela insuficiência e pelos supostos abusos no tocante ao abastecimento; seu cunhado, Foullon de Doué, supostamente designado adjunto em Breteuil no ministério de 11 de julho; e finalmente Besenval. O segundo, conduzido para Paris em 22 de julho, foi arrancado da Municipalidade pela multidão e enforcado; alguns instantes mais tarde, chegou Bertier, que sofreu o mesmo destino. As cabeças cortadas foram novamente carregadas pela cidade na ponta de piques. No dia 30 chegou Besenval com uma boa escolta, e provavelmente também teria sido morto se não fosse a intervenção de Necker, que reapareceu, oportunamente encontrado perto da fronteira suíça.

Essas mortes suscitaram veementes protestos na Assembleia, principalmente de Lally-Tollendal. Uma célebre carta de Babeuf também prova seu horror vendo o povo conspurcar assim sua vitória. Mas seria um erro imaginar que a burguesia revolucionária reprovava unanimemente esses fatos. "Será que esse sangue era tão puro que seu derramamento é tão deplorado?", bradou Barnave, em plena Assembleia Nacional. No final do mês, Mme Roland escrevia de Beaujolais: "Se a Assembleia Nacional não processar em regra dois homens ilustres, ou se generosos como Decius não os abaterem, estareis todos f..." Como Barnave, ela está obcecada pela ideia coletiva do complô aristocrático.

Como não convir, porém, que por mais justificada que fosse a cólera popular, era importante acabar com essas execuções sumárias? A partir desse momento surge a ideia de criar uma polícia e um tribunal especialmente encarregados de julgar com rigor o complô aristocrático: assim, já não haveria pretexto para a ação tumultuosa do povo, e ao mesmo tempo a segurança da Revolução não dependeria mais apenas de uma ação espasmódica. Em 23 de julho, Duclos-Dufresnoy, notário da rua de Richelieu, veio propor à Assembleia, em nome do distrito de Filles-Saint-Thomas, a criação de um tribunal de 60 jurados, um por distrito, que aparentemente deveriam ser nomeados pelo povo. Tratava-se, portanto, de um tribunal popular e revolucionário que incontestavelmente correspondia ao governo direto que os distritos pretendiam instituir na capital. Também Barnave, sem ser tão preciso, pedia "uma justiça legal para os crimes de Estado", enquanto Prieur exigia a criação de um comitê encarregado de receber as denúncias. Na sessão da tarde, os deputados voltaram à carga, especialmente Petion, que aparentemente endossara a ideia de eleger jurados. Na proclamação à nação divulgada pela Assembleia, promete-se criar um comitê que receberia e verificaria as denúncias contra o complô aristocrático e indicar o tribunal que julgaria os culpados, reservando-se o direito exclusivo de proceder judicialmente. No entanto, nada foi feito até o dia 28.

Nesse dia, ao ser decidida a nomeação de um Comitê de Relatores para examinar as petições que afluíam, du Port insistiu para que também fosse instituído o anunciado no dia 23, que ele denominou Comitê de

Investigação; seu desejo foi satisfeito, e este foi o protótipo do célebre Comitê de Segurança Geral; por outro lado, a Comuna de Paris, por proposta de Brissot, criou o primeiro comitê de vigilância revolucionária. Du Port pedira também um tribunal *provisório* para julgar os casos de lesa-nação, e o Comitê de Pesquisas ficou de examinar a questão; este só foi nomeado no dia 30, por ocasião do tumulto que quase custou a vida de Besenval. Com a esperança de salvá-lo, a Municipalidade parisiense prometeu a criação de um tribunal popular eleito pelos distritos e, efetivamente, Bailly e Sémonville foram solicitá-lo à Assembleia, que se limitou a confirmar sua decisão do dia 28. No fundo, a maioria apenas queria ganhar tempo: alguns deputados tinham protestado, comparando o tribunal proposto às *comissões extraordinárias*, tão apreciadas pelo absolutismo. Após a sessão, os representantes da Comuna foram severamente repreendidos, e não insistiram na questão. O assunto foi enterrado, e tão bem que a história não prestou atenção a ele.

Mas o Comitê de Investigações subsistiu; por outro lado, houve um debate também muito característico nos dias 25 e 27 de julho, a propósito de cartas apreendidas com o barão de Castelnau, que o presidente da Assembleia não quisera abrir sem a permissão da Assembleia. Alguns se opunham alegando a inviolabilidade das cartas; outros, como Target e Barnave, bem como Petion e Robespierre, afirmavam que a nação tinha o direito de recorrer a todos os meios para fazer abortar o complô aristocrático. Um nobre, Gouy d'Arsy, pronunciou as palavras decisivas: "Em um estado de guerra, a correspondência pode ser violada e realmente estamos em um estado de guerra." A Assembleia passou então para a ordem do dia, mas vê-se que, um mês antes de ser votada a Declaração dos Direitos do Homem e do Cidadão, já se afirmava o caráter relativo de tais direitos e se esboçava a teoria tão frequentemente defendida no ano II, pelo Comitê de Salvação Pública, que o estado de guerra suspende as regras constitucionais.

Para difamar a vitória do Terceiro Estado e a recordação do 14 de julho, mais de uma vez foi dito que na segunda quinzena de julho se manifestavam os preâmbulos do Terror. Isso é incontestável. Mas essa observação só adquire seu verdadeiro significado histórico se primeiramente forem reconstituídos a gênese e o conteúdo da mentalidade coletiva que deu origem ao Terror. Pode-se perceber então que o "complô aristocrático" é uma das chaves da história revolucionária. Em 1789 ele parece ter abortado, e por isso a repressão atenuou-se. Mas a partir do fim do ano torna-se real, com as características essenciais que o povo de antemão lhe atribuíra; em 1792, quando o medo atingiu o auge com a chegada dos prussianos e dos emigrados que pisavam o solo francês, Danton criou em vão o Tribunal de 17 de agosto, já reclamado três anos antes: não foi possível evitar os massacres de setembro. E em 1793, no momento do perigo supremo, a Convenção só conseguiu prevenir seu retorno através da organização oficial do Terror. O medo e seu cortejo de paixões assassinas só se extinguiram pouco a pouco, após a vitória incontestável da Revolução.

8

A Revolução municipal na província

Após a demissão de Necker

A demissão de Necker suscitou nas cidades de província uma emoção muito forte, e desta vez a reação, imediata e violenta, foi incontestavelmente espontânea, pois os deputados não tiveram tempo de intervir; por outro lado, o governo suspendera intencionalmente o envio do correio. De toda parte, novas mensagens foram enviadas à Assembleia. Muitas delas, ameaçadoras. Em 20 de julho, em Nîmes, por exemplo, os cidadãos declararam considerar "infames e traidores da pátria os agentes do despotismo e os partidários da aristocracia"; ordenaram que todos de Nîmes que serviam no exército desobedecessem à ordem – que poderiam receber – de derramar o sangue dos seus concidadãos. Mas as coisas foram ainda mais longe. Em diversas cidades, os cidadãos apoderaram-se de tudo aquilo que poderia permitir que as autoridades reais cooperassem com a ação da Corte, especialmente os cofres públicos e as lojas de grãos e ferragens; no Havre ficaram detidos os grãos destinados a Paris, e os hussardos vindos de Honfleur foram obrigados a voltar. Por outro lado, todos estavam prontos para resistir às tropas reais e para marchar em socorro da Assembleia. Criaram-se comitês em Montauban, em Bourg, em Laval, por exemplo; eles organizaram uma milícia recorrendo às cidades vizinhas (como Château-Gontier) ou mesmo aos camponeses, como em Bourg e Machecoul. Os fatos mais graves aconteceram em Rennes e em Dijon. Em Rennes, em 16 de julho, não contentes com apoderar-se dos cofres públicos e organizar-se em milícia, os burgueses corromperam uma parte da guarnição e se apossaram de todas as armas e canhões que puderam carregar. O governador, Langeron, solicitou reforços. No dia 19, a cidade sublevou-se e o restante da guarnição desertou; Langeron abandonou a cidade. Em Dijon, no dia 15, o governador foi preso; os nobres e sacerdotes sofreram prisão domiciliar: foi o primeiro exemplo de uma detenção de suspeitos.

Após o 14 de Julho

Segundo a distância, tomou-se conhecimento da queda da Bastilha entre os dias 16 e 19. Houve uma explosão de entusiasmo e alegria. Enviaram-se novas mensagens, de felicitações, desta vez; *Te Deum*, regozijo, cortejos que com grande pompa vão apresentar a insígnia nacional às autoridades, que de boa ou má vontade paramentam-se com ela, como todo mundo; à noite, para terminar, fogueiras.

Em muitas cidades, a revolução municipal operou-se sem violência. A Municipalidade do Antigo Regime, aturdida, cede aos manifestantes. Associa-se a um certo número de notáveis ou, como em Bordeaux, extingue-se frente aos eleitores. Por outro lado, aceita a criação de um comitê de subsistências. Com maior frequência, ela é obrigada a instituir, para dirigir a milícia, um *Comitê Permanente*, que, dentro de um prazo mais ou menos curto, passa a se encarregar da administração. A formação de uma guarda nacional, requisito essencial aos olhos da burguesia, caracteriza invariavelmente o movimento. Digno de nota é o papel dos jovens, que frequentemente agrupam-se em diferentes companhias e às vezes obtêm uma representação particular no Comitê. Os soldados confraternizam com os cidadãos e às vezes também têm seus delegados.

No entanto, em certos lugares, o povo não se limita a associar-se às manifestações da burguesia. Exige que a Municipalidade diminua o preço do pão, ou cerca a sede da Municipalidade gritando: "O pão a dois *sous*!" A Municipalidade hesita; ameaçada, foge; desencadeia-se o tumulto: as casas das autoridades, dos negociantes de grãos, dos habitantes mais ricos são saqueadas ou pelo menos sitiadas; de forma tardia, a milícia e algumas vezes também a guarnição acabam com a desordem. Em Valenciennes, em Valence, a Municipalidade reinstala-se; mas com maior frequência, como em Lille, em Mauberge, em Cherburgo, não reaparece, sendo substituída por um Comitê nacional ou permanente: nesse caso, a revolução é completa.

Na maioria das vezes, a Municipalidade é completada por cooptação, ou o Comitê é constituído pelo seu próprio chefe. Nas semanas seguintes, esses notáveis frequentemente deverão ceder o lugar a membros eleitos, mas a evolução democrática foi mais lenta e indecisa do que em Paris. Ademais, em uma terceira categoria de cidades, ela concluiu com a formação de uma milícia, deixando intacto o poder do Antigo Regime. Isso aconteceu em Béziers e em todas as cidades da Flandres Marítima, que tiveram a prudência de diminuir por livre-arbítrio o preço do pão.

"Municipalização" da França

Assim, a revolução na província teve características variadas e não chegou às últimas consequências em diversos casos. Mas, de qualquer forma, a autoridade urbana foi obrigada a obedecer unicamente às ordens da Assembleia Nacional; além do mais, quase todos os intendentes abandonaram seus cargos. Tanto na província como em Paris, o rei foi destituído de qualquer autoridade. Ao mesmo tempo, desaparece a centralização; cada comitê ou Municipalidade passa a exercer um poder sem controle e praticamente absoluto, não somente na cidade mas também nas paróquias da redondeza, para as quais se enviou a milícia a fim de visitar os castelos suspeitos, procurar e escoltar os grãos encontrados, reprimir desordens. Sentia-se fortemente a necessidade de união para salvar a Revolução: de uma cidade para outra prometem-se ajuda e socorro, e já se esboçam as próximas federações; mas também existe um vivo desejo de instaurar e defender zelosamente a mais ampla autonomia local, assim a França transforma-se espontaneamente em uma federação de comunas. Sem dúvida, a Assembleia Nacional gozava de um prestígio inigualável, porém cada cidade – e as paróquias rurais em breve também se emanciparão – tinha o poder de aplicar seus decretos com maior ou menor zelo e exatidão: eles só eram rigorosamente respeitados se estivessem francamente de acordo com a opinião pública. Incontestavelmente, a autonomia contribuiu para despertar nos cidadãos um certo interesse pela coisa pública, suscitar lideranças locais e fomentar o prazer da iniciativa. Essa atividade extraordinária da vida municipal e regional é um dos traços mais característicos da época. A defesa revolucionária aproveitou-se dela: a partir de julho de 1789, a França passa a contar com uma imensa rede de comitês ansiosos por vigiar os aristocratas e frustrar seus desígnios.

A ATITUDE POPULAR: IMPOSTOS E SUBSISTÊNCIAS

Mas o reverso logo se tornou visível. Que esperava, em primeiro lugar, o povo das cidades? A abolição das taxas indiretas e uma regulamentação rigorosa do comércio de grãos. De bom grado ou pelo emprego da força, era preciso satisfazê-lo. Suspendeu-se o recebimento de impostos; os postos de recepção da gabela, dos impostos sobre bebidas, dos direitos alfandegários foram, aliás, com frequência destruídos, a contabilidade foi destroçada, os fiscais da gabela e do comércio de bebidas* foram expulsos. Quanto aos grãos, só circulavam acompanhados de guias minuciosamente redigidas ou de despachos e, apesar de todas as preocupações, sua passagem diversas vezes era dificultada pelos insurretos; nos mercados, as compras dos negociantes e dos comissários das grandes cidades criavam problemas contínuos, embora fossem atentamente controladas; até o outono, a escassez e a carestia do pão continuaram a provocar revoltas. Em questão de impostos ou de subsistências, a guarda nacional sempre mostrava pouca pressa para reprimir a desordem, e às vezes ela mesma a iniciava. Como surpreender-se com isso, se ela se compunha principalmente de artesãos e lojistas que compartilhavam o sentimento popular? Em sua proclamação de 10 de agosto, a Assembleia lembrará que os antigos impostos permanecerão exigíveis até a instituição do novo regime fiscal; em 29 de agosto, decretará a liberdade completa do comércio interno de grãos, enquanto a exportação continua proibida: ela pregará no deserto.

* Como inspecionavam porões onde se guardavam bebidas, esses fiscais eram chamados de "ratos de porão". [N. da T.]

O MEDO NA PROVÍNCIA

E notável que as insurreições que marcaram a revolução na província e as poucas mortes que a ensanguentaram, por exemplo em Bar-le-Duc e em Tours, tenham tido como causa imediata, quase exclusivamente, a penúria ou a carestia. Mas isso não significa que o temor do complô aristocrático não inflamasse os espíritos e que tenha se dissipado com a notícia da capitulação do rei. Os regimentos que voltavam para as suas guarnições foram acolhidos com inquietude: Châlons e Verdun recusaram-se a receber o Royal-Allemand. Quando o marechal de Broglie veio instalar-se em Sedan, o povo exigiu sua partida. Todo transporte de armas e numerário era suspeito porque poderia estar destinado ao exterior. A partir desse momento, a emigração foi impedida por meio da força: as carruagens são detidas, revistadas, e os personagens importantes – bispos, nobres, deputados – são retidos até nova ordem. Cada vez mais espera-se a intervenção estrangeira: pelo oeste, como se viu, os ingleses devem tomar Brest; pelo sudeste, os piemonteses preparam-se para invadir o Delfinado; em Bordeaux esperam-se os espanhóis. Quanto aos bandidos, são vistos em todos os lugares, tanto que dos subúrbios parisienses espalha-se a notícia de que a Municipalidade da capital está expulsando todos os vagabundos, e o mesmo ocorre em todas as outras grandes cidades. Os pânicos locais multiplicam-se: em Verneuil e arredores, em 21 de julho; em Brives, em 22; em Clamecy, em 29. Os chefes locais do movimento revolucionário, eles mesmos convencidos de que a aristocracia planeja novos golpes, utilizam todos os boatos para justificar sua ação; também os deputados, cheios de desconfiança e ressentimento, põem seus comitentes em guarda, conclamando-os à vigilância e recomendando-lhes que formem milícias. Tanto as cidades de província como Paris permanecem em estado de alerta: o Grande Medo aproxima-se.

PARTE IV

A revolução camponesa

9

Os camponeses, as revoltas agrárias, o Grande Medo

Até o 14 de Julho, não se tratou em absoluto deles. No entanto, representavam pelo menos três quartas partes da população do reino, e hoje percebemos que, sem sua adesão, a Revolução dificilmente teria triunfado. Mas os cadernos de queixas dos bailiados não tinham ressaltado nem descartado suas queixas: de qualquer forma, elas não ocupavam o primeiro lugar entre as preocupações da Assembleia Nacional, na qual os camponeses não estavam representados. Repentinamente, eles também se insurgiram e, assumindo sua causa, assestaram um golpe mortal naquilo que restava do regime feudal e senhorial. Sua revolta é um dos traços mais originais da Revolução.

A condição dos camponeses

Em 1789, a grande maioria dos camponeses franceses estava composta, havia tempo, de homens livres, isto é, que podiam deslocar-se e trabalhar onde quisessem, tornar-se proprietários e mover ações na justiça. Ainda havia *servos*, sobretudo no Franche-Comté e no Nivernais, mas já não estavam efetivamente ligados à gleba; em 1779, o rei abolira o direito de sequência, que permitia ao senhor reivindicar seus direitos sobre eles, em qualquer lugar onde eles se instalassem. A característica principal do servo é que ele não pode dispor dos seus bens: ele é homem de mão-morta ou sujeito ao direito de mão-morta; isto significa que se morrer sem deixar pelo menos um filho vivo, todos os seus bens revertem ao senhor. De qualquer forma, sua condição era infinitamente superior à dos camponeses da Europa central e oriental, abandonados ao arbítrio do nobre: na França, a justiça do rei protegia tanto a pessoa e os direitos do servo quanto os do homem livre.

Por outro lado, muitos camponeses franceses eram proprietários de terras, o que os distinguia dos camponeses ingleses, geralmente reduzidos pela aristocracia à condição de diaristas. Seu número e a extensão das suas terras variavam enormemente segundo as regiões. Na Alsácia, Flandres, Bocage normando, Limousin, no vale do Loire, nas planícies do Saône e do Garonne, e de maneira geral mais no sul que no norte, sua situação era melhor, chegando eles a possuir, nesses lugares, de metade a três quartos do solo. Mas essa proporção era bem inferior nas regiões de florestas, de matagais e de brejos, bem como em torno das cidades: nas proximidades de Versalhes, não ultrapassava 1% a 2%. Uma média provável para todo o reino poderia ser 30%. O restante estava nas mãos do clero – provavelmente um décimo –, dos nobres – mais que o dobro – e dos burgueses – talvez um quinto. O clero era especialmente rico no norte, enquanto suas propriedades rurais decresciam em direção ao oeste e ao sul; as maiores propriedades dos nobres pareciam estar situadas principalmente no norte, leste e oeste; o sul parecia distinguir-se pela extensão da propriedade burguesa.

Em todos os lugares, porém, havia camponeses sem terra. O número desses proletários agrícolas geralmente era considerável; estima-se em cerca de uma quinta parte dos chefes de família de Limousin, em 30% ou 40% no Bocage normando, em 70% em torno de Versalhes; na Flandres Marítima, ascendia a 75%. Mas uma parte deles encontrava terras para arrendar. Na verdade, os eclesiásticos, nobres e burgueses raramente exploravam suas terras, exceto nas regiões de vinhedos e em algumas regiões do sul: arrendavam suas propriedades em regime de aluguel e, mais frequentemente, de parceria, isto é, dividindo seus frutos. E mais: como suas terras eram muito parceladas, costumavam arrendar lotes isolados, de tal modo que diaristas conseguiam obter um quinhão qualquer e proprietários camponeses podiam, por outro lado, acrescentar à sua própria exploração outras parcelas arrendadas.

Dessa maneira, o proletariado propriamente dito, ou seja, os camponeses que não eram nem proprietários nem locatários de terras, reduzia-se sensivelmente, sem nunca desaparecer por completo. Assim, a sociedade rural comportava tantas nuanças quanto a sociedade urbana: os mais ricos são os grandes arrendatários, que frequentemente, porém, não são proprietários; o agricultor é proprietário do total ou de uma parte; em seguida vêm o pequeno arrendatário, o parceiro, o camponês que não tem terra suficiente para viver; depois, o diarista que possui casa e jardim, além de algum lote arrendado; finalmente, o diarista que possui apenas seus braços.

Infelizmente, a imensa maioria dos camponeses não dispunha de um lote de terra que pudesse alimentar suas famílias. Isto devia-se em parte ao atraso da agricultura. No norte e no leste, o terreno da cidade era dividido em uma infinidade de parcelas compridas e estreitas geralmente agrupadas em três *folhas*: uma delas era cultivada com cereais de inverno; a segunda, com grãos de primavera; e a última era um *alqueive*, isto é, um terreno sem cultura; cada um deles mudava de papel a cada ano. Ao sul de uma linha que ia da Normandia oriental à Borgonha, passando pela Beauce, só se distinguiam duas folhas, uma delas sem cultivar. No oeste, no Limousin, nas montanhas, a terra cultivada, cercada de tapumes, ocupava apenas uma parte mínima do solo; o restante só era cultivado eventualmente, às vezes só uma vez a cada dez anos. De qualquer forma, o afolhamento trienal ou bienal tornava improdutivo um terço ou mesmo a metade da terra arável. Assim, o camponês necessitava de muito mais terra do que atualmente. No futuro departamento do norte, nove de cada dez famílias não tinham o suficiente para se abastecer. A situação agravara-se desde meados do século XVIII, porque a população aumentara em cerca de 3 milhões de pessoas; também aumentara o número de proletários, enquanto as partilhas sucessórias reduziam os lotes dos proprietários. No final do Antigo Regime, portanto, havia uma crise agrária.

Quando em 1764 e 1766 o rei isentou os cultivadores de terrenos baldios do pagamento do dízimo e de outros impostos, numerosos camponeses invadiram as propriedades pertencentes às comunas. Os acessos e as clareiras das florestas fervilhavam de miseráveis que lá construíam seus casebres, desbravavam o que podiam e cortavam madeira para vender ou para fazer carvão. Da mesma forma, os pântanos continham uma população de miseráveis que viviam da pesca e da extração da turfa. Nos cadernos de queixas os agricultores criticavam abertamente os nobres e clérigos que exploravam seus próprios bens; reclamavam a divisão das grandes propriedades. Na Picardia e no Hainaut, quando os proprietários pretendiam mudar de arrendatários, estes defendiam-se contra a evicção, chegando algumas vezes ao incêndio e ao assassinato. Assim, não é surpreendente ver paróquias exigirem a alienação do domínio real e mesmo de pelo menos uma parte dos bens do clero. Mas a propriedade individual nunca foi questionada. No auge do Terror, serão vendidos bens de emigrados e de condenados políticos; chegar-se-á até a confiscar os de suspeitos, mas somente a título de penalidade contra os inimigos da pátria. A nobreza pacífica que permaneceu na França nunca verá seus bens serem ameaçados. É que a terra, quando não lhe pertencia, já estava, por locação, nas mãos dos camponeses. É verdade que as rendas praticamente duplicaram no século XVIII, enquanto os preços em média não aumentaram mais de 65%; a parceria se tornara menos vantajosa para o camponês; em geral, o proprietário apossava-se da metade da colheita e das novas crias do rebanho; mas cada vez mais impunha todo tipo de taxas e mesmo um suplemento em dinheiro; isto acontecia sobretudo quando arrendava suas terras a um *arrendatário geral*, que, por sua vez, explorava *colonos*; no Bourbonnais, Nivernais e Beaujolais havia queixas amargas contra esse sistema. Mas, apesar desses motivos de queixa, o arrendatário ou o parceiro não teria nada a ganhar se trocasse a propriedade arrendada pelo quinhão exíguo que lhe seria proporcionado por uma partilha geral de terras, e evidentemente os camponeses que já eram proprietários não os apoiariam.

Os encargos do camponês

Sem esquecer que a crise agrária era uma realidade premente, é preciso reconhecer que a única unanimidade que poderia existir no seio da população rural dizia respeito aos encargos impostos pelo rei e pela aristocracia.

O camponês tinha de pagar a talha e servir na milícia; só ele tinha a obrigação de pagar a corveia de manutenção dos caminhos, de transportes militares; também era o principal contribuinte no tocante à capitação e aos vigésimos. No entanto, o que mais detestava eram os impostos indiretos, sobretudo a gabela, que fazia o sal custar pelo menos 13 *sous* a libra em grande parte do reino. As exigências reais tinham aumentado incessantemente no século XVIII, e os cadernos de paróquia invariavelmente apresentavam queixas, sem que seja possível dizer se, levando em consideração o aumento dos preços, em 1789 lhe era destinada parte maior da renda nacional que meio século antes. No entanto, isso é provável. Na Flandres valã, região de Estados, portanto tratada com certas considerações, o crescimento do imposto direto, unicamente durante o reinado de Luís XVI, foi avaliado em 28%. O camponês não poupava o burguês, ao observar que a riqueza mobiliária não pagava sua cota-parte, mas a sua cólera era excitada particularmente pelos privilégios da aristocracia.

O DÍZIMO

Por outro lado, é provável que o imposto real, superpondo-se às taxas recebidas tradicionalmente pela aristocracia, tenha contribuído indiretamente para tornar essas odiosas. Devia-se o dízimo ao clero, uma taxa variável porém quase sempre inferior ao décimo, sobre os quatro grandes grãos: trigo, centeio, cevada e aveia (trata-se do grande décimo), sobre os outros grãos, legumes e frutas (é o décimo miúdo) e sobre alguns produtos da criação de animais. Nos cadernos de queixas é possível perceber que ele seria suportado de bom grado se o produto, em vez de beneficiar os bispos, abades e cônegos na maioria dos casos – ou mesmo os senhores aos quais ele fora "enfeudado", enquanto os sacerdotes conservavam apenas o dízimo miúdo –, fosse destinado, como deveria ser, à manutenção do culto, da igreja paroquial e do presbitério, e sobretudo aos pobres. Mas após ter pago o dízimo, o camponês via que a maioria dos encargos recaía sobre ele. Por outro lado, o dízimo apresentava os inconvenientes de um imposto em espécie; o dizimeiro devia cobrá-lo pessoalmente; em caso de demora, toda a colheita poderia sofrer com o mau tempo; o camponês ficava privado da palha, que era um dos elementos essenciais do adubo de granja, o único que ele conhecia; o dízimo também atrasava o progresso da desmoita e das novas culturas. Enfim, a alta dos preços aumentava seu benefício; em 1789, seu produto bruto avaliava-se em 120 milhões: em época de escassez era mais substancial, por causa da própria alimentação do camponês; por outro lado, em qualquer época, o dizimeiro sempre parecia um açambarcador.

Os direitos senhoriais

Os resquícios do feudalismo eram ainda mais impopulares. É preciso distinguir o que é propriamente feudal do que é senhorial. Do ponto de vista feudal, as terras constituíam feudos que dependiam uns dos outros e finalmente do rei; os feudos eram submetidos a um direito particular, sendo o direito de primogenitura o traço mais conhecido; a cada mutação, o suserano exigia do vassalo uma declaração e uma enumeração, bem como uma taxa de mutação. A menos que o camponês comprasse um feudo, o que era raro, pelo menos no norte, esse regime não lhe interessava. Em caso contrário, pagava ao rei, como o burguês também fazia, uma taxa especial denominada feudo-livre.

Entre os donos de feudos, alguns eram *senhores* dos homens estabelecidos em suas terras; o caráter essencial da senhoria era a justiça, alta ou baixa. A alta justiça comportava o direito de condenar à morte, mas era totalmente formal, pois toda sentença capital devia ser ratificada pelo parlamento. O oficial de alta justiça conservava a polícia judiciária e a instrução das causas criminais; no entanto, não se importava com elas, pois não lhe proporcionavam nada; em 1772, o rei o autorizara a exonerar-se de todos os gastos com relação a esse particular, encaminhando pura e simplesmente o culpado aos tribunais reais. O processo civil e a baixa justiça, que compreendia a polícia rural e se pronunciava sobre todos os diferendos relativos aos impostos senhoriais, porém, eram de grande valor; no último caso, o senhor, por intermédio dos seus juízes, julgava em causa própria. Mesmo que ela deixasse de ser um direito "útil" ele não teria deixado de defendê-lo como um direito justo, pois ele simbolizava a sua superioridade social: o banco gravado com brasões na igreja, a apresentação da água benta e do pão bento, a sepultura no coro, os patíbulos, algumas corveias, às vezes humilhantes, que provavam a dependência do camponês. Por outro lado, os juristas faziam depender da justiça senhorial numerosas atribuições remuneradoras: direito exclusivo de caça e pesca, de pombais e locais de pesca, recebimento de direitos no mercado, controle de pesos e medidas, pedágios, obrigação de patrulha e guarda do castelo, corveias pessoais a serviço do senhor, e sobretudo o direito de proclamação, isto é, de promulgar regulamentos, especialmente com relação à colheita, à vindima ou à polícia das tabernas. Também o vinho estava incluído no direito de proclamação, reservando-se para o senhor, durante um tempo determinado, a faculdade exclusiva de vender o vinho novo; também existiam as banalidades de moinho, de lagar e de forno, que constituíam monopólios que o beneficiavam. Também dependia da justiça a propriedade dos caminhos, com exceção dos caminhos reais, e consequentemente o direito de plantação muito usado no século XVIII em algumas províncias como Flandres, Artois e Anjou, que consistia em guarnecer com árvores as terras dos camponeses ao longo das vias públicas. Finalmente, em muitos povoados também eram exigidas para o senhor da justiça corveias e taxas pessoais, em dinheiro ou espécie, denominadas talha ou tributo, que deviam ser pagas por todos os habitantes do lugar.

Entre esses direitos propriamente senhoriais devem-se distinguir os direitos *reais*, que não se referiam às pessoas mas às terras. Todos os proprietários de feudos, fossem ou não senhores, descontavam-nos previamente, pois não exploravam suas propriedades, com exceção de uma *reserva* ou *domínio próximo*, constituída pelo castelo e seu parque, um pouco de prado, florestas e finalmente as terras arrendadas. O restante do feudo estava nas mãos de camponeses ou rendeiros; esse arrendamento era hereditário, e seus arrendatários podiam dispor livremente dele; esses são os camponeses proprietários, mencionados anteriormente. Mas o dono do feudo conservava a *direta* ou *propriedade eminente*: supunha-se que concedera o arrendamento ao camponês a título perpétuo, por meio de taxas estipuladas de uma vez por todas e que não podiam ser resgatadas sem sua anuência. Essas taxas eram de dois tipos. Algumas eram anuais, denominadas censo ou renda; podia tratar-se de uma quantia em dinheiro, geralmente baixa; mas também podiam ser exigidas em espécie, e seu valor, consequentemente, era muito mais apreciável, devido à alta dos gêneros. Finalmente, a renda em espécie sobre as terras cultivadas podia tornar-se uma espécie de dízimo, calculado segundo uma taxa uniforme, usualmente chamada no norte de jugada ou terragem, e no sul de *agrier* ou de tasca. As outras taxas reais eram *casuais*: eram pagas em caso de mutação por herança ou venda; esses direitos sobre herança e vendas, bastante pesados, eram pelo menos de 1/8, e podiam abranger até a metade do valor da propriedade.

Quanto aos servos, deviam suportar outros encargos particulares, já mencionados.

A "reação" feudal

Durante o século XVIII o regime senhorial tornara-se mais duro. Devido às críticas de filósofos e economistas, os proprietários consideraram necessário reafirmar seus direitos, renovando frequentemente os registros onde eram constatados e exigindo pontualmente as taxas. Cada vez mais arrendavam suas terras, e os adjudicatários mostravam-se impiedosos, colocando novamente em vigor obrigações em desuso ou dando-lhes uma extensão abusiva. Em caso de contestação, o tribunal senhorial e os parlamentos sempre se pronunciavam contra os camponeses. Mas estes exasperavam-se sobretudo com relação aos direitos coletivos, pois como não possuíam terra suficiente para viver, sua existência dependia desses direitos.

Os direitos coletivos dos camponeses

O alqueive, quer fosse a terça parte ou a metade do solo cultivável, bem como as terras só cultivadas eventualmente eram comuns a todos, e todo mundo, ou pelo menos todos os proprietários, podiam enviar seu gado para lá. Após a colheita, o restante das terras também passava a ser patrimônio comum. As próprias pradarias, após o primeiro corte ou após o restolho, também eram destinadas à pastagem livre. Frequentemente o povoado possuía um pastor comunal que reunia sob seu cajado todos os animais da região. Por isso, campos e prados permaneciam *abertos*. Salvo nas regiões de afolhamento trienal, o costume autorizava o proprietário a excluir o gado que não lhe pertencia por uma cerca, mas não se fazia uso desse poder porque a cerca era onerosa e sobretudo porque isso excitava a cólera dos camponeses. Os bens comunais, que continuavam sendo imensos, principalmente nas montanhas e no oeste, ofereciam outro recurso aos pobres. Na floresta, o camponês podia deixar seu gado pastar, juntar lenha, cortar árvores para construir ou consertar sua casa e instrumentos aratórios, bem como para se aquecer. Após a colheita praticava-se a respiga e existia o direito de cortar os restolhos, porém com o emprego praticamente exclusivo da foice ficavam muito altos. Os economistas condenavam esses direitos coletivos, que freavam os progressos culturais, e os grandes proprietários, em sua maioria membros da aristocracia, compartilhavam sua opinião. Com exceção dos bosques comunais, as florestas foram interditadas aos camponeses desde a ordenança das águas e florestas, promulgada por Colbert em 1669. Na segunda metade do século XVIII, o poder real autorizou a construção de tapumes em um certo número de províncias e permitiu a divisão dos terrenos comunais. Isto beneficiou sobretudo a aristocracia, que interditou suas terras à pastagem livre, continuando porém a enviar seu gado às terras dos camponeses. Quanto aos terrenos comunais, como os arrendatários possuíam apenas o usufruto, os juristas reconheciam a propriedade eminente aos senhores; estes não hesitavam em desmembrá-los para cultivar; em caso de divisão, cabia-lhes a terça parte, por direito de *triagem*.

As queixas dos camponeses

Em numerosos cadernos sucedem-se frequentes queixas dessas usurpações, bem como das crescentes exigências dos senhores feudais. Insiste-se sobre os prejuízos que os direitos de caça, de pombais e de reservas de pesca ocasionam às culturas, devido à falta de regulamentação e sobretudo de recursos. As taxas em espécie sofriam as mesmas críticas que o dízimo. Os cadernos de queixas assinalam também a carga esmagadora constituída pelo conjunto dos direitos, considerando-a até superior à dos impostos reais. São mais raros aqueles que propõem remédios como a supressão de alguns direitos particularmente odiosos, ou a autorização de resgatar as taxas. O princípio do regime em si nunca é questionado, mas deve-se observar que os camponeses não dizem tudo aquilo que sentem e que, com relação aos direitos feudais, os burgueses que os guiavam frequentemente eram reticentes, pois tratava-se de uma propriedade comprada por eles, e da qual outros burgueses eram juízes e agentes dos senhores. Pelo menos percebe-se a essência do pensamento camponês quando os cadernos exigem que seja apresentado o título primitivo, através do qual se impuseram as taxas contra concessão do arrendamento; caso contrário elas seriam extintas: é evidente que o camponês considerava-se o único proprietário legítimo, e atribuía aos direitos senhoriais, salvo prova em contrário, uma única origem: a violência. Por outro lado, seu rancor contra os senhores que "sugam seu sangue" demonstra-se abertamente.

Não se deve pensar que as características do regime senhorial eram as mesmas em todo o reino e que todas as paróquias tinham de suportar as mesmas cargas. Muito opressivo em certas províncias como a Bretanha e o Franche-Comté, era relativamente leve em outras como a Flandres Marítima. Nesse ponto, assim como em todos os outros, a diversidade da França era infinita. Por outro lado, nem todos os camponeses estavam igualmente interessados no desaparecimento dos direitos feudais e do dízimo; este era particularmente vantajoso para os que eram proprietários. No entanto, como demonstrou-se através da experiência, todos eram unânimes em execrá-los ainda mais que ao imposto real. Os camponeses tinham queixas muito mais substanciais contra a aristocracia do que os habitantes das cidades, e é natural que tenham se encarregado de assestar-lhe o golpe mortal.

A convocação dos Estados Gerais e o complô aristocrático

O ódio dos camponeses pelos senhores não era recente; a história francesa está repleta de insurreições; no século XVIII, mais de uma vez a cobrança das taxas suscitou problemas e gerou inúmeros processos sustentados pelos camponeses com incrível obstinação. Mas a convocação dos Estados Gerais desempenhou um papel importantíssimo na revolta geral de 1789, pois repercutiu profundamente no campo. Os camponeses concluíram que, ao convidá-los a expor suas reclamações, o rei pretendia atendê-las. Ora, se as coisas vão mal, é porque eles devem pagar demasiado ao próprio rei, sem dúvida, mas sobretudo ao dizimeiro e ao senhor. Para eles, a intenção do rei tinha o valor de fato consumado; de qualquer forma, só poderia ser do agrado do rei se os camponeses se antecipassem a ele. O tenente do bailiado de Saumur escreveu que o mais nefasto efeito da convocação foi que as assembleias eleitorais das paróquias consideraram-se investidas de autoridade soberana e que os habitantes das zonas rurais julgaram-se dispensados da obrigação de pagar os direitos senhoriais. Na primavera elevaram-se gritos de alerta de todas as regiões do reino: os camponeses estavam decididos a suspender todos os pagamentos a partir da próxima colheita. Manifesta-se a solidariedade de classe. Em Chatou, durante um tumulto, camponeses interrogam um deles, que lhes parece suspeito: "Pertences ao Terceiro Estado?". E ante a resposta negativa: "Pois vais ver!". As insurreições agrárias, muito mais que as urbanas, são movimentos de massa.

Simultaneamente a ideia do "complô aristocrático" nasce e se enraíza ainda mais intensamente que entre os burgueses, pois os camponeses sabem por experiência quase milenar que, para o senhor, os direitos feudais são intocáveis: deles dependem tanto sua renda quanto sua superioridade social. É impossível, portanto, que o senhor não empreenda os maiores esforços para enganar o "bom rei" ou que não recorra às armas para "esmagar" o Terceiro Estado. A inação dos Estados Gerais e o silêncio que mantêm sobre tudo aquilo que interessa aos camponeses são imputados ao complô; quando o golpe planejado é anunciado, que dúvida ainda poderia caber? E ao saber-se que o rei, em visita à capital insurreta, aprovou a resistência que fez abortar os esforços da aristocracia, que outras deferências poderiam ser exigidas? Nas sublevações os camponeses afirmarão executar a vontade do rei, e serão transmitidas ordens pretensamente emanadas dele.

As cidades e, consequentemente, a burguesia contribuíram incontestavelmente para constituir e generalizar esta mentalidade coletiva. Como se viu, havia numerosas relações pessoais entre os habitantes da cidade e os do campo. Mas o mercado era o principal foco de contaminação: ao frequentá-lo pelo menos uma vez por semana, o camponês ficava sabendo das notícias, entrava em comunhão de ideias com o povo das cidades, e as insurreições urbanas passaram a representar um sinal para ele.

A crise econômica

A mesma observação, contudo, impõe-se para o campo e para as cidades. Sem a excitação provocada pela convocação dos Estados Gerais, o levantamento dos camponeses teria sido inconcebível. Mas é impossível negar que a crise econômica também desempenhou um papel importante e veio alimentar a ideia do complô aristocrático. A miséria afetou cruelmente as massas rurais, inversamente ao que se poderia supor, porque a maioria dos camponeses não colhia o suficiente para a sua alimentação e, no caso de uma safra ruim, o número de miseráveis aumentava visivelmente. Eles iam comprar no mercado mais próximo, participavam de tumultos, e quando voltavam disseminavam em suas paróquias um fermento de insegurança e preocupação. Não vacilavam em deter comboios, assim, no verão, a desordem tornou-se universal.

Quanto à causa do mal e seus remédios, sua opinião era a mesma que a do povo das cidades: a regulamentação era a panaceia, e o açambarcamento, o inimigo.

Nas cidades a miséria agravava o desemprego. Tratava-se de um mal endêmico, porque durante o inverno dificilmente o diarista encontrava trabalho. Quando havia escassez de grãos, ocorria a mesma coisa no verão, pois os cultivadores, com dificuldades para alimentar os trabalhadores, contratavam apenas os indispensáveis. Por outro lado, a crise industrial, que gerava a crise agrícola, repercutia no campo, pois inúmeros camponeses complementavam seu sustento trabalhando para o negociante urbano. Desemprego e penúria multiplicavam os mendigos, sempre muito numerosos. Os camponeses temiam-nos mais do que os habitantes das cidades, pois em caso de repeli-los estavam mais expostos à sua vingança: suas árvores eram cortadas, seu gado, mutilado, seus moinhos ou casas, incendiados. Na primavera começaram a aparecer ameaçadores grupos de mendigos em todos os lugares, tanto de dia como de noite. O "medo dos bandidos" nunca abandonara o camponês: dessa vez ele era particularmente forte, porque os bandoleiros poderiam cortar a safra antes de ela amadurecer. As autoridades não negavam o perigo e, embora a contragosto, permitiram e mesmo ordenaram que os camponeses montassem guarda e conseguissem armas para se defenderem. Pânicos locais eclodiram bem antes do 14 de Julho, alertando as cidades. Como os burgueses, os camponeses acreditam que os bandidos estão subordinados à aristocracia, bem como às tropas estrangeiras, e esse suposto conluio estendeu o "medo dos bandidos" a toda a nação, outorgando-lhe significado político e social.

Assim, a crise econômica teve um duplo efeito revolucionário: por um lado, exaltou os ânimos dos camponeses que se voltaram sobretudo contra o dizimeiro e o senhor, que através das taxas apropriavam-se de uma parte da sua subsistência; por outro lado, ao multiplicar os miseráveis, generalizou uma insegurança que foi colocada na conta do complô aristocrático.

As revoltas agrárias

Da mesma forma que o medo não data de forma alguma do 14 de Julho, não se deve imaginar que o camponês esperou o exemplo da capital para se revoltar: bastava-lhe o da cidade mais próxima, e mesmo este não era indispensável. Desde o final do mês de março, a carestia do pão insurge o povo em Toulon e Marselha: imediatamente, o movimento atinge quase toda a alta Provença; em 20 de abril as cidades do vale de l'Avance, na região de Gap, insurgem-se contra o senhor. Em 6 de maio, distúrbio em Cambrai; logo após, o Cambrésis inflama-se e contagia a Picardia. Nas proximidades de Paris e Versalhes, os camponeses organizam o massacre sistemático da caça, saqueiam as florestas e disparam contra os guardas.

Mas é inegável que a grande comoção do 14 de Julho exerceu influência decisiva, tendo provocado quatro insurreições. Uma delas teve lugar no Bocage normando. Os distúrbios de mercado eram contínuos ao norte de Perche, e houve um em Falaise em 17 e 18 de julho; pouco depois, os patriotas de Caen apossaram-se do castelo; a partir de 22 de julho, a revolta camponesa, nascida ao sul de Falaise, estendeu-se para o oeste até Noireau, e para o sul até além de Mayenne, tendo durado até 6 de agosto. No norte, a Picardia e o Cambrésis, ocupados militarmente, não puderam sublevar-se, mas algumas abadias no vale do Scarpe e no sul do Sambre foram assaltadas. O levante do Franche-Comté foi muito mais violento. Em 19 de julho, tendo fugido o senhor do castelo de Quincey, perto de Vesoul, seu intendente acolheu e ofereceu bebida aos camponeses que aproveitavam o domingo para festejar a tomada da Bastilha. À noite, como o vinho terminara, um deles, explorando um depósito, incendiou um barril de pólvora que lá se encontrava. A explosão provocou várias mortes e ferimentos. Imediatamente difundiu-se que fora uma cilada e o incidente teve imensa repercussão em toda a França e na própria Assembleia. No dia seguinte o castelo foi incendiado e, posteriormente, outros trinta castelos foram saqueados ou incendiados ao norte e ao sul do Doubs. Em torno de Belfort a guarnição manteve a ordem. Mas em contrapartida a Alta Alsácia, de 25 a

30 de julho, tornou-se um foco de ebulição. Enfim, em 26 de julho, a revolta eclodiu também em Igé, no Mâconnais. No dia seguinte, toda a costa insurgiu-se e queimou e devastou os castelos. Em 29 de julho o castelo de Cormatin e a abadia de Cluny foram atacados. O movimento continuou a estender-se em direção ao sul e atingiu o Beaujolais.

Esses distúrbios têm como alvo principal a aristocracia; um dos desejos primordiais dos camponeses é obter uma renúncia aos direitos senhoriais e, sobretudo, incendiar os arquivos que possibilitavam sua cobrança. As violências contra pessoas foram bastante raras e, embora se tenha falado de assassinatos, os documentos não comprovam nenhum. Mas a hostilidade do camponês contra todas as novidades que ameaçavam sua existência é aparente: derruba cercas e restabelece a pastagem livre, apropria-se das terras comunais cuja posse lhe fora retirada, invade a floresta. Também o burguês não é poupado; às vezes, o grande arrendatário é obrigado a contribuir. Na Alsácia, os mais atingidos foram os judeus. Esboça-se uma aproximação local entre nobreza e burguesia, entre os comitês urbanos e as autoridades do Antigo Regime. Isso é visível sobretudo no Mâconnais, onde as milícias percorrem os povoados para restabelecer a ordem; os comitês de Tournus, de Cluny e de Mâcon organizam tribunais de exceção e dão impulso à justiça prebostal: 33 insurretos são enforcados. Mas contra a resistência passiva ao pagamento do dízimo e dos direitos feudais sobre as searas nada foi possível fazer: só pagava quem quisesse. Por outro lado, quase simultaneamente, o Grande Medo deu ao movimento uma força irresistível.

O Grande Medo

O Grande Medo nasceu de medos locais, dois deles intimamente relacionados com a crise política; em Nantes, em 29 de julho, espalhou-se o boato de que os dragões estavam chegando; em Visargent, perto de Lons-le-Saunier, em 23 de julho, os guardas nacionais que tinham ido ao castelo para proceder a uma busca foram confundidos de longe com bandidos, justamente no momento em que a revolta do Franche-Comté chegava ao auge. Nos outros casos entra em jogo o temor ao vagabundo, nascido das circunstâncias econômicas e sociais. Em 24 de julho, ao sul de Romilly, na Champagne, o povo entra em pânico ao ver pessoas saindo de uma floresta; em Estrées-Saint-Denis, não longe de Clermont em Beauvaisis, no dia 24, segadores assustam-se pela mesma razão; em Ruffec, no dia 28, acontece a mesma coisa; provavelmente o medo da região do Maine tenha se originado nas proximidades da floresta de Montmirail. A floresta abrigava uma numerosa população de lenhadores e carvoeiros, pessoas parcialmente selvagens e temidas, o que explica o papel essencial que desempenharam naquela circunstância.

Às vezes, os medos locais propagavam-se a grandes distâncias. O traço característico do Grande Medo é que esses seis pânicos, que podem ser chamados de *originais*, motivaram inúmeros outros, cujo rastro pode ser seguido por centenas de quilômetros, e se ramificaram, chegando a cobrir províncias inteiras. No Languedoc e na Guyenne, em 1703; na Normandia ocidental, em 1848; na Inglaterra, após a revolução de 1688, os pânicos também se espalharam a grandes distâncias. Mas o Grande Medo de 1789 é superior a todos os outros, tendo abarcado a maior parte da França. De Estrées-Saint-Denis o pânico espalhou-se para o norte até Flandres, para a costa entre a região de Bray e o Somme, para o sul até Paris e o vale do Marne. De Maizières-la Grande Paroisse, ao sul de Romilly, estendeu-se para o norte até Châlons, atingiu o Gâtinais a oeste e desceu o vale do Sena, chegando assim a Paris pelo sul, percorreu a Borgonha até Dijon e subiu o Allier até o Auvergne. Do Maine oriental, atravessou a província até a Bretanha, alarmou a Normandia de Caen ao Sena e desceu em direção ao Loire, entre Blois e Tours. O pânico de Nantes restringiu-se ao Poitou. Inversamente, o do Franche-Comté desceu até a Provença, e o de Ruffec, além de estender-se até os Pireneus, abrangeu também a maior parte do Maciço Central.

Os propagadores do medo pertencem a todas as categorias; em primeiro lugar, os fugitivos justificam seu terror indo cada vez mais longe; entre eles há burgueses, sacerdotes, monges; os mensageiros do correio atuam do mesmo modo; por outro lado, diversas pessoas enviam seus criados para avisar os amigos; os padres, as Municipalidades, os senhores põem-se em guarda uns contra os outros. Não havia nenhuma forma de verificação e, além disso, os incrédulos tornavam-se facilmente suspeitos. É provável, porém, que o Grande Medo não tenha atingido diversas regiões devido ao sangue-frio de alguns homens, que permanecem no anonimato.

O anúncio da aproximação de bandoleiros provoca novos pânicos chamados *pânicos de presságio*, que dão novo impulso à propagação: a tradição conservou-os sob uma forma fragmentária que torna o fenômeno inexplicável. Enfim, o menor incidente é capaz de ressuscitar a emoção: são circuitos que fazem ressurgir o terror; no Delfinado, insurgem-se os camponeses reunidos devido ao pânico e incendeiam e devastam os castelos: esse formidável circuito levou o medo do Franche-Comté até o Mediterrâneo.

Tal extensão explica-se pela situação do campo, na qual todos estavam familiarizados com o medo dos "bandidos", bem como pelo conflito político e social de onde nasceu o temor de um complô aristocrático, do qual os "bandidos" seriam os instrumentos.

Todos os contemporâneos, após terem constatado que os "bandidos" eram apenas um mito, persuadiram-se de que o medo fora semeado de propósito e sem outro motivo que fomentar a agitação. Os revolucionários diziam que tinha sido o meio encontrado pelos nobres para inviabilizar o governo por meio da anarquia; no entanto, como o Grande Medo foi dirigido contra os próprios nobres, essa versão não teve futuro. Por outro lado, a aristocracia persuadira-se de que a culpa era dos revolucionários: dessa forma, pretendiam armar e sublevar o povo, que desejava apenas permanecer em paz e na indiferença. Ainda hoje repete-se que o medo eclodiu em todos os lugares ao mesmo tempo, no mesmo dia e quase na mesma hora, tendo sido disseminado por correios misteriosos. Na verdade, ele não foi universal: a Bretanha, o Baixo Languedoc, a Lorena e a Alsácia, o Hainaut, a região de Caux não o conheceram nem — o que é característico — as regiões onde os camponeses tinham se insurgido anteriormente; ele não teve início no mesmo dia, mas ocorreu de forma gradual, de 20 de julho a 6 de agosto; enfim, através de documentos temos meios de conhecer exatamente aqueles que o propagaram.

É incontestável que o Grande Medo, muito impropriamente assim denominado, suscitou uma viva reação defensiva e frequentemente levou os camponeses a se armarem; no Delfinado provocou uma revolta agrária e, em todos os lugares, reforçou as disposições hostis à aristocracia: causou o assassínio de dois nobres em Ballon, perto de Mans, e de outro em Pouzin, no Vivarais. Mas embora tenha reforçado singularmente a insurreição dos camponeses, não foi a sua causa: eles já estavam sublevados.

PARTE V

A noite de 4 de agosto e a Declaração dos Direitos do Homem e do Cidadão

10

O projeto de Declaração dos Direitos e os privilégios

Enquanto ampliava-se a revolução popular, prosseguiam sem resultados decisivos os debates da Assembleia Nacional. Afluíam delegações e mensagens; eventualmente eram discutidos os meios para restabelecer a ordem. O Comitê de Constituição, eleito em 14 de julho, examinava os projetos de Declaração de Direitos e de Constituição que se multiplicavam: após La Fayette, Sieyès, Target e Mounier, entre outros, também haviam apresentado seus projetos. Finalmente, em 27 de julho, Champion de Cicé e Mounier leem os primeiros relatórios e Clermont-Tonnerre lhes acrescenta um resumo dos cadernos de queixas sobre o mesmo objeto: reinicia-se então o debate sobre a oportunidade de uma Declaração. A maioria dos patriotas apoia energicamente, bem como os nobres liberais, baseando-se no exemplo norte-americano e, sobretudo, alegando que, para instruir o povo sobre os princípios da nova ordem, era indispensável redigir, como diz Barnave, um "catecismo nacional". Os privilegiados, bem como alguns deputados do Terceiro Estado, especialmente Biauzat, de Clermont-Ferrand, eram contra a sua elaboração; alguns negavam a existência de direitos naturais, reconhecendo apenas os direitos positivos, criados pela lei; a maioria limitava-se aos argumentos realistas: os direitos naturais eram incontestáveis, mas a lei devia necessariamente delimitá-los; se fossem formulados em termos gerais e filosóficos, o povo não os invocaria para contestar os limites colocados pela Assembleia? Seria melhor elaborar a Declaração após a conclusão da Constituição, a fim de harmonizá-las: este foi o parecer de Mirabeau. A questão só foi resolvida no dia 4 de agosto pela manhã:

a Assembleia decidiu votar em primeiro lugar uma Declaração dos Direitos do Homem e do Cidadão.

Durante essas jornadas prévias, foram propostos apenas argumentos de ordem geral, política ou filosófica, sem colocações concretas; os comentaristas referem-se frequentemente à discussão como se ela tivesse se realizado em uma academia de direito público. Não se fizera qualquer alusão aos privilégios e à divisão dos franceses em três ordens; não se mencionaram as prerrogativas reais nem o perigo de que a Declaração fosse algum dia usada contra o domínio da burguesia, salvo no discurso de Malouet. No entanto, cada orador era consciente de uma dessas considerações, que determinava a sua atitude. Naturalmente, para a maioria da Assembleia, a abolição das ordens e dos privilégios continuava sendo o núcleo primordial.

A reunião das três ordens não significava seu desaparecimento, nem o consentimento ao abandono dos privilégios fiscais, formulado pela minoria do clero em 16 de julho, exemplo que, por outro lado, não fora ainda oficialmente imitado pela nobreza. Em 8 de julho, após a abolição dos mandatos imperativos, um nobre declarou que isso significava anular as ordens, prova de que ainda não haviam sido suprimidas; em 10 de agosto o marquês de Thiboutot, deputado da região de Caux, pretendeu ler um discurso no qual defendia as prerrogativas honoríficas dos senhores e o direito particular dos feudos, declarando que a nobreza não ratificava o abandono desses privilégios por alguns, visto que ela tinha a intenção de manter "as distinções que a caracterizam". Em 27 de julho, Champion de Cicé e Clermont-Tonnerre propuseram a criação de uma Câmara alta, deixando em aberto a questão de saber se as duas ordens privilegiadas deteriam seu monopólio.

Por isso, os aristocratas desejavam adiar a Declaração; em caso de ser proclamada a igualdade de direitos, ela seria invocada posteriormente para confundi-los com o restante da nação; caso contrário, eles talvez conseguissem conservar algumas das suas prerrogativas. Em 29 de julho, durante a discussão do regulamento definitivo da Assembleia, um ardente debate sobre a definição da maioria revelou suas intenções: em vez da maioria absoluta, ou seja, a metade dos votos mais um, Lubersac, bispo de Chartres, exigiu a de dois terços para a abolição "das leis estabelecidas e antigas". Nesse caso, a nobreza poderia reunir um pouco mais de 300 votos para rejeitar a abolição das ordens e dos privilégios, deixando de lado a questão fiscal. À medida que se prolongava a discussão sobre o princípio da Declaração, os patriotas, impacientes, persuadiram-se de que na verdade seus adversários estavam praticando a obstrução.

E isso não era tudo: percebiam que, como as províncias e cidades também possuíam privilégios, a aristocracia encontrava ressonâncias favoráveis no próprio seio do Terceiro Estado. "Convencidos", escreveu Parisot, deputado de Bar-sur-Seine, "em 5 de agosto pela manhã, de que a nobreza e o clero só tentavam ganhar tempo e não fazer nada [...] sentimos que enquanto as duas classes privilegiadas tivessem quaisquer privilégios o interesse particular prevaleceria sobre o bem geral". Mas submeter a abolição das ordens e dos privilégios à deliberação regulamentar significaria abrir novamente o caminho à obstrução e às coalizões inconfessadas.

A operação "mágica"

A sessão de 3 de agosto foi encerrada às 23 horas. "Nós, isto é, cerca de cem," conta Parisot, "reunimo-nos em comitê particular durante quase toda a noite". Trata-se aqui do Clube bretão. Resolvemos, diz ele, "utilizar *uma espécie de mágica* para, dando trégua à Constituição, destruir todos os privilégios das classes, províncias, cidades e corporações. Com esta intenção entramos na sala, ontem (4 de agosto), às 5 horas. Somente o nosso comitê estava a par do segredo". Portanto, a noite de 4 de agosto foi o resultado de uma manobra parlamentar, para obter mediante a surpresa o mais importante voto do período revolucionário, provavelmente com a esperança de que numerosos possíveis oponentes não se dariam o trabalho de assistir a uma sessão noturna.

Mas Parisot não diz tudo, e a abolição dos privilégios não foi o único objeto da *mágica*.

A revolta agrária

Diversos patriotas sentiam-se perplexos ante a revolta popular. Ela os salvara e portanto não podiam nem sonhar em condená-la; pelo contrário, a justificavam; a revolução jurídica reintegrara a soberania ao povo; o rei e a aristocracia tentaram retomá-la mediante a violência; opondo a força à força, a intervenção das massas assegurara o triunfo do direito: o 14 de Julho foi uma revolução sagrada. Entretanto, como a Assembleia representava o povo, este deveria ter se limitado a respeitá-la e a esperar em calma as diligências judiciais e as reformas que ela considerasse conveniente decretar. Era um grande engano e, em 20 e 23 de julho, Lally-Tollendal chamou a atenção para o fato.

A cada instante, em todos os lugares, a ordem pública era perturbada. Represálias sumárias ensanguentavam a cidade e o campo. Casas e castelos eram incendiados ou saqueados. A vida e a propriedade já não estavam seguras. Por outro lado, o povo esperava apenas que a Assembleia deliberasse para realizar seus desejos: com relação a isso, a revolta agrária foi decisiva e esclarecedora. Sem dúvida, a propriedade feudal não poderia ser admitida na nova sociedade, mas para a burguesia ela só poderia ser suprimida legalmente e mediante indenização: o precedente seria muito perigoso para as outras propriedades. Finalmente, o sentimento popular era hostil à liberdade econômica, que devia ser uma das pedras angulares do futuro regime. O povo reclamava o retorno definitivo à regulamentação do comércio de grãos. Os camponeses estavam ligados à economia tradicional, com todas as suas sujeições. Nesse ponto, o cisma entre a burguesia e as massas populares era radical.

Seria preciso recorrer ao Exército, isto é, ao rei, para reduzir o povo à obediência? Os patriotas vacilavam em tomar essa decisão, e a tentativa abortada de Luís XVI encontra aqui uma das suas sanções essenciais. O monarca era elogiado constantemente; divulgava-se oficialmente que ele agora concordava com a Assembleia; isto era necessário para tranquilizar os vacilantes e eliminar qualquer pretexto para a intervenção estrangeira. No entanto, todo mundo suspeitava de que a Corte, na primeira oportunidade, tentaria novamente um golpe e, através da denúncia cotidiana do complô aristocrático sempre ameaçador, os revolucionários alimentavam a suspeita entre os menos prevenidos. Como então convidar o rei a desarmar o povo? No dia seguinte, a Assembleia encontrou-se à sua mercê e dessa vez sem escapatória. Isso foi o que muitos deixaram entender claramente, assumindo a defesa dos "rebeldes" – Barnave tanto quanto Robespierre – sem que ninguém ousasse negar a evidência.

No tocante às cidades havia uma solução, graças à criação da guarda nacional, pois a Assembleia imaginava que os artesãos e lojistas que compunham a maior parte da milícia cidadã não tinham raízes entre o "populacho", do qual deplorava os excessos; seria desenganada em breve devido à sua impotência para restabelecer a livre circulação dos grãos. Quanto aos camponeses, não cabia nenhum engano: para submetê-los, seria preciso contar com o Exército e a justiça prebostal.

No entanto, em 3 de agosto, o Comitê dos Relatores não conseguiu propor nada além de uma proclamação – que foi adiada – pela qual a Assembleia ordenaria às autoridades o restabelecimento da ordem, e ao povo, que continuasse a pagar os impostos, o dízimo e os direitos feudais. "Não se deve chamar de direitos legítimos", bradou um deputado, "direitos injustos, em sua maioria baseados na força e na violência. Não se deve falar de direitos feudais; os habitantes do campo esperam sua supressão, exigem-na em seus cadernos e ficariam irritados com tal declaração."

Preparação da noite de 4 de agosto

Efetivamente, sem recorrer à força, a alternativa era satisfazer aos camponeses. Com relação ao dízimo não havia dificuldade, porque podia ser considerado um imposto; a objeção era que, para suprir os gastos de manutenção do culto, seria necessário substituí-lo, pelo menos parcialmente, por uma contribuição paga por todos, enquanto a extinção do dízimo afetaria somente os proprietários. Quanto ao feudalismo, o orador de 3 de agosto implicitamente retorquira o argumento de que, ao aboli-lo, atentar-se-ia contra a propriedade: os direitos feudais não eram propriedade como qualquer outra; a maior parte deles fora usurpada em detrimento da autoridade pública ou imposta mediante violência; numerosos cadernos de queixas de paróquias exigiam que o senhor submetesse seus títulos à verificação e que justificasse as taxas fundiárias por meio da apresentação da ata primitiva, pela qual cedera a terra ao camponês. Ainda aqui, porém, a aristocracia encontrava cumplicidades, pois muitos burgueses eram proprietários de senhorias ou feudos, ou eram intendentes, arrendatários ou advogados dos senhores. Mas o principal obstáculo era político: a Revolução só triunfara devido ao apoio de sacerdotes e nobres liberais; não seria uma imprudência romper com eles despojando-os, contra a vontade, do dízimo e dos direitos senhoriais? Em seu projeto de declaração, Target sugerira a solução do resgate, adotada desde 1770 pelo rei da Sardenha, estipulando que "as propriedades cuja função seja prejudicial à corporação política só poderão ser compradas mediante reembolso pelo menos igual ao seu valor". Entretanto, podiam prever-se firmes resistências e mil objeções, que tornariam a discussão interminável e incrivelmente confusa. Era o momento ideal para recorrer à "mágica" mencionada por Parisot. Adotou-se o expediente de confiar a iniciativa a um nobre liberal, o duque de Aiguillon, um dos maiores proprietários da França. Podiam-se esperar várias coisas: confusão entre os aristocratas, estímulo dos nobres e prelados liberais, obrigação moral dos recalcitrantes do Terceiro Estado de não se mostrarem menos generosos do que os privilegiados. Em 1791, o marquês de Ferrières elogiou e denunciou "a arte com a qual a sessão noturna de 4 de agosto foi preparada". Os chefes da burguesia revolucionária, com habilidade consumada de estadistas, souberam obrigar sua maioria a livrar-se dos interesses particulares para pensar apenas, pelo menos durante algumas horas, na comunidade nacional.

A noite de 4 de agosto

Na terça-feira 4 de agosto, a Assembleia reuniu-se às oito horas da noite para ouvir Target ler a proclamação cujo princípio fora adotado na véspera. Encerrada a leitura, o visconde de Noailles subiu à tribuna.

Cunhado de La Fayette, sem dúvida estava a par do segredo, e é possível que, ao preceder o duque de Aiguillon, tenha pretendido obter um sucesso digno de ficar na memória; sendo, porém, filho mais moço sem fortuna, expunha-se à censura de abandonar aquilo que não possuía, prejudicando assim o estratagema. Desejava-se acalmar a efervescência, observou, mas como conseguir isso sem contemplar as comunidades camponesas? "Elas não desejam uma Constituição, pois não formularam essa intenção senão nos bailiados. Que foi que elas exigiram? Que os direitos de impostos indiretos fossem extintos; que não houvesse mais subdelegados, que os direitos senhoriais fossem reduzidos ou modificados. Essas comunidades veem, há mais de três anos, seus representantes ocupar-se daquilo que chamamos e efetivamente é a coisa pública; para eles, a coisa pública é aquilo que desejam mais ardentemente obter. Com todas as diferenças que existiram entre os representantes da nação, os habitantes do campo puderam conhecer pessoas, autorizadas por eles, que tinham em mente sua felicidade, e pessoas poderosas que se opunham a ela. Que aconteceu com esse estado de coisas? Eles consideraram que deviam armar-se contra a força, e hoje já não podem ser detidos." Foi correto expor resumidamente o processo mental dos camponeses e a causa dos conflitos agrários. Consequentemente, Noailles propôs que, antes de emitir sua proclamação, a Assembleia decretasse a igualdade tributária e o resgate dos direitos feudais, com exceção da corveia, mão-morta e todas as "servidões" pessoais, que desapareceriam sem indenização.

Logo após, o duque de Aiguillon complementou essas propostas. Justificou o resgate através de uma longa exposição. "Esses direitos, é impossível dissimulá-lo, são uma propriedade, e toda propriedade é sagrada; mas eles são onerosos, e todos conhecem o ônus por eles representado [...] Não se pode pura e simplesmente exigir (dos senhores) que renunciem aos seus direitos feudais [...] A equidade impede que se exija o abandono de qualquer propriedade sem estipular uma justa indenização ao proprietário que cede sua conveniência em prol do benefício público." Sua moção não incluía nenhuma exceção ao resgate.

Talvez ele fosse, mais fielmente que Noailles, o intérprete do Clube bretão. Mas a experiência demonstrou que o Terceiro Estado também preferia a solução mais favorável aos camponeses. Uma salva de aplausos, iniciada segundo Parisot pelos cem deputados que estavam a par do segredo, acolheu a generosa proposta dos dois grandes senhores, e a fórmula de Noailles foi adotada entusiasticamente; os direitos de mão-morta, as corveias e todas as taxas pessoais foram suprimidos sem indenização, enquanto as banalidades, os direitos de medição e sobre a venda de cereais e sobretudo as taxas reais foram declarados resgatáveis. Sobre a abolição dos privilégios fiscais não houve, naturalmente, nenhuma contestação.

Um deputado bretão, Leguen de Kérangal, felicitou com emoção os dois oradores; em seguida o marquês de Foucault propôs, com sucesso, a revisão das pensões, possivelmente pensando atingir Noailles e sua família; depois o visconde de Beauharnais fez decretar a igualdade de penas e a admissão de todos os cidadãos às funções públicas. Lubersac, bispo de Chartres, passou então ao direito de caça, e os nobres declararam abrir mão de reservas de pesca e pombais. Cottin, deputado de Nantes, fez suprimir as justiças senhoriais, e um deputado nobre propôs que a justiça passasse a ser gratuita e provocou a abolição da venalidade dos cargos. O duque de Châtelet abordou o dízimo, que foi convertido em uma taxa pecuniária resgatável. Em último lugar, províncias e cidades renunciaram aos seus privilégios, tendo bretões e habitantes do Delfinado dado o exemplo. O clero não se distinguiu nessa corrida para o sacrifício; um nobre falara sobre o dízimo; no entanto, os sacerdotes ofereceram a gratuidade do culto, à qual se acrescentou a proibição de possuir diversos benefícios de forma simultânea e de pagar ao papa as anatas, tributo de um ano de renda que o bispo lhe devia a partir do momento da sua investidura; assim estimulou-se a reforma da Igreja francesa. Por outro lado, um deputado de Beaujolais, provavelmente Chásset, fez acrescentar que as corporações seriam reformadas ou extintas. Finalmente, Luís XVI foi declarado, conforme proposta de Lally-Tollendal, o "regenerador da liberdade francesa", e combinou-se a realização de um *Te Deum*. A sessão foi encerrada às duas horas da madrugada. "Um contágio sentimental conduzia as almas", escreveu o genovês Dumont, testemunha ocular. A operação "mágica" fora bem-sucedida.

No entanto, não tão completamente como às vezes se imagina. Os deputados das províncias e cidades seguiram reticentemente os da Bretanha e do Delfinado; ao admitir a igualdade fiscal e uma reforma da administração local, tiveram a intenção de conservar "particularidades" próprias para as suas circunscrições, evidenciando que falavam em nome próprio e não de seus comitentes; o particularismo, e não os privilegiados, fora mais resistente ao contágio.

O DECRETO DE 5 A 11 DE AGOSTO

As decisões da noite de 4 de agosto não foram redigidas. No dia 5, Fréteau releu a lista, e no dia seguinte a discussão recomeçou. Em princípio, examinava-se apenas a forma; na verdade, modificou-se o conteúdo do texto. Havia profunda consternação e cólera na Corte e entre os privilegiados. Em 8 de agosto, um deputado da nobreza, escrevendo à marquesa de Créquy, indignava-se contra "uma revolução que, de fato, destruiu feudos e nobreza, que priva 500 mil famílias de suas propriedades, as províncias dos seus direitos e privilégios, e prepara para a França os grilhões que vemos com surpresa os orientais suportarem. Os deputados não possuíam nenhum dos poderes que se arrogaram, deveriam limitar-se a votar a renúncia aos privilégios pecuniários. Eles anularam as propriedades". Não foi o único a declarar que a nobreza não ratificava a iniciativa de alguns de seus membros. Como parece que nenhum privilegiado protestou durante a noite de 4 de agosto, deve-se concluir que os recalcitrantes não estavam presentes à sessão, ou que se sentiam impotentes. Mas a partir do dia 6 eles se recuperaram.

Vários deles alegaram a obrigação de consultar seus comitentes, apesar da anulação dos mandatos imperativos; alguns padres protestaram contra o resgate do dízimo, nobres levantaram-se contra os direitos senhoriais e contra a abolição das justiças. Por outro lado, o direito feudal era tão complexo do ponto de vista jurídico, que a distinção entre taxas pessoais, abolidas sem indenização, e taxas reais resgatáveis era bastante difícil, praticamente impossível; os contestatários se esforçaram em vão para importunar os feudistas. Mas a maioria não queria fazer qualquer concessão. Ao contrário, a incerteza existente sobre a classificação dos direitos voltou-se contra eles: as banalidades desapareceram da enumeração dos direitos resgatáveis, bem como os direitos de medição. Se a nobreza ainda conservava algumas ilusões, estas foram desfeitas pelo decreto definitivo, datado de 5 a 11 de agosto de 1789: "A Assembleia Nacional destruiu *inteiramente* o regime feudal." Isto não era totalmente exato: além de a obrigação do resgate assegurar-lhe longa vida, nem os direitos honoríficos nem o direito de progenitura foram tocados. Mas o resultado não fora duvidoso nem por um instante. No entanto, os dois chefes mais eminentes do Terceiro Estado, Mirabeau e Sieyès, tinham se abstido de assistir à sessão do dia 4, embora certamente estivessem a par daquilo que se preparava; sem dúvida, eles o desaprovavam.

Sem se opor ao decreto, Mirabeau contribuiu para adiar a deliberação sobre os direitos honoríficos, em 6 de agosto, e sobre o direito de progenitura, no dia 12. Sieyès permaneceu em silêncio, porém no fim do mês apresentou ao Comitê feudal, criado no dia 12 para elaborar a lei que regulamentaria as modalidades do resgate, um relatório no qual criticava veementemente a decisão da Constituinte. Se esses dois homens não ousaram atacar frontalmente e no momento devido, é porque evidentemente sentiam que a corrente era muito forte.

O debate realmente só se animou na questão do dízimo; tomou um rumo singularmente ameaçador para o clero, e concluiu-se por uma novação decisiva para as resoluções do dia 4. Em 6 de agosto, os sacerdotes que haviam protestado contra o resgate foram objeto de uma réplica fulminante de Buzot: "E para começar, afirmo que os bens eclesiásticos pertencem à nação [...] O clero deveria pelo menos tentar salvar as aparências e realizar aparentemente por espontânea vontade todos os sacrifícios que as circunstâncias imperiosas o obrigarão a fazer." No dia 8, enquanto se discutia um empréstimo proposto por Necker, o marquês de Lacoste voltou à carga e, propondo a abolição pura e simples do dízimo, sugeriu que os bens eclesiásticos fossem oferecidos como penhor aos prestamistas; Alexandre de Lameth apoiou a proposta, enquanto o abade de Montesquiou defendia energicamente sua ordem. Assim foi colocada, pela primeira vez, a questão da nacionalização dos bens da Igreja; a maioria dos argumentos contrários havia sido formulada, mas ainda era prematura uma decisão, e o debate não chegou a nenhuma conclusão. Com o dízimo o processo foi diferente; no dia 10, quando foi discutido o artigo do decreto referente a ele, propôs-se uma emenda pela qual era extinto pura e simplesmente, ficando subentendido que a nação proveria às necessidades do culto; por outro lado, os dízimos cedidos pelo clero a leigos – ou *dízimos enfeudados* – estariam sujeitos a resgate. O torneio recomeçou: dessa vez Mirabeau fez causa comum com os opositores, enquanto Sieyès pronunciava-se favoravelmente ao resgate. Finalmente a emenda foi adotada pela maioria; o dízimo desapareceu sem custar nada aos proprietários.

Curiosamente, as resoluções do dia 4 sofreram a amputação do artigo referente às corporações, sem que possamos saber em que condições; mas podemos presumir a causa dessa eliminação: em seus cadernos, artesãos e lojistas mostraram estar ligados às corporações, contra o desejo da alta burguesia, e por isso os deputados consideraram prudente adiar a discussão desse complexo problema.

Os resultados

Seja qual for a importância dos debates realizados de 5 a 11 de agosto, eles evidentemente não eclipsam o da noite do dia 4. Em algumas horas, a Assembleia realizara a unidade jurídica da nação, anulara em princípio, com o regime feudal, a dominação da aristocracia no campo, suprimindo o elemento da sua riqueza que a distinguia da burguesia, e estimulara a reforma financeira, judicial e eclesiástica. Desde 12 de julho ela já contava com um Comitê de finanças; a 20 de agosto constituiu um Comitê de assuntos eclesiásticos e um Comitê de judicatura.

Sem dúvida, a Assembleia acreditava na sua obra. Os camponeses consideraram contraditório declarar abolido o regime feudal e obrigá-los a pagar as taxas, como a Assembleia ordenara severamente através da proclamação de 10 de agosto, esperando resgatá-las! A aristocracia, por outro lado, indiferente com relação às vantagens que teria podido obter com a indenização prometida, também não se resignou, menos por interesse que por orgulho. Aplanava-se o terreno sobre o qual seriam edificadas a Declaração e a Constituição; de todas as consequências da noite de 4 de agosto, certamente a menos contestada é a *unidade nacional* realizada entre todas as partes do território, assim como entre todos os franceses, pela qual a realeza trabalhara durante tanto tempo, cabendo à Assembleia Constituinte a glória de tê-la concluído. É justo recordar o papel proeminente desempenhado, nessa famosa noite, pela nobreza liberal, associando-se ao ardor revolucionário do Terceiro Estado para levar em conta apenas a nação.

11

A Declaração dos Direitos do Homem e do Cidadão

A discussão

Anulado o despotismo e abolidos os privilégios, nada se opunha a uma rápida redação da Declaração, e a Assembleia pôs-se a trabalhar em 12 de agosto. Numerosos projetos foram submetidos à sua apreciação, e suas comissões elaboraram outros. Foi eleito um novo comitê – o terceiro – composto de cinco membros, para redigir um texto que serviria de base à discussão. No dia 17, este foi apresentado por Mirabeau. No entanto, ainda não se estava livre da obstrução: vários oradores questionaram a oportunidade de uma Declaração, e o próprio Mirabeau propôs novamente seu adiamento até se concluir a elaboração da Constituição. Mas a maioria já optara: o projeto dos cinco, sem dúvida comprometido pelo duplo jogo do relator, foi rejeitado em benefício do projeto da 6ª Comissão. Discutido entre 20 e 26 de agosto, foi profundamente modificado, não tanto no conteúdo, mas na forma: o texto definitivo, reduzido de 24 para 17 artigos, é mais conciso, e sua redação é convincente e apropriada. A discussão só se exacerbou nos dias 22 e 23, quando se chegou aos artigos do projeto que declaravam essencial "para a boa ordem da sociedade" que "a religião e a moral" fossem respeitadas, bem como "o culto público". O preâmbulo colocara a Declaração sob os auspícios do "Ser supremo", porém por religião entendia-se a católica, e "o culto público" era seu monopólio. Os eclesiásticos insistiram vigorosamente que a Assembleia confirmasse a existência de uma religião de Estado, isto é, privilegiada quando não obrigatória; quanto à tolerância, era reconhecida sob essa forma oblíqua: "todo cidadão que não perturbe o culto estabelecido não deve ser hostilizado". Mirabeau protestou veementemente a favor da liberdade de consciência e de culto, e Rabaut-Saint-Étienne pleiteou a mesma causa em nome dos protestantes. Foi em vão: concordou-se em eliminar a questão do "culto público", que seria regulamentada pela Constituição, levando-se em consideração a moção do conde de Castellane. "Nenhum homem pode ser hostilizado pelas suas opiniões religiosas, nem perturbado no exercício de seu culto", mas a segunda parte foi amputada, e a primeira, enormemente modificada. O artigo 10º da Declaração ficou redigido da seguinte forma: "Ninguém deve ser hostilizado pelas suas opiniões, *mesmo* religiosas, desde que sua manifestação não perturbe a ordem pública estabelecida pela lei." No dia 26, du Port acrescentou o artigo 17, que diz respeito à propriedade; o conde de Montmorency propôs que se reconhecesse ao povo o direito de revisar a Constituição; esta questão, bem como diversas outras, foram adiadas no dia 27, visto que, após a conclusão da elaboração da Constituição, a Declaração, estipulada em 17 artigos, seria revista e complementada.

Isso nunca ocorreu; em agosto de 1791, quando se reabriu o debate, Thouret afirmou que a Declaração, já de conhecimento público, adquirira "um caráter religioso e sagrado", tornara-se "o símbolo da fé política" e portanto não deveria ser modificada. Os complementos considerados necessários foram anexados a um resumo da Declaração para constituir o preâmbulo da Constituição e o enunciado das "disposições fundamentais" garantidas por ela. A Declaração dos Direitos do Homem e do Cidadão, símbolo da Revolução de 1789, continuou sendo a mesma adotada provisoriamente em 26 de agosto pela Assembleia Nacional.

Os direitos naturais: a liberdade

Os *homens nascem livres e permanecem livres e iguais em direitos*: esta afirmação memorável, que encabeça o artigo primeiro, resume a obra da Revolução, do 14 de Julho e do 4 de Agosto; o restante da Declaração é apenas sua explicação ou comentário.

"A finalidade de toda associação política é a conservação dos direitos naturais e imprescritíveis do homem" (artigo 2º). Implicitamente, a noção de contrato social, popularizada na França por Rousseau, é aí adotada. Sieyès e Mounier também atribuíram à organização social "o maior bem de todos", "a satisfação comum"; o equivalente dessas fórmulas, "a felicidade comum", figurará na Constituição de 1793.

Os direitos do homem são: a liberdade, a propriedade, a segurança, a resistência à opressão (artigo 2º). Sete artigos são consagrados à liberdade. No geral, ela é definida nos artigos 4º e 5º: trata-se do direito de "fazer tudo aquilo que não prejudicar outrem", sendo que seus "limites" só podem ser "determinados pela lei". A liberdade individual é definida em três artigos (7º a 9º), um deles bastante longo, que assentam as bases do novo processo criminal e do novo código penal, duas das reformas essenciais da Constituinte: "Nenhum homem pode ser acusado, preso nem detido senão nos casos determinados pela lei e segundo as normas prescritas por ela"; todo homem é considerado inocente até ser declarado culpado; a lei não pode ser retroativa e só deve prescrever as penas estritamente necessárias. A liberdade de opinião, "mesmo religiosa", é mencionada no artigo 10º, como foi dito; a de imprensa, no artigo 11. À propriedade são dedicados o artigo 17 e o último; trata-se de "um direito inviolável e sagrado" do qual o indivíduo só pode ser despojado em caso de utilidade pública legalmente constatada e mediante "justa e prévia indenização". A declaração não enfatiza a segurança: ela resulta da manutenção da ordem garantida pela força pública, cuja instituição é prevista no artigo 12, "para benefício de todos". Sobre a resistência à opressão não há nenhuma explicação.

A igualdade

Embora a Declaração comece declarando todos os homens iguais em direitos, é notável que na enumeração dos direitos imprescritíveis não figure a igualdade. Em seu projeto, Sieyès a definira em dois artigos: a liberdade não existe se os privilégios subsistem, mas a igualdade diz respeito a "direitos" e não a "recursos". A Assembleia concordara inteiramente com essas definições, e é estranho que não as tenha conservado, sendo a segunda indispensável para dissipar qualquer equívoco. Nenhum artigo é especialmente consagrado à igualdade; mas o artigo 6º, ao definir a lei, estipula que ela é a mesma para todos, que os cidadãos são iguais perante a justiça e que todos podem ser admitidos a empregos públicos; enfim, o artigo 13 consagra a igualdade fiscal.

A soberania nacional

Ao estabelecer o princípio de que o objetivo da "associação política" é a manutenção dos direitos do homem, a Declaração afirmava implicitamente que o governo não pode ser propriedade de ninguém, mas sim coisa de todos. Sieyès e Mounier tinham focalizado esse ponto; o segundo estipulava que o governo é criado de acordo com "o interesse dos governados e não dos governantes". Resulta daí que toda autoridade emana dos associados e está sujeita ao seu controle, sem o qual os direitos seriam privados da garantia fundamental. Esse é o sentido de *soberania nacional* proclamado pelo artigo 3º: "O princípio de toda soberania reside essencialmente na nação. Nenhuma corporação, nenhum indivíduo pode exercer qualquer autoridade senão a que emana expressamente dela." Portanto, "a lei é a expressão da vontade geral. Todos os cidadãos têm o direito de contribuir pessoalmente, ou através de seus representantes, para a sua formação" (artigo 6º). Também podem votar o imposto (artigo 14). Todo agente público é responsável pela sua gestão (artigo 15). Sobre a organização do governo, a Declaração formula apenas uma prescrição: os *poderes* – isto é, as autoridades executiva, legislativa e judiciária – devem ser separados (artigo 16).

O atestado de óbito do Antigo Regime

É comum na polêmica contrarrevolucionária criticar o caráter abstrato e filosófico da Declaração. Na verdade, as circunstâncias que cercaram seu nascimento deixaram sua marca: seu conteúdo e lacunas, a importância desigual que ela visivelmente atribui aos diferentes princípios são testemunho de seu caráter "histórico". Se os patriotas decidiram deixar de lado as objeções de cujo alcance eram plenamente conscientes, se persistiram no seu objetivo de promulgar a Declaração, é porque consideravam que seu valor era sobretudo *negativo*, ou seja, destinava-se a condenar as práticas do Antigo Regime e a evitar seu retorno. A formulação dos princípios tem um caráter geral, como é usual na redação de documentos legislativos – a Declaração norte-americana tem o mesmo estilo –, mas para os Constituintes e seus contemporâneos ela não tinha nada de abstrato nem de propriamente filosófico porque, embaixo de cada artigo, eles alinhavam mentalmente os fatos concretos dos quais tinham sido vítimas. A soberania pertence à nação, ou seja, a França deixa de ser propriedade do rei; só se deve obediência à lei, isto é, a vontade arbitrária do rei, dos seus ministros e agentes já não pode ser imposta a ninguém; ninguém pode ser preso e detido senão legalmente, ou seja, as cartas régias já não serão emitidas; o acusado é inocente enquanto não for declarado culpado: não haverá portanto restabelecimento da tortura; os cidadãos são iguais perante a lei: consequentemente, os privilégios eram injustificados; a resistência à opressão é permitida, ou seja, a insurreição de 14 de julho foi legítima, e assim por diante. Como disse o historiador Aulard, a Declaração é essencialmente o *atestado de óbito do Antigo Regime*.

Por isso, o preâmbulo lembra que "a ignorância, o esquecimento ou o desprezo pelos direitos do homem são as únicas causas da infelicidade e da corrupção dos governos" e que, de ora em diante, os cidadãos poderão comparar os atos do governo "com o objetivo de toda instituição política" e fundar suas "reclamações... em princípios simples e incontestáveis". É por isso também que a Assembleia não sentiu a ordem dedutiva adotada por Sieyès, como filósofo teórico, e não enumerou os diferentes princípios na ordem que sem dúvida hoje seria da nossa preferência, nem com igual insistência: já assinalou-se que a tolerância religiosa é timidamente esboçada, enquanto a liberdade de consciência e de culto nos pareceria merecer o primeiro lugar, ou pelo menos a mais franca asserção: se a Assembleia decidiu de outro modo não foi somente por consideração pelos padres patriotas, mas também porque muitos cadernos de queixas, indiferentes à sorte dos protestantes e hostis aos judeus, haviam se pronunciado pela manutenção da proeminência do catolicismo, e finalmente porque ela mesma não era de forma alguma "leiga", no sentido atual da palavra, e desejava – como demonstrou-se posteriormente – que a Igreja Católica não perdesse o monopólio do culto público, do estado civil, da instrução e da assistência, mas pelo contrário, ficasse mais intimamente associada que nunca ao governo do Estado. Da mesma forma, atualmente considerar-se-ia indispensável insistir mais sobre o direito de propriedade, definindo-o e justificando-o como fizera Sieyès; a Assembleia não se preocupara com isso porque o Antigo Regime não o contestava; pelo contrário, ministros e administradores nunca deixaram de falar sobre ele com respeito e de uma forma burguesa, no século XVIII. Na Constituinte, a aristocracia invocava-o para defender os direitos senhoriais; o único motivo de queixa no tocante ao direito de propriedade era a indolência que presidia as desapropriações de utilidade pública e a negligência com relação à indenização dos proprietários, a arbitrariedade dos cálculos e o atraso dos pagamentos; esses erros são subsanados pelo artigo 17, que legitima ao mesmo tempo a obrigação de resgatar os direitos feudais imposta aos camponeses. Inversamente, a liberdade individual ocupa três artigos, porque as cartas régias e os abusos do processo criminal ameaçavam todo mundo; insiste-se sobre o reinado da lei, porque no Antigo Regime não havia praticamente nenhuma prescrição legal que não fosse alterada segundo o desejo do rei; aprofunda-se sobre a igualdade de direitos, porque a hierarquia social estava baseada no privilégio. Pensa-se no passado e não no futuro.

As lacunas da Declaração não são menos características. Procura-se em vão um princípio que deveria constar: a liberdade econômica, de importância primordial para a burguesia. É que por um lado o Antigo Regime já não lhe era hostil, visto que Turgot extinguira as corporações e Brienne liberara o comércio de grãos; além do mais, o Terceiro Estado estava dividido no tocante às corporações.

A Declaração também não menciona a associação; não que a Constituinte pretendesse proibi-la pura e simplesmente: os clubes serão um dos marcos mais sólidos da organização revolucionária; contudo, como o clero devia deixar de ser uma corporação e, devido à supressão da venalidade, anunciava-se a intenção de abolir também as corporações judiciárias, não era oportuno proclamar o direito de associação.

O direito de reunião e o de petição, tão utilizados pelos revolucionários, também não são citados. A organização de um sistema de instrução e assistência públicas, previsto por Sieyès, falta igualmente. E todos esses princípios interessavam à futura sociedade, e não à destruição do Antigo Regime. Eles podiam esperar, mas serão contemplados no título II da Constituição de 1791, porque nessa data o espírito dos Constituintes estará orientado para o futuro, enquanto agosto de 1789 estava hipnotizado pelo passado.

A declaração e o futuro

No entanto, é impossível separar um do outro: embora a Declaração, no espírito de seus autores, tivesse no momento um sentido essencialmente *negativo*, também havia uma forma *positiva* na sua redação; no preâmbulo, aliás, ao mesmo tempo que se condenava o Antigo Regime, indicavam-se os princípios do novo. A partir desse ângulo, a Declaração, no espírito dos Constituintes, também tinha um sentido concreto: eles sabiam que tipo de organização queriam dar à França e, consequentemente, como deviam ser interpretados os princípios proclamados por eles. Mas enquanto tudo o que se referia ao passado não podia dar lugar a dúvidas, porque todos conheciam os fatos visados, a Declaração estava sujeita à controvérsia com relação ao futuro, que permanecia indeterminado e só seria estipulado pela Constituição. Expressos em termos gerais, talvez os princípios pudessem entrar em contradição lógica com as disposições da Constituição. Por essa razão, houve tantas pressões favoráveis ao adiamento da Declaração: terminada a obra concreta, os termos da Declaração seriam medidos para que entre ambas houvesse perfeita harmonia.

Não tem qualquer fundamento a crítica que mais de uma vez foi feita à Assembleia Nacional, quando incitou os homens a atribuir a si mesmos uma liberdade ilimitada e arbitrária, reclamando uma igualdade perfeita. Do artigo 4º resulta expressamente que a liberdade é delimitada pela lei; o artigo 1º estipula que todos os homens são iguais em *direitos*, e essa igualdade é cuidadosamente definida por outros artigos como uma igualdade perante a lei. Não é temerário supor que se a Assembleia descartou a menção da "satisfação geral" como objetivo da associação política, é porque quis impedir que se invocasse a igualdade para exigir a melhora do destino dos deserdados da fortuna, e que se transformasse a igualdade jurídica ou civil em igualdade social. No entanto, essas precauções não pareceram suficientes, e vários deputados, especialmente eclesiásticos como Grégoire, exigiram que se acrescentasse à Declaração de Direitos uma de deveres: foi-lhe respondido que direitos e deveres são correlativos e que o direito à liberdade comporta necessariamente o dever de respeitar a dos outros, conforme diz o artigo 4º. Quanto ao mais, é certo que os Constituintes, naquela data, não tinham inquietações; não porque acreditassem, por terem lido Rousseau, que o homem é bom por natureza; eram muito mais realistas do que se pensa; mas eles representavam uma classe triunfante, cheia de energia e que transformaria o mundo: a burguesia não duvidava de si mesma, nem de que a ordem por ela concebida, conforme as leis da natureza ou a vontade divina, estivesse destinada a assegurar para sempre o bem e o progresso da espécie humana. Os alarmes deixavam-na incrédula.

Os alarmes, porém, tinham fundamento. Do ponto de vista da burguesia, teria sido prudente adotar a distinção feita por Sieyès entre igualdade de *direitos* e de *recursos*; também teria sido prudente definir a propriedade; devido à ausência dessas precauções e examinada do ponto de vista filosófico, sem considerar as circunstâncias históricas, a Declaração pode ser interpretada no sentido socialista, como reconheceu Aulard, e como efetivamente ocorreu. Por outro lado, se a liberdade individual implica um dever correlativo com respeito aos outros cidadãos, nada indica na Declaração quais são os deveres de todos com relação à comunidade nacional; sem dúvida a lei pode intervir, restringindo em caso de perigo o exercício dos direitos humanos, mas seria preciso dizer que a extensão desses varia segundo as circunstâncias, subentendendo-se que é a própria comunidade que julga estas últimas. Como se disse, isso foi afirmado por diversos deputados a propósito da repressão das manobras contrarrevolucionárias: Gouy d'Arsy mostrara que os direitos do homem não podem ser os mesmos na guerra e na paz. Mas a Declaração não conservou nada disso. Novamente as circunstâncias históricas explicam a lacuna. Numa época em que o Terceiro Estado declarava-se comunidade nacional, em que impunha aos seus membros uma solidariedade sem reserva, e estava pronto para resistir a todos os inimigos que, dentro e fora, se levantavam contra ele, ninguém pensou que fosse preciso recordar-lhe suas obrigações com relação a si mesmo nem as do estado de guerra. Pelo contrário, estando demasiado disposto a tratar os aristocratas como inimigos, era preciso não debilitar o respeito pelos direitos humanos, assinalando sua inevitável relatividade. Mas aqueles que insistem em considerar a Declaração como a carta do mundo moderno deveriam interpretá-la para colocá-la em perfeita harmonia com as condições de vida das sociedades. Os Constituintes não teriam objeções se as circunstâncias, contrariamente àquilo que se afirma com frequência, não tivessem dominado sua mente. Com maior razão pode-se assegurar que, sem a recordação imediata do 14 de Julho e o receio de um novo assalto aristocrático, eles teriam eliminado a "resistência à opressão", que em seu pensamento justificava apenas a luta contra o Antigo Regime e não teria lugar no regime vindouro.

De alcance mais imediato foram as contradições rapidamente reveladas entre certos artigos da Declaração e as concepções constitucionais da Assembleia Nacional. "*Todos os cidadãos*", diz o artigo 6º, "têm o direito de participar *pessoalmente ou* através de seus representantes" da elaboração da lei. No artigo 14 podemos ler o seguinte: "Os cidadãos têm o direito, *por si mesmos* ou através de seus representantes", de votar o imposto. Pessoalmente! Os distritos de Paris pretendiam instituir a democracia direta; ora, a Assembleia estava decidida a organizar um governo exclusivamente *representativo*. A Constituição de 1791 não foi sequer submetida à ratificação popular; o Poder Legislativo exercia um domínio praticamente absoluto sobre o país, sem outro controle que a reeleição periódica; a própria revisão foi cercada de tamanhas formalidades que se tornou impossível antes de dez anos e, além disso, a iniciativa só podia emanar dos legisladores e não do povo. Mais rapidamente ainda, desde a votação da lei de 12 de dezembro de 1789, o artigo 6º pareceu violado, pois mencionava "todos os cidadãos", dando a ideia de pregar o sufrágio universal, enquanto a Assembleia recusara o direito de voto aos cidadãos *passivos*, isto é, aqueles que não pagavam um tributo público de pelo menos o valor de três jornadas de trabalho.

Tal conflito teria sido evitado se tivesse sido mantido o artigo no qual Sieyès distinguia, desde julho, cidadãos *ativos* e *passivos*; desse artigo resultava que a qualidade de eleitor era uma *função*, à qual todos podiam ser admitidos sob a condição de apresentar certas garantias de "capacidade" determinadas pela lei; este será o parecer de Royer-Collard e de Guizot: a burguesia de 1789 já raciocinava como a da época de Luís Filipe. Contudo, como o movimento democrático ainda não nascera, ela ainda não media com tanta prudência a expressão de seu pensamento, pois não imaginava que seu domínio público pudesse ser questionado; por outro lado, os norte-americanos, tendo falado como ela, ainda não tinham instituído o sufrágio universal.

De qualquer forma, a burguesia não teria podido, naturalmente, deter o curso da história. O povo, que combatera para destruir o Antigo Regime, já impusera a abolição do feudalismo: era quimérico supor que ele se deixaria excluir eternamente do direito de voto em nome de uma declaração que proclamara os homens iguais em direitos. Mas graças à soberba confiança da burguesia, a Declaração redigida por ela pôde continuar sendo a carta da democracia política e mesmo da democracia social, visto que ela não condena a regulamentação econômica nem define a propriedade.

PARTE VI

As Jornadas de Outubro

12

A resistência passiva de Luís XVI

Embora Luís XVI tivesse capitulado ante a insurreição, ainda não se resignara a sancionar sem resistência todos os atos da Assembleia. O entusiasmo contagioso da noite de 4 de agosto não o sensibilizara. No dia 5, ele declarava a monsenhor Dulau, arcebispo de Arles: "Nunca consentirei que meu clero e minha nobreza sejam despojados. Não sancionarei os decretos que os despojam." Quando o decreto de 5 a 11 de agosto lhe foi submetido, ele guardou silêncio. Também não se pronunciou a propósito da Declaração. O decreto de 10 de agosto, que prescrevia que oficiais e soldados deviam prestar juramento *à nação, ao rei e à lei* desagradou-lhe ainda mais.

A Assembleia ficou confusa. Até então, como se viu, não duvidara de que seus decretos deveriam ser aprovados pelo rei. Mas se ele tivesse o direito de rejeitar o decreto de 5 a 11 de agosto e a Declaração, bem como posteriormente toda a obra constitucional da Assembleia, o Antigo Regime ressuscitaria, pelo menos em parte, pois para obter a adesão real seria preciso negociar com a aristocracia, e disso o partido patriota não queria nem ouvir falar.

Os decretos de agosto permanecem em suspenso

Durante mais de um mês a Assembleia negou-se a reconhecer que estava encurralada e que a Revolução precisava avançar outro passo. A 4 de setembro, Mounier propôs que a questão fosse deixada à sombra: "O rei não tem o direito de se opor à elaboração de uma Constituição; pelo contrário, deve assinar e ratificar a Constituição para si e seus sucessores. Poderia exigir mudanças nas suas disposições, mas se essas mudanças fossem contrárias à liberdade pública, a Assembleia Nacional teria não só o recurso de recusar o imposto, mas também poderia recorrer aos seus comitentes, pois a nação certamente tem o direito de utilizar todos os meios necessários para se tornar livre. O Comitê (de Constituição) pensou que nem sequer deveria ser questionada a ratificação da Constituição pelo rei." A 11 de setembro, quando Guillotin levantou a seguinte questão: o rei pode negar seu consentimento à Constituição?, a Assembleia votou a questão prévia. Dessa vez, porém, Mounier mostrara-se mais categórico: "O rei não tem consentimento a dar à Constituição: ela é anterior à monarquia;" Mirabeau, aprovando seus colegas por terem jogado "um véu religioso" sobre a dificuldade, também afirmou a soberania do poder constituinte.

Pouco depois, a Assembleia outorgou ao rei um direito de *veto* suspensivo em matéria de legislação. Pois bem, a Direita considerava o decreto de 5 a 11 de agosto um ato legislativo e não constitucional. No dia 12, Barnave e Le Chapelier, para dissipar o equívoco, propuseram que se pedisse ao rei a sua *promulgação* e não a *sanção*. Mirabeau objetou energicamente que se tratava de um decreto constitucional e, como tal, não seria necessário que o rei o aprovasse. O debate, tumultuoso, só terminou no dia 14: a Assembleia recuou novamente e decidiu apresentar o decreto à sanção do rei.

Sua reserva pode ser explicada pelas negociações realizadas nos bastidores a propósito do veto: o partido patriota concordara com a sua concessão, estipulando que em troca contava com a ratificação dos atos do mês de agosto, o que teria evitado a "ruptura do véu". Mas no dia 17 a resposta do rei foi dilatória: após ter multiplicado as observações, concluiu: "Assim, aprovo o maior número desses artigos e os sancionarei quando forem redigidos sob forma de lei." Depois disso, Le Chapelier, Mirabeau, Guillotin, Robespierre e o duque de la Rochefoucauld objetaram em vão que só se quisera pedir a promulgação ao rei.

No dia 19, a Assembleia decidiu votar somente a moção de du Port, solicitando ao rei que ordenasse a *publicação* do decreto. O rei concordou, dois dias mais tarde; mas sua carta deixava entender que a publicação não era a promulgação e menos ainda a sanção, e portanto o decreto não se tornaria executório.

Finalmente, em 1º de outubro, como um comitê ficara encarregado de estabelecer um plano de finanças, Barnave propôs que este último só passasse a vigorar após a ratificação dos decretos constitucionais, e Mirabeau sugeriu que esses decretos fossem apresentados à *aceitação* do rei. Os protestos da Direita evidenciaram que a aceitação não era uma sanção e que esta era obrigatória. Mas embora se estivesse mais próximo de uma solução jurídica, na verdade não se avançara muito; o rei tanto podia negar-se a aceitar quanto a ratificar. Assim, impôs-se a mesma conclusão que surgira com relação à organização do Poder Executivo: o problema constitucional não teria existido se Luís XVI tivesse sido substituído por um personagem que aceitasse sem dissimulação o fato consumado. Como isso não podia ser feito, era preciso pressionar novamente a monarquia mediante um movimento de massa: esta foi a origem das jornadas de outubro.

13

A cisão do partido patriota: as duas Câmaras e o veto

Formação de um partido moderado

Indubitavelmente, a resistência do rei era incentivada pelas dissensões que se manifestavam no seio do partido nacional. A revolução popular alarmara diversos de seus membros. Primeiramente, nobres liberais como Lally-Tollendal e Clermont-Tonnerre; sacerdotes como Barbotin, de Prouvy e Hainaut, do qual possuímos a correspondência e que, até então muito animado contra os ministros, os nobres e os bispos, passara bruscamente para a oposição porque, sendo um importante dizimeiro, vira desvanecer-se a parte mais vultosa da sua renda; também burgueses que, despojados dos seus direitos senhoriais e alarmados pela desordem de rua, se perguntavam se a Revolução iniciada para evitar a falência não iria precisamente consumá-la.

Pouco a pouco, constituiu-se assim um grupo decidido a deter o curso da Revolução e mesmo a revertê-lo, pois para restabelecer a paz era preciso desarmar o rei e a aristocracia, o que pressupunha o abandono parcial dos resultados obtidos. As concessões não eram impossíveis. O decreto de 5 a 11 de agosto já refreara as esperanças despertadas nos camponeses pela noite do dia 4; para que ele fosse aplicado, necessitava-se de uma lei que regulamentasse o resgate dos direitos senhoriais; ela permitiria encontrar uma forma de acordo. Quanto à Declaração, estava concebida em termos tão gerais que permitia que a faculdade de organizar os poderes satisfizesse ao rei e à nobreza. Esta propôs a criação de duas câmaras, como na Inglaterra: uma delas seria designada pelo rei e hereditária, o que fortaleceria a aristocracia; admitindo-se que ela fosse eletiva, sua escolha poderia ser confiada a um organismo bastante restrito para que os moderados a liderassem. Oferecia-se ao rei o *veto absoluto*, isto é, o direito de anular as decisões do Poder Legislativo. Com a resolução dessas questões, só faltaria votar uma lei eleitoral. A Constituinte poderia então se dissolver, deixando às futuras câmaras a tarefa de proceder às reformas: o rei e a câmara alta, armados com o veto, poderiam controlar os detalhes dessas reformas.

Os partidários das duas câmaras e do veto absoluto receberam o nome de anglófilos e de monarquistas, mas também eram chamados apenas de *os ingleses*. A Lally-Tollendal e a Clermont Tonnerre reuniram-se não só Malouet e Bergasse, mas também Mounier, que se separara de Barnave. No tocante ao veto absoluto, foram apoiados por Mirabeau, que queria fortalecer dessa forma o Poder Executivo; ele declarara que preferia viver na Turquia do que em um país onde a maioria da Assembleia Legislativa pudesse tomar todas as decisões. Sieyès estava muito envolvido com suas teorias para aprovar o veto que violava a separação de poderes, e não queria ouvir falar de uma câmara aristocrática, porém combatera a abolição do dízimo e dos direitos feudais; em breve condenará a secularização dos bens eclesiásticos: deixara de ser o inspirador do Terceiro Estado.

Atitude dos patriotas

A maioria do partido patriota – agora liderado por Barnave, du Port, Alexandre e Charles de Lameth – recusara-se a aceitar, como Sieyès, a criação de uma câmara alta, mesmo que fosse eletiva. La Fayette tentou intervir para evitar a cisão, e entrevistou-se com seu amigo Jefferson, representante dos Estados Unidos em Paris. Tudo foi em vão e, por outro lado, os moderantistas deixaram passar a oportunidade em 1º de setembro: ao produzir-se uma agitação no Palais-Royal, puseram-se de acordo com os aristocratas para propor ao rei a transferência da Assembleia para Soissons ou Compiègne. Em 10 de setembro o sistema das duas câmaras obteve apenas 84 votos, pois a Direita se abstivera. Evidentemente os monarquistas tinham acreditado na vitória: como até então os presidentes da Assembleia tinham sido escolhidos entre seus membros, acreditaram que poderiam dispor do partido patriota e, por outro lado, imaginaram que os aristocratas ficariam muito felizes de segui-los, enquanto esses sonhavam com uma revanche e consideravam traidores os conciliadores.

Com relação ao veto real, porém, os patriotas não se mostraram intransigentes. Em 2 de setembro Barnave propôs que ele fosse outorgado a título suspensivo, devendo prevalecer a vontade do Poder Legislativo se três assembleias sucessivas assim o dispusessem. Necker, sondado, aceitou a proposta. O caráter da tentativa é evidente. Não tendo feito qualquer concessão à aristocracia, os patriotas tentaram chegar a um entendimento com o rei concedendo-lhe o veto suspensivo em matéria legislativa, subentendendo-se que – Barnave declarou isso formalmente a Necker –, em troca, Luís XVI renunciaria praticamente a qualquer oposição às leis constitucionais e sancionaria imediatamente e sem observações os decretos de agosto. Quanto a Necker, sua popularidade se desvanecia e sua política econômica, baseada em um estreito acordo com os banqueiros, era criticada pelos patriotas: na votação de um empréstimo de 30 milhões, no dia 8 de agosto, a Assembleia concedera apenas uma taxa de juros de 4,5%, considerada insuficiente pelos financistas, o que fez a operação fracassar. No dia 27, a Assembleia autorizou outro empréstimo de 80 milhões, sem estipular sua modalidade de pagamento, fardo que deixou para o ministro, bem como a responsabilidade pelo fracasso. É provável que Necker, entendendo-se com Barnave na questão do veto, esperasse conquistar novamente a simpatia do partido patriota. Mas para ele a dificuldade era sempre a mesma: ele não era dono do rei. Em 11 de setembro, a Assembleia outorgou o veto suspensivo. No entanto, como se viu, Luís XVI não sancionou os decretos de agosto. Os patriotas sentiram-se enganados: esta foi outra das causas das jornadas de outubro.

A NECESSIDADE DE UMA NOVA "JORNADA"

Irritados pelo infortúnio e incapazes de vencer a resistência passiva do rei, os patriotas chegaram à conclusão de que era indispensável um segundo "acesso" de revolução, como diz Loustalot em seu jornal; antecipando-se às dificuldades futuras, esta oportunidade deveria ser aproveitada para levar o rei para Paris, onde o temor ao povo revolucionário exerceria um efeito de contínua intimidação sobre ele. Em 26 de agosto, o acadêmico Dussaulx, membro da Comuna, já dizia a Augeard, mostrando-lhe as Tulherias: "Esse assunto só se consolidará quando o rei residir neste castelo; foi um grande erro deixá-lo escapar em 17 de julho. O rei deve morar na capital." E como Augeard objetasse que ninguém tinha o direito de obrigá-lo a residir em um lugar determinado, Dussaulx replicou: "Ele deve ser forçado, quando se trata do bem de todos, e isto será feito." Em 25 de setembro o marquês de Villette, na *Chronique de Paris*, declarou abertamente que era preciso transferir o rei para Paris, e Madame Roland, em uma carta escrita no princípio de outubro de sua residência de Beaujolais, era da mesma opinião. Mas a decisão não dependia da Assembleia; somente um movimento de massas podia consagrar a ruína do Antigo Regime.

14

A agitação popular

Os distritos parisienses

Em Paris, Bailly não conseguira impor sua autoridade, pois as assembleias de distrito, das quais uma das mais independentes era a do distrito de Cordelliers, onde brilhava Danton, administravam sozinhas seus bairros e pretendiam controlar todos os atos do presidente da Câmara Municipal e da Assembleia da Comuna, embora estes tivessem sido eleitos por elas. Para as assembleias distritais, a soberania nacional incluía necessariamente o governo direto. A organização parisiense era apenas provisória, e a Assembleia da Comuna devia elaborar um plano definitivo, que seria discutido e ratificado pelos distritos; mas esta Assembleia, totalmente absorvida pela administração, não conseguiu fazê-lo. Em 30 de agosto, Bailly, impaciente, propôs que os distritos nomeassem oficiais municipais provisórios para auxiliá-lo; estes seriam eleitos em segundo grau por 300 delegados dos distritos. Em 18 de setembro, os distritos designaram esses 300, porém com mandato para substituir a Assembleia da Comuna na administração da capital, enquanto a eventual eleição dos oficiais municipais seria realizada através do sufrágio direto. Com o presidente da Câmara Municipal em xeque, as assembleias distritais tornavam-se cada vez mais audaciosas.

Na verdade, elas constituíram 60 clubes populares: uma pequena minoria de parisienses os frequentava regularmente, mas através das Assembleias os oradores revolucionários chegavam à multidão.

Oradores e jornalistas

O Palais-Royal continuava sendo o quartel-general dos agitadores, entre os quais se distinguia, ao lado de Camille Desmoulins, um nobre extraviado, tão desacreditado quanto Mirabeau, o marquês de Saint-Huruge. A atividade de jornalistas e panfletários talvez fosse ainda maior. Sendo a imprensa e a venda de jornais absolutamente livres, os folhetos e jornais, frequentemente efêmeros, pululavam. Desde julho eram publicados regularmente o *Courrier de Paris à Versailles*, de Gorsas, *Révolutions de Paris*, de Loustalot, o *Patriote Français*, de Brissot. Em setembro, Marat fundou o *Ami du Peuple*, cuja independência, manifestada por ataques furibundos contra Necker, Bailly e La Fayette assim como contra a Corte e a aristocracia, e sua real preocupação pela causa do povo pobre e oprimido, asseguraram imediatamente seu sucesso entre o povo. Camille Desmoulins ainda não possuía jornal, porém lançara dois folhetos de grande repercussão: *La France Libre*, em julho, e *Le Discours de La Lanterne aux Parisiens*, em setembro.

Desde o final do mês de agosto, o veto e a Câmara alta produziram um recrudescimento da agitação, e surgiu a ideia de uma manifestação em Versalhes para pressionar sua rejeição pela Assembleia. Na noite de 30 de agosto, no Palais-Royal, 200 homens convocados por Desmoulins e Saint-Huruge puseram-se em marcha e foram detidos pela Guarda Nacional. Obstinaram-se, porém, e no dia 31 foram exigir que a Municipalidade consultasse a assembleia de distrito; esta recusou-se a receber os delegados e tudo ficou por isso mesmo. Mas à medida que, na Assembleia e fora dela, os patriotas persuadiam-se de que nada seria obtido do rei sem pressão, o projeto se tornou popular. No entanto, as discussões jurídicas não sensibilizavam o povo. O veto despertou-lhe grande paixão, porque o considerou um meio de derrotar a Revolução e um novo símbolo do complô aristocrático.

Nova convocação de tropas

Desde o 14 de Julho, esse complô, incessantemente frustrado e perpetuamente ameaçador, tornara-se o tema essencial da imprensa e dos oradores populares. De fato, agora os aristocratas pensavam em passar à ação: um grupo da Regeneração Francesa, no qual figuravam um certo abade Douglas e o marquês de Favras, preparava a partida do rei, que, ao saber do plano, o recusou; no entanto, a partir desse momento espalhou-se a convicção de que ele pensava em fugir. Os próprios monarquistas não tinham proposto ao rei enviar a Assembleia para Soissons ou Compiègne, aonde, evidentemente, ele a teria seguido? Em 1º de setembro, o Conselho deliberara sobre isso, e unicamente a oposição do rei fizera fracassar o plano. Mas sobretudo observavam-se com atenção os indícios de um novo golpe de Estado militar. Em 14 de setembro, o rei chamou o regimento da Flandres que estava em Douai, um milhar de homens, que chegou no dia 23. Como em julho, alegou a necessidade de manter a ordem, e o conde d'Estaing conseguiu momentaneamente persuadir a Municipalidade de Versalhes e uma parte da Guarda Nacional comandada por ele. O regimento foi recebido com grande pompa, e o rei e a rainha associaram a Guarda Nacional aos festejos, distribuindo-lhe bandeiras. A partir de então a marcha a Versalhes começou a parecer indispensável para fazer o complô abortar, e toda a Paris entrou em movimento. Já no dia 17 os guardas franceses haviam decidido que deviam retomar do corpo de guarda o lugar por eles ocupado anteriormente no castelo de Versalhes; no dia 22, os operários das fábricas da Escola Militar estiveram a ponto de pôr-se em marcha; os distritos exigiam explicações sobre a convocação das tropas; a Comuna enviou emissários a Versalhes. Temia-se o mesmo que ocorrera em julho.

Uma "jornada" é iminente

A "jornada" que se preparava encontraria na Guarda Nacional um núcleo organizado que antes lhe faltara. E verdade que o elemento popular fora descartado. Desde 31 de julho, La Fayette decidira criar companhias remuneradas, com um total de 6 mil homens, entre os quais os guardas franceses; a guarda voluntária limitara-se a 24 mil homens, e a obrigação de comprar o uniforme só era acessível a pessoas abastadas. Mas sua preocupação principal ainda era assegurar o triunfo do Terceiro Estado sobre a aristocracia, e os guardas remunerados – os granadeiros – eram os homens do 14 de Julho.

Houve acordo entre os agitadores parisienses e os deputados patriotas? Embora não se conheçam nem as circunstâncias nem os termos, pareceria que sim. Sem que se tenha nenhuma prova, pareceria que Mirabeau agiu no mesmo sentido, mas por conta da facção orleanista; ele pensava, como Sieyès, que a crise seria facilmente contornada com a abdicação de Luís XVI e a regência do duque de Orléans. É provável que este tenha fornecido o armamento e pago alguns líderes; mas o segredo foi bem guardado e, no fim das contas, a ação orleanista foi apenas acessória; pode-se concluir com Malouet que, se o duque não tivesse existido, os mesmos fatos teriam ocorrido. Também La Fayette foi questionado, chegando-se até mesmo a afirmar que ele fora o único instigador da rebelião, e alegando-se que nem ele nem Bailly estavam na Municipalidade no dia 5 de manhã, e que ele fora singularmente lento para prevenir o governo sobre o que se passava. Pode tratar-se apenas de um testemunho de incapacidade, mas se se admitir que ele agiu conscientemente dessa forma, chegar-se-á à conclusão de que, como todos os patriotas, ele simpatizara com o movimento. Pelo que conhecemos dele, os refinamentos maquiavélicos não eram o seu forte.

O desemprego

Embora as circunstâncias políticas apareçam como a causa essencial das jornadas de outubro, impõe-se a mesma reflexão feita por ocasião das de julho: é provável que a comoção não teria sido tão profunda sem a crise econômica. No dia 5 de outubro, invocando a miséria e a carestia, as mulheres foram as primeiras a marchar sobre Versalhes.

A Revolução aumentara consideravelmente o desemprego. Os estrangeiros, os nobres e os ricos tinham desertado da capital para atravessar a fronteira ou ir para a província: em menos de dois meses, expediram-se 200 mil passaportes. O dinheiro era raro; os emigrantes levavam consigo todo o numerário de que dispunham; os negociantes não repatriavam o produto das exportações, e aqueles que tinham fundos disponíveis depositavam-nos em bancos ingleses e holandeses. As indústrias de luxo e o comércio parisiense foram profundamente atingidos. Numerosos domésticos foram demitidos. As instituições de caridade não tinham meios de abrigar todos os desempregados, e a de Montmartre fora extinta.

A miséria e a carestia

Por outro lado, o pão continuava caro, 13 *sous* e meio cada 4 libras, e não era farto. A colheita fora boa, mas era preciso tempo para macerar o trigo, e como os depósitos estavam vazios não havia grão disponível; por outro lado, devido aos tumultos, os camponeses evitavam os mercados, e cada cidade ou povoado pretendia guardar seus próprios grãos ou interceptava os comboios que passavam. Em Paris, a Municipalidade tinha de superar dificuldades inauditas para obter os recursos indispensáveis para cada dia, além disso, havia problemas para moer o grão, pois o ar estava calmo, e os rios, baixos. Em setembro, havia filas intermináveis nas portas das padarias.

Os operários, estimulados pela agitação política, começavam a se manifestar para obter aumentos de salário ou para exigir trabalho: em 18 de agosto, alfaiates e barbeiros, e logo após, os sapateiros; em 27 de setembro, os açougueiros; a cada instante, os padeiros ameaçavam abandonar os fornos.

Alcance político da crise

Como sempre, o povo criticava o açambarcamento e, como na primavera, a penúria excitava-o contra os aristocratas e o governo. Atribuíam-se ao complô aristocrático os obstáculos e problemas que dificultavam o abastecimento. O povo questionava as autoridades, porque o "pacto de fome" era mais do que nunca artigo de fé, agora que o preboste de

Beaumont, preso na Bastilha por tê-lo denunciado, estava livre; Marat e outro jornalista chamado Rutledge desenvolviam violenta campanha contra Necker, considerando-o cúmplice dos monopolizadores. Marchar sobre Versalhes, acabar com o complô aristocrático e prender o rei e seus ministros parecia ser um remédio contra os sofrimentos do povo. Uma vez mais, a crise econômica e a crise política conjugavam seus efeitos.

15

As Jornadas de Outubro

O banquete do corpo de guarda

Um incidente provocado pela imprudência da Corte impulsionou a insurreição. Em 1º de outubro, os oficiais do corpo de guarda ofereceram um banquete aos soldados do regimento da Flandres, no castelo de Versalhes, na sala da Opera. Na hora dos brindes, omitiu-se propositadamente um à saúde da nação. A família real apareceu e rodeou a mesa, fervorosamente aclamada, enquanto se ouvia a música de Grétry: "*O Richard, O mon Roi, l'univers t'abandonne.*" Na sala e fora dela, os convivas manifestavam-se de forma provocadora, com propósitos ameaçadores. A insígnia nacional foi ultrajada: "Que todos usem a negra; ela é certa!". Ao receber alguns dias mais tarde uma deputação da Guarda Nacional, a rainha declarou ter ficado encantada com a jornada: a insígnia negra era a sua e a da Áustria. Por outro lado, as damas da Corte também distribuíram insígnias brancas.

No sábado dia 3, em Paris, ficou-se sabendo do banquete. O insulto parecia anunciar uma nova tentativa contra a Assembleia e contra Paris. Marat aconselhou a tomada dos canhões da Municipalidade e de pólvora em Essonnes; os distritos reuniram-se em assembleia permanente, e o de Cordeliers, sob a direção de Danton, ordenou que fosse perseguido por crime de lesa-nação todo aquele que portasse outra insígnia que não fosse a tricolor; a Comuna foi convidada a exigir o retorno do regimento da Flandres; proibiu que se ostentasse outra insígnia que não fosse o "laço vermelho, azul e branco".

No domingo, dia 4, havia uma multidão no Palais-Royal; as mulheres eram particularmente numerosas e manifestaram a intenção de marchar no dia seguinte para Versalhes, invectivando sobretudo contra a rainha; a Guarda Nacional dissolveu os ajuntamentos, porém sem entusiasmo. Podia-se prever que a jornada do dia seguinte seria tempestuosa. No entanto, La Fayette não tomou nenhuma precaução particular.

A JORNADA DO DIA 5

Na segunda-feira, grupos de mulheres partindo do subúrbio Saint--Antoine e do bairro de Halles encontraram-se às 8 horas na frente da Municipalidade. Não se pode acreditar em um acaso. Um movimento popular conjunto, por mais imperfeito que seja, supõe, senão um chefe ou um comitê diretor, pelo menos líderes de grupos; neste caso, seus nomes e procedimento nos são desconhecidos.

As mulheres exigiam pão. Como Bailly e La Fayette não estivessem lá, decidiram ir a Versalhes. A Municipalidade, precariamente protegida, foi invadida e as armas foram saqueadas. Maillard, um dos chefes dos "Voluntários da Bastilha", formados por combatentes do 14 de Julho, organizados militarmente, foi convidado a assumir a direção do cortejo. Provavelmente ele não encarasse a ação sob a forma de uma manifestação feminina, pois parlamentou; seus esforços foram em vão e ele acabou cedendo. Durante o percurso, muitas outras mulheres reuniram-se às primeiras, por vontade própria ou à força. Sob a chuva, cerca de 6 a 7 mil, segundo Maillard, rumaram para Sèvres, onde algumas lojas foram saqueadas.

Por volta do meio-dia, os granadeiros apareceram na Municipalidade, onde havia apenas alguns retardatários que foram expulsos. La Fayette chegou, finalmente, e os retardatários enviaram-lhe uma delegação para declarar que também queriam ir para Versalhes vingar o insulto à insígnia. Desta vez manifestou-se o aspecto político do movimento. "O rei nos engana e também vos engana, disse um guarda nacional; ele deve ser deposto; seu filho será rei; vós sereis regente e tudo irá bem." Enquanto isso, os sinos da cidade tocavam; os distritos reuniam-se; pouco a pouco, a Guarda Nacional afluía à praça de Grève gritando: "A

Versalhes!". Montado em seu cavalo, na porta da Municipalidade, La Fayette arengava inutilmente; em suas memórias ele afirma que foi ameaçado com a forca. Por volta de 4 horas, a Comuna reunida autorizou o comandante a pôr-se em marcha; foi acompanhado por dois comissários que, entre outras coisas, deviam convidar o rei a fixar residência em Paris. Às 5 horas aproximadamente, cerca de 20 mil homens, Guardas Nacionais e outros tomaram o caminho de Versalhes.

A Assembleia reunira-se pela manhã; o rei acabara de responder ao convite de 1º de outubro, aceitando os decretos de agosto e setembro; mas tratava-se de uma adesão condicional: a Constituição, observava, só poderia ser julgada em seu conjunto; de qualquer forma, era indispensável que o Poder Executivo fosse "totalmente exercido pelo monarca". A discussão recomeçou; Robespierre e Barère afirmavam que a Constituição não precisava da aprovação do rei, enquanto Mirabeau propunha que se solicitasse ainda uma vez a aceitação pura e simples. Até o final, a Assembleia recusava-se a romper o véu. A deputação ainda não partira quando, por volta das 4 horas, as mulheres, molhadas e enlameadas, detinham-se às portas. Ao ser admitido, Maillard queixou-se da miséria, exigiu a partida do regimento da Flandres, mas não mencionou o rei. A Assembleia não quis se comprometer: decidiu-se que, com a aceitação dos decretos, Mounier, seu presidente, exigiria medidas que assegurassem o abastecimento de Paris.

Luís XVI fora caçar, como de costume. O ministro Saint-Priest, advertido privadamente, despachara um enviado especial e convocara ao castelo o corpo de guarda, cerca de 600 homens, bem como o regimento da Flandres. O rei voltou às 3 horas e convocou um conselho. O governo ainda não recebera nenhuma comunicação oficial, pois La Fayette só lhe enviara uma mensagem entre 2 e 3 horas; não se sabia exatamente o que as mulheres tinham vindo fazer, mas não parecia difícil barrar-lhes o caminho entre Sèvres e Saint-Cloud; de Coubervoie podiam chegar rapidamente três batalhões de suíços. Saint-Priest, decidido a agir, acrescentou que seria preciso preparar a eventual partida do rei para Rambouillet, onde estavam aquartelados 200 caçadores a cavalo. Foi apoiado, porém Necker protestou, negando o perigo e afirmando que a guerra civil seria a consequência de tal ato, sem que se tivesse dinheiro para sustentá-la. Luís XVI suspendeu a sessão para consultar a rainha. Por volta das 5 e meia, as mulheres apareceram nos portões, onde foram retidas pelo corpo de guarda. Algumas delas foram admitidas, com Mounier e seus colegas, à presença do rei, que os acolheu com bonomia, prometendo trigo para Paris e todo o grão que houvesse em Versalhes. Elas saíram encantadas, porém como não traziam nada por escrito suas companheiras irritaram-se e as ameaçaram; assim, tiveram que entrar novamente e implorar um bilhete escrito pelo rei. Uma parte da multidão retomou então, com Maillard, o caminho de Paris. Acabara de chegar a mensagem de La Fayette: anterior à partida dos guardas nacionais, naturalmente não dizia nada; o rei, livre das mulheres, acreditou que tudo terminara. Ordenou-se às tropas que retornassem às casernas. Enquanto o corpo de guarda desfilava, em torno das 8 horas, a Guarda Nacional de Versalhes entrou em conflito com ele, porém, quando a escaramuça terminou, também se retirou. Em suma, a intervenção das mulheres não resultara em nada; a questão essencial nem fora colocada.

De repente, por volta das 9 horas, chegaram dois oficiais que La Fayette, ao chegar a Auteuil, mandara na frente. O conselho reuniu-se novamente. Dessa vez, nenhuma resistência podia ser esboçada. Embora La Fayette não tivesse dito que a Guarda Nacional vinha buscar o rei, Saint-Priest tornou a insistir na necessidade da partida; a rainha e Mounier concordaram e o rei cedeu. Saint-Priest deu as ordens pertinentes e acompanhou a cavalo, pela estrada de Rambouillet, a carruagem que levava sua família. Pouco depois foi alcançado por um mensageiro: Luís XVI mudara de ideia e decidira ficar. Ele só se resignara a contragosto: "Um rei fugitivo", repetia. Talvez também tenha receado iniciar a guerra civil, da qual seus servidores corriam o risco de ser as primeiras vítimas. Deve-se acrescentar, porém, que ignorava as intenções dos recém-chegados, e pode ter pensado que se tratava apenas dos decretos constitucionais. Tomando a iniciativa, ele desarmaria o adversário. De fato, em torno das 10 horas, notificou a Mounier sua aceitação pura e simples.

Na Salle des Menus*, a Assembleia, agora invadida, tentava deliberar em meio à algazarra. Às 11 horas chegou La Fayette. Após ter alojado seus acompanhantes e conversado com Mounier, subiu ao castelo, onde foi muito bem recebido pelo rei. Os comissários da Comuna expuseram seus desejos. Estipulou-se que a Guarda Nacional ocuparia a parte externa do castelo, enquanto o corpo de guarda permaneceria no seu interior. Após terem sido dadas ordens para o abastecimento de Paris e depois da aceitação dos decretos, os comissários só tinham que exigir o regresso do rei à capital; era a primeira vez no dia que Luís XVI ouvia essa exigência, e não se pronunciou a respeito. A noite já estava avançada e a decisão foi adiada para o dia seguinte.

A Assembleia dissolveu-se às 3 horas da madrugada, tendo obtido um benefício substancial com esses acontecimentos: o rei *aceitara* os decretos constitucionais e reconhecera implicitamente que sua *sanção* não era necessária; mais uma vez, um movimento de massa assegurara o sucesso da revolução jurídica. Provavelmente a maioria teria se contentado com isso. Mas os parisienses não tinham se incomodado por tão pouco: no dia seguinte os aristocratas poderiam reassumir o controle sobre o rei; a própria Assembleia mostrara-se lenta e fraca; era preciso acabar com isso e conduzir o monarca e os deputados para Paris, onde estariam sob a vigilância do povo.

A jornada do dia 6

Como muitos manifestantes não tinham podido encontrar alojamento, desde as 6 horas da manhã algumas centenas deles já estavam reunidos junto às grades do castelo. Uma delas ficara aberta; o pátio foi invadido e iniciou-se um tumulto; um membro do corpo da guarda foi morto; depois tombou um jovem operário atingido por um disparo; um segundo guarda foi massacrado. A multidão chegou até a escada que levava aos aposentos da rainha e penetrou até a antecâmara, fazendo recuar o

* Salle des Menus Plaisirs, em Versalhes. [N. da T.]

corpo de guarda, matando e ferindo vários deles. A rainha fugiu para os aposentos do rei.

Os guardas nacionais nada fizeram para deter os invasores. Tardiamente vieram terminar o combate e, ocupando o interior do castelo, o evacuara. La Fayette, que dormira no hotel de Noailles, apareceu, reconciliou os guardas nacionais com o corpo de guarda e mostrou-se no balcão com a família real. A multidão, inicialmente indecisa, terminou por aclamá-los, sem deixar de gritar: "A Paris!" sem se mover uma polegada. Já não era possível conservar qualquer ilusão e, após alguns minutos, o rei cedeu. No entanto, perguntou a opinião da Assembleia; esta respondeu apenas que era inseparável da pessoa do rei, o que equivalia a votar a transferência para Paris.

À 1 hora, ao som do canhão, guardas nacionais com um pão no extremo da baioneta abriram a marcha, seguidos por carroças com trigo ou farinha, guarnecidas com folhagens, escoltadas por moços de mercado e pelas mulheres, portando ramagens ornadas com fitas, sentadas ou montadas sobre os canhões. "Parecia uma floresta ambulante, através da qual brilhavam os ferros dos piques e os canos do fuzis", escreveu uma testemunha. Em seguida vinham os granadeiros protegendo o corpo de guarda desarmado; depois, o regimento da Flandres e os suíços; finalmente a carruagem do rei e sua família, escoltada por La Fayette, e os coches dos cem deputados designados para representar a Assembleia. Atrás deles, novamente guardas nacionais e a multidão.

Avançava-se com dificuldade na lama; chovia; a noite caiu cedo. Insensível à tristeza da hora, o povo tranquilo e confiante por um instante pensava apenas em sua vitória, cantava e gracejava; trazia consigo "o padeiro, a padeira e o aprendiz de padeiro".

Bailly recebeu o rei na barreira e o conduziu à Municipalidade, onde houve discursos. Só às 10 horas a família real penetrou as Tulherias, abandonadas havia mais de um século. A Assembleia demorou para reunir-se à família real; no dia 12 marcou sua partida para o dia 19 e, após ter-se reunido durante uma quinzena na grande sala do Arcebispado, instalou-se em 9 de novembro, em um picadeiro anexo às Tulherias, precipitadamente reformado para recebê-la.

No momento não se prestou nenhuma atenção ao novo fluxo de emigrantes que as jornadas de outubro expulsavam da França; também não houve alarme com a primeira amputação do partido patriota, os moderados, vencidos ao mesmo tempo que os aristocratas, e que passaram definitivamente para a oposição, enquanto Mounier, seu chefe, abandonando a partida, regressava para o Delfinado, de onde mais tarde viajou para o exterior. Embora evidentemente o rei fosse, então, prisioneiro e refém da Revolução, entendeu-se ainda uma vez que, sem a influência do complô aristocrático, ele agora concordaria com a Assembleia; durante os primeiros dias a Assembleia demonstrou-lhe alguns traços de afeição. Ninguém imaginava que a Revolução estivesse apenas no início. E, na verdade, o sentimento popular não estava inteiramente equivocado; ao assegurar a ratificação dos decretos do mês de agosto, as jornadas de outubro tinham marcado o fim do Antigo Regime, que já não pôde ser ressuscitado:

A Revolução de 1789, pelo menos, terminara.

Conclusão

1.

A Revolução de 1789 significa em primeiro lugar a queda da monarquia e o advento da liberdade, de ora em diante garantida por um governo constitucional; assim sendo, ninguém deveria contestar que ela foi uma revolução nacional, pois tanto os privilegiados como o Terceiro Estado reclamavam uma Constituição e o respeito aos direitos individuais.

Mas significa também o advento da igualdade perante a lei, sem a qual a liberdade seria apenas outro privilégio dos poderosos. Para os franceses de 1789, a liberdade e a igualdade são inseparáveis, como se fossem duas palavras referentes à mesma coisa; se tivessem tido que escolher, teriam preferido a igualdade, e quando os camponeses, que formavam a imensa maioria deles, aclamavam a liberdade, pensavam no desaparecimento da autoridade do senhor, reduzido à condição de simples cidadão, ou seja, na igualdade.

Livres e iguais em direitos, os franceses, nas Federações e sobretudo na Federação de 14 de julho de 1790, fundaram novamente a nação, una e indivisível, mediante o seu consentimento voluntário. Essa terceira característica da Revolução de 1789 não é a menos original, e a afirmação de que um povo tem direito de dispor de si mesmo e não pode ser anexado a outro sem sua adesão livremente expressa, exerceu uma influência inesgotável no mundo.

Por outro lado, os homens de 1789 não pensaram nunca que os direitos do homem e do cidadão estivessem reservados aos franceses. O cristianismo não distinguia entre os homens; convocava todos a se reunirem fraternalmente na cidade divina. De forma similar, os revolucionários pensavam que a liberdade e a igualdade são patrimônio comum da humanidade. Imaginando que todos os povos imitariam seu exemplo, pensaram durante um momento que, libertando-se, as nações reconciliar-se-iam para sempre na paz universal.

2.

Os homens de lei, que representavam ou guiavam a burguesia, consideravam que a Revolução devia ser pacifista: imposta pela opinião, devia traduzir-se simplesmente por meio de novas fórmulas jurídicas. De fato, a obra essencial da Revolução de 1789 encontra-se nas resoluções de 4 de agosto e na Declaração dos Direitos do Homem e do Cidadão. Mas seria pueril recordar apenas esses documentos legislativos, deixando em segundo plano os acontecimentos que os originaram; seria ainda mais pueril escolher entre esses acontecimentos para compor uma lenda. Os Estados Gerais defenderam hábil e audazmente a causa do Terceiro Estado, que era a da nação, mas como observou Buchez, democrata de 1848, pacifista e católico: "A Assembleia não teria feito nada sem a insurreição." O Antigo Regime não se submeteu à revolução jurídica; ao recorrer à força, foi destruído pela força que o povo, ao sair às ruas, colocou a serviço daquilo que considerava o direito, sem que seus representantes tivessem ousado pedir-lhe.

O historiador não pode afirmar que o recurso à violência tenha sido *em princípio* a única saída. Constata apenas que, na primavera de 1789, o povo francês ainda não pensava nisso, e que dois anos antes nem sequer suspeitava que o regime estivesse no fim. A aristocracia provocou a Revolução ao obrigar o rei a convocar os Estados Gerais. Após ter dado a palavra ao Terceiro Estado, os nobres e o monarca passaram a depender das concessões que poderiam contentá-lo provisoriamente. O debate não era tanto de natureza política quanto de ordem social; no tocante à transformação da monarquia em governo constitucional, nobres e burgueses concordavam e Luís XVI não teria perdido nada da sua autoridade, enquanto a grande maioria da nobreza, disposta a aceitar a igualdade fiscal, estava decidida, menos por interesse que por orgulho, a conservar seus outros privilégios, a continuar sendo uma nação dentro da nação. O ano de 1789 poderia ter sido o início de uma revolução ao longo da qual os nobres teriam aceitado tornar-se simples cidadãos? É possível e até mesmo provável; mas como não é possível refazer a história como uma experiência de laboratório, as opiniões sempre ficarão divididas. Além do mais, isso não importa em absoluto, pois as conclusões indispensáveis não chegaram a tempo, porque a Corte recorreu à violência para defender a aristocracia e porque assim o problema foi colocado em toda a sua amplitude: encurralado, o Terceiro Estado teve de optar entre a resistência e a abdicação, e assim *de fato* a insurreição tornou-se inevitável, pois o Terceiro Estado decidiu não transigir.

Os insurretos conheciam os riscos, e algumas dezenas deles sofreram os rigores da justiça prebostal. Em última análise, nada pode explicar sua resolução de arriscar a vida e de preferir a morte à eterna sujeição senão a sua audácia, sua coragem e seu espírito de sacrifício. Outros homens tiveram idênticas razões para combater e se resignaram. A ação revolucionária é de ordem espiritual.

Contudo, é evidente que numerosos motivos impeliram o povo francês ao dilema supremo, e tentamos discerni-los; interesses de classe e interesses pessoais, orgulho humilhado, sofrimentos populares e propaganda filosófica contribuíram, em diversas proporções de acordo com os indivíduos, para constituir no Terceiro Estado uma mentalidade coletiva extremamente complexa, mas que, em suma, traduziu-se essencialmente na crença, no *complô aristocrático* que, pela sua vez, gerou esses movimentos apaixonados, o medo, o ardor combativo, a sede de vingança que caracterizam as jornadas de julho.

Constrangida pelos excessos populares, a burguesia os atribuiu a agentes provocadores, aos estrangeiros, aos "bandidos", aos criminosos inevitavelmente infiltrados no seio dos insurretos. É certo que os resíduos sociais não são os últimos a insinuar-se na multidão; mas as alegações da Assembleia e das autoridades burguesas não deixam de ser tendenciosas; o povo sublevado não culpava nem rejeitava os assassinatos de julho, nem o fazia Barnave ou Madame Roland. É impossível dissociar o complexo revolucionário. Nesse sentido, Clemenceau estava certo: a Revolução é um bloco. O moralista deve elogiar o heroísmo e condenar a crueldade, porém não explica os fatos.

3.

A intervenção da força popular exerceu uma influência sobre a Revolução que não poderíamos deixar de comentar.

Sem a pressão popular, a Assembleia constituinte teria sem dúvida podado o regime senhorial, mas provavelmente não lhe teria assestado um golpe tão forte. O resgate das taxas, previsto por ela, não foi aceito pelos camponeses que obtiveram finalmente, em 1793, sua abolição pura e simples. Se o campesinato francês pôde se tornar uma democracia de pequenos proprietários independentes, enquanto o resgate tê-lo-ia enfraquecido ou arruinado, deve-o unicamente a si mesmo: ele mesmo se libertou, e as Assembleias apenas sancionaram o fato.

Atingida em seus bens, após seu orgulho ter sido afetado pela supressão das ordens e dos privilégios, a nobreza passou a odiar profundamente a Revolução. O complô aristocrático terminou por se tornar uma realidade com todas as características que o povo lhe atribuía: a preparação da guerra civil e o apelo aos estrangeiros, provocando reações cada vez mais violentas – os massacres de setembro e finalmente o Terror.

Por outro lado, tendo recorrido à força para defender os privilegiados bem como sua autoridade, o rei viu-se irremediavelmente comprometido; no entanto, como não queria destroná-lo, a Assembleia foi obrigada a enfraquecer sistematicamente o Poder Executivo, a assumir todos os poderes, a exercer a ditadura, porém sem a eficácia conveniente, pois o Executivo ocupava o seu lugar e a contrariava. Assim, a Revolução andou sem rumo até o momento do perigo extremo.

Finalmente, embora o povo tenha salvado a Assembleia com a sua intervenção, é um erro imaginar que estivesse em perfeita comunhão de ideias com a burguesia. Tinha os seus motivos: a abolição dos direitos feudais era um deles, mas não o único; também pretendia restaurar o velho regime regulamentar da economia que tratava o desenvolvimento do capitalismo e que, de comum acordo, fora desmantelado pelo governo, pelos grandes proprietários e pela alta burguesia durante o século XVIII: a insurreição popular suprimira novamente a liberdade do comércio de grãos e permitira que os camponeses recuperassem seus direitos coletivos, restabelecessem a pastagem livre e reassumissem a posse dos bens comunais. De uma maneira mais geral, a proclamação da igualdade de *direitos* evidenciava a desigualdade de *recursos* e, como esta resulta em parte da desigualdade de riquezas, não poderia deixar de haver um conflito político e social entre proprietários e proletários. Esse conflito conduzirá a Revolução à democracia, e dez anos mais tarde a burguesia decidirá apelar à ditadura militar para restaurar a dominação dos "notáveis".

4.

Em 26 de agosto de 1789, a burguesia assentou de maneira definitiva as bases da nova sociedade. Se a Revolução de 1789 foi apenas o primeiro ato da Revolução Francesa, os atos seguintes resumem-se em um longo combate, que se prolongou até 1830, em torno dessa carta fundamental. A Declaração dos Direitos do Homem e do Cidadão continua sendo a própria encarnação da Revolução.

Tentou-se contestar sua originalidade, comparando-a com as declarações adotadas pelas colônias inglesas na América durante a luta pela independência. É inegável que os Constituintes as conheciam, particularmente a proclamada pela Virgínia, em 10 de maio de 1776. Entre elas e a Declaração de 1789 há identidade de inspiração e conteúdo. Desde janeiro de 1789, La Fayette dedicava-se ao seu projeto juntamente com Jefferson; o texto por ele apresentado em 11 de julho à Assembleia Nacional bem como a carta a ela dirigida foram encontrados entre os documentos do embaixador dos Estados Unidos, que os anotou de próprio punho. Assim, a influência dos Estados Unidos é algo fora de discussão. Mas isso não significa que sem ela não teria havido a Declaração francesa. Todo o movimento filosófico de nosso país durante o século XVIII tendia a resumir-se em tal ato; o pensamento de Montesquieu, Voltaire e Rousseau colaborou para a sua elaboração. Na verdade, Estados Unidos e França, bem como a Inglaterra antes deles, são tributários de uma corrente de ideias cujo sucesso exprimia a ascensão da burguesia e que constituíra um ideal comum no qual se resume a evolução da civilização ocidental.

Ao longo dos séculos o nosso Ocidente, modelado pelo cristianismo mas também herdeiro do pensamento antigo, teve como meta, por meio de mil vicissitudes, a liberação da pessoa humana. A Igreja defendia a liberdade do indivíduo para garantir-lhe a faculdade de trabalhar em paz pela sua salvação e merecer o paraíso. Do século XVI até o século XVIII, os filósofos propuseram que o homem se livrasse das correntes que dificultavam sua atividade terrestre, para dominar a natureza e transformar efetivamente sua espécie na rainha da criação. Mas, por mais que esses ensinamentos possam diferir dos da Igreja, tinham em comum com eles o reconhecimento da eminente dignidade da pessoa humana, o seu respeito, a atribuição ao homem de direitos naturais e imprescritíveis; a finalidade da autoridade do Estado seria apenas protegê-los e ajudar o indivíduo a tornar-se digno.

Por outro lado, ao inspirar-se nos mesmos mestres, o Ocidente nunca deixou de admitir a unidade da espécie humana. A Igreja prometia a salvação a todos os homens, sem distinção de raça, língua e nação. Os filósofos permaneceram fiéis a esse universalismo. Secularizaram a ideia da comunidade cristã, porém a continuaram.

A Declaração contém estas duas características: para ela, o indivíduo autônomo e livre é o fim supremo da organização social e do Estado, e entre os homens ela não reconhece nem raça escolhida nem párias. Por toda a terra, ela apela aos homens de boa vontade, que bradam com Victor Hugo: *Odeio a opressão com um ódio profundo.*

Ela mereceu diversas objeções, várias já mencionadas por aplicar-se imediatamente às circunstâncias em que a Constituinte se debatia. Há outras, de alcance mais geral, que merecem a nossa atenção.

Disse-me que a Declaração faz abstração da realidade. Alguns homens podem ser dignos dos direitos que ela proclama; outros o são menos; e também há aqueles que apenas merecem ser chamados de homens. Que são os direitos do homem para os antropófagos? Eles são, como nós, homens? Sim, mas não são homens como nós. Por outro lado, ela também não leva em consideração as circunstâncias. Se a guerra ou uma crise econômica põe em risco a existência de uma nação, os direitos do cidadão devem continuar sendo os mesmos que em épocas de paz e prosperidade? E se eles não se autolimitam, o governo deve ter a faculdade de restringi-los?

Essa objeção só é válida se a Declaração for confundida com um Código; ela deve ser assimilada às regras morais e não às leis positivas. A moral ordena, por exemplo — e a Declaração o lembra — que não devemos fazer a outrem o que não gostaríamos que nos fizessem, mas não especifica qual deve ser nosso comportamento nesse caso determinado, deixando essa preocupação para o moralista ou o casuísta. Da mesma forma, a Declaração proclama os direitos do homem, porém deixa para a lei, que pode variar segundo as circunstâncias, a tarefa de determinar em que medida, igualmente variável segundo as circunstâncias, esses direitos podem ser exercidos, desde que a lei seja a expressão da vontade geral, isto é, da maioria da comunidade. A Assembleia era consciente desse caráter, pelo que se pode ver durante os debates anteriores em um mês à própria Declaração, por nós relatados, sobre a repressão dos levantes contrarrevolucionários e a instituição de uma jurisdição de exceção; não se governa da mesma forma em tempo de guerra que em tempo de paz, observava Gouy d'Arsy, precedendo Robespierre. Paralelamente, ao ser colocada a questão da escravidão, será manifestada a relatividade da Declaração, pois considerou-se impossível que os negros escravos passassem bruscamente da servidão ao direito de cidadania, sem um aprendizado prévio de liberdade. Na França, a Assembleia concluiu implicitamente a mesma coisa ao subordinar o direito eleitoral a uma certa abastança, e a elegibilidade, à posse de uma propriedade, porque com ou sem razão considerava essa abastança e sobretudo a propriedade fundiária como sendo capazes de proporcionar a inteligência e a independência supostamente necessárias para o exercício dos direitos do homem e do cidadão. Portanto, esses direitos estão relacionados com as circunstâncias; a Declaração é um ideal a ser realizado; é uma *direção de intenção.*

Outra crítica frequentemente repetida nos dias de hoje é que a Declaração beneficiou uma classe em detrimento das outras, ou seja, a burguesia, que precisamente foi quem a redigiu, provocando assim uma desordem que pode ocasionar o desmembramento da comunidade. Efetivamente, a Declaração colocou a propriedade entre os direitos do homem, entendida pelos seus autores como ela era na época e ainda é; embora não se tenha mencionado a liberdade econômica, ela estava subentendida. Isso significa que o homem que possui a terra e os outros meios de trabalho – os capitais, como dizemos nós –, na verdade é dono daqueles que possuem apenas seus braços e sua inteligência, pois dele depende outorgar-lhes a faculdade de ganhar a vida. E o mal é agravado, acrescenta-se, pela hereditariedade da propriedade que assegura a seus filhos, sem que estes tenham de demonstrar sua capacidade, os *meios* além dos *direitos*, única coisa que corresponde aos demais. Critica-se, portanto, que a Declaração tenha permitido que o capitalismo se desenvolvesse sem controle e que tenha induzido os proletários a levantarem-se contra ele; em suma, que tenha provocado uma nova luta de classes, mais violenta, devido à falta de uma arbitragem que só poderia ser reservada ao Estado.

Inversamente, os que negam ao Estado tal atribuição não deixam de invocar a própria Declaração, comentando-a com o auxílio das concepções de seus autores, que incontestavelmente consideravam o *laissez-faire* e a concorrência sem limite panaceias universais, e apresentavam a propriedade sob a forma de um direito absoluto de uso e abuso. Mas também aqui deve-se apelar aos próprios Constituintes. Eles viviam em uma sociedade em que o capitalismo era incipiente e em que o desenvolvimento da produção, para acabar com a penúria e a miséria, parecia ser o objetivo essencial; aqueles que pensavam nos pobres não consideravam impossível que cada um se tornasse proprietário de um lote ou de uma oficina que lhe permitisse a autossuficiência, e este ideal, o dos *sans-culottes*, permaneceu vivo durante o século XIX. A experiência não justificou essas esperanças; Rousseau já observara, bem antes de 1789, que a democracia não é compatível com uma excessiva desigualdade das riquezas. Assim, incumbe à comunidade examinar se as mudanças operadas desde 1789 na estrutura econômica e social não justificam a intervenção da lei para impedir que o excesso de *recursos* de alguns reduza os *direitos* dos outros a um simulacro. Através de que procedimento? A comunidade deve decidi-lo, segundo o espírito da Declaração, que ao proclamar a liberdade não entendeu que se tratava de uma "liberdade aristocrática", isto é, reservada apenas para alguns, como Montalembert exigirá em 1850, e que, confiando à lei a delimitação dos direitos dos cidadãos, permitiu-lhes tomar as medidas necessárias para prevenir o desmembramento da comunidade.

Objeta-se finalmente que, segundo a Declaração, a lei é a vontade dos cidadãos; que acontecerá com a nação se a maioria oprimir a minoria, se não consentir com os sacrifícios necessários para a salvação comum e que, em caso de guerra, podem significar a própria vida? A comunidade, concluiu-se, não pode ser confundida com os cidadãos que a compõem atualmente, pois ao ultrapassá-los no tempo ela é hierarquicamente superior a eles, que sem ela não existiriam; a comunidade encarna-se no Estado, que consequentemente não pode depender da vontade de cidadãos efêmeros, tendo condições de coagi-los. Observe-se que se retoma assim ao absolutismo pessoal do Antigo Regime, pois o Estado só existe realmente com os indivíduos que assim outorgariam a si mesmos um mandato. Deve-se salientar também que esse sistema está em contradição radical com a Declaração, ao reduzir o indivíduo a um mero instrumento nas mãos do Estado, privando-o de qualquer liberdade e autonomia. Mas essas considerações não resolvem o problema. É particularmente verdadeiro que a Declaração implica um risco, como o absolutismo ou a ditadura, embora de outra natureza, e os cidadãos devem ser conscientes da sua responsabilidade. Investidos do direito de se autogovernarem, se abusarem de seu poder com relação aos outros e sobretudo se se recusarem por egoísmo pessoal a assegurar a salvação da comunidade, esta perecerá e, com ela, sua liberdade e até mesmo a sua existência.

Chega-se aqui ao sentido profundo da Declaração. Trata-se de uma *direção de intenção*: consequentemente, supõe nos cidadãos uma intenção pura, isto é, espírito crítico, patriotismo no sentido próprio do termo, respeito pelo direito dos outros, dedicação razoável à comunidade nacional, *virtude*, segundo Montesquieu, Rousseau e Robespierre. "A alma da República", escreveu este em 1792, "é a virtude, o amor à pátria, a dedicação magnânima que confunde todos os interesses no interesse geral." A Declaração, ao proclamar os direitos do homem, apela simultaneamente à disciplina, livremente consentida, ao sacrifício se for necessário, à cultura moral, ao *espírito*. A liberdade não é de forma alguma um convite à negligência e ao poder irresponsável; não é a promessa de um bem-estar ilimitado sem a contrapartida de trabalho e esforço. Pelo contrário, supõe aplicação, perpétuo esforço, controle rigoroso de si mesmo, eventual sacrifício, virtude cívica e privada. Portanto, é bem mais difícil viver livre do que viver escravo, e por isso é que os homens renunciam tão frequentemente à liberdade; ela é uma espécie de convite para viver corajosamente e, às vezes, heroicamente, assim como a liberdade do cristão é um convite para viver santamente.

É, portanto, um erro grosseiro apresentar a Declaração como uma incitação a viver vulgarmente no gozo medíocre dos bens materiais e que, para suprimi-la da face da Terra, tratou-se de apelar a esse amor ao risco e à ação presente na juventude.

Juventude de 1939! A Declaração também é uma tradição, e uma tradição gloriosa! Escuta, ao lê-la, a voz dos ancestrais que falam contigo, a voz daqueles que combateram em Valmy, em Jemappes, em Fleurus, ao brado de "Viva a nação!". Eles te tornaram livre; aprecia a nobreza de hoje; no universo, unicamente o homem pode sê-lo. Eles te repetem que teu destino está em tuas mãos e que de ti, só de ti, depende o destino da futura sociedade. Percebe o risco: já que ele te atrai, não te fará recuar. Mede a grandeza da tarefa, mas também a dignidade da qual ele te reveste. Renunciarias? Teus antepassados confiam em ti; logo serás a Nação: "Viva a Nação!".

Posfácio

A Revolução Francesa na História do mundo contemporâneo

A Revolução de 1789-1794 marcou o advento da sociedade moderna, burguesa e capitalista, na história da França. Sua característica essencial é ter realizado a unidade nacional do país sobre a base da destruição do regime senhorial e das ordens feudais privilegiadas: a Revolução, segundo Tocqueville em *L'Ancien Régime et la Révolution*, "cujo objeto próprio era abolir em todos os lugares o restante das instituições da Idade Média".[1] O fato de a Revolução Francesa ter concluído finalmente com o estabelecimento de uma democracia liberal precisa ainda mais o seu significado histórico. Deste duplo ponto de vista e sob o ângulo da história mundial que nos interessa aqui, ela merece ser considerada o modelo clássico da revolução burguesa.

O estudo comparativo da Revolução Francesa coloca duas séries de problemas. Problemas de ordem geral: aqueles que se referem à lei histórica de transição do feudalismo ao capitalismo moderno. Se retomarmos a problemática colocada por Marx no livro III de *O Capital*, essa transição efetua-se de duas formas: pela destruição total do antigo sistema econômico e social, isto é, "a via realmente revolucionária", ou pela salvaguarda do antigo modo de produção no seio da nova sociedade capitalista, ou seja, a via de compromisso.[2]

Problemas de ordem particular: os que dizem respeito à estrutura específica da sociedade francesa no final do Antigo Regime e que explicam os caracteres próprios da Revolução Francesa em relação aos diversos tipos de revolução burguesa.[3]

Desse duplo ponto de vista, a história da Revolução Francesa não poderia ser considerada isoladamente da história da Europa. Em todos os países europeus, a formação da sociedade moderna foi esboçada no próprio seio do antigo sistema econômico e social com resquícios feudais, e depois à sua custa. Em todos os países da Europa, essa evolução foi feita, em diversos graus, em benefício da burguesia. A Revolução Francesa não foi a primeira a beneficiar a burguesia: antes dela, a Revolução da Holanda no século XVI, as duas Revoluções da Inglaterra no século XVII e a Revolução Americana no século XVIII marcaram essa evolução. Mas aqui se trata de explicar o caráter exemplar da Revolução Francesa.

1.

No fim do século XVIII, a França e a maior parte da Europa estavam submetidas ao que foi chamado de *Ancien Régime*.[4] No plano social, ele se caracterizava pelo privilégio aristocrático e, no âmbito do Estado, pelo absolutismo monárquico de origem divina.

A aristocracia, cujo poder diminuíra incessantemente a partir da Idade Média, ainda ocupava o primeiro lugar na hierarquia.[5] A estrutura social da França era essencialmente aristocrática; ela conservava o caráter de sua origem, da época em que a terra constituía a única forma de riqueza social, outorgando àqueles que a possuíam o poder sobre os que a cultivavam. A monarquia dos Capetos, após grandes esforços, despojara os senhores de suas regalias, assim como a nobreza e o clero de qualquer influência política: mesmo transformados em súditos, nobres e clérigos continuavam sendo privilegiados; os senhores conservavam seus privilégios sociais e econômicos; os direitos senhoriais sempre evidenciavam a sujeição dos camponeses.

Socialmente privilegiada, porém politicamente rebaixada, a aristocracia não perdoava ao monarca absoluto o despojamento de toda autoridade política; ela denunciava o despotismo, exigia a liberdade, entendendo estar associada ao poder. Seu ideal de uma monarquia *temperada* inscreve-se no marco da teoria do direito histórico. Afirmara-se no final do regime de Luís XVI, especialmente com Fénelon, cujas ideias políticas não se traduziram apenas nas alegorias de *Aventures de Téléma-*

que (1699) mas também, mais claramente, em *Les plans du gouvernement... pour être proposés au duc de Bourgogne*, publicado em 1711 com o título de *Tables de Chaulnes.*[6] Essa reação aristocrática antiabsolutista dividiu-se, desde a primeira metade do século, em duas tendências: uma, de reação feudal, correspondente aos interesses da nobreza de espada, cujo principal representante foi o conde de Boulainvilliers;[7] a outra, de reação parlamentar, correspondente aos da nobreza de toga, que se manifestou pela publicação, em 1732, do *Judicium francorum.*[8] As teorias da reação parlamentar e feudal foram retomadas em meados do século, já não por obscuros panfletários, mas por Montesquieu, ao publicar em 1740 *L'Esprit des lois.*[9] Esta reivindicação aristocrática da liberdade, contrária ao absolutismo monárquico, era apenas, como salienta Georges Lefebvre, "um resquício do passado".

O renascimento do comércio e o desenvolvimento da produção artesanal haviam criado, desde os séculos X e XI, uma nova forma de riqueza, a riqueza mobiliária, que deu origem a uma nova classe, a burguesia, cuja importância evidenciou-se no século XIV, com sua admissão aos Estados Gerais. No marco da sociedade feudal, seu desenvolvimento tivera o mesmo ritmo do capitalismo, estimulado pelas grandes descobertas dos séculos XV e XVI e pela exploração dos mundos coloniais, bem como pelas operações financeiras de uma monarquia sempre insolvente. No século XVIII, a burguesia liderava os campos das finanças, do comércio e da indústria; fornecia à monarquia os quadros administrativos bem como os recursos necessários ao funcionamento do Estado. Assim, enquanto a aristocracia esclerosava-se em casta, a burguesia crescia em número, poder econômico e também em cultura e consciência. O progresso das Luzes minava os fundamentos ideológicos da ordem estabelecida, afirmando ao mesmo tempo a consciência de classe da burguesia, e também sua consciência limpa: classe ascendente que acreditava no progresso, tinha a convicção de representar o interesse geral e de assumir a carga da nação; classe progressista, exercia uma atração decisiva sobre as massas populares, bem como sobre os setores dissidentes da aristocracia. Mas a ambição burguesa, favorecida pela realidade social e econômica, chocava-se contra o caráter aristocrático de leis e instituições.[10]

Como a aristocracia, a burguesia sonhava em associar-se ao poder; contra o monarca, reclamava a liberdade. Mas, à justificação dessa reivindicação pelo direito histórico, ela contrapunha a do direito natural: a sociedade baseia-se no livre contrato dos seus membros, o governo, no livre contrato entre governante e governados e o poder está concebido apenas para o benefício da comunidade e para a garantia dos direitos dos cidadãos.[11] Em 1724 apareceu a tradução francesa do *Traité sur le gouvernement civil*, publicado por Locke em 1690; essa obra inspirou todo o século. Teórico da Revolução Inglesa de 1688-1689, Locke expressa o ideal da burguesia, transformando "um acidente histórico em um acontecimento comandado pela razão humana". Seu ideal político, e daí a razão essencial da sua profunda influência, coincide com o de uma burguesia em pleno desenvolvimento, apresentando uma mescla complexa de empirismo e racionalismo: defesa da ordem social estabelecida e da propriedade, mas recurso à moral; preocupação por um poder eficaz, porém necessidade de consentimento; individualismo, mas reconhecimento da regra da maioria.

Liberdade política, naturalmente, mas ainda mais liberdade econômica, a da empresa e do lucro. O capitalismo exigia a liberdade porque precisava dela para assegurar seu desenvolvimento; a liberdade sob todas as formas: liberdade da pessoa, condição do assalariado, liberdade de bens, condição da sua mobilidade, liberdade de espírito, condição da pesquisa e da descoberta técnica e científica.

No entanto, a burguesia não reclamava apenas, como a aristocracia, poder e liberdade: pretendia suprimir os privilégios e conquistar igualdade de direitos. Na segunda metade do século XVIII, a burguesia viu-se em luta contra a aristocracia. Durante séculos, o burguês pensara somente em enobrecer; a venalidade dos cargos proporcionara-lhe o meio. Desde o século XVI, a monarquia francesa tirara partido da riqueza da burguesia colocando à venda uma parte das funções públicas mais atraentes devido à atribuição de privilégios corporativos e da nobreza pessoal ou hereditária. Assim, enquanto diversas famílias burguesas infiltravam-se diretamente na aristocracia, constituíra-se uma nobreza de toga que, embora mantivesse relações cada vez mais íntimas com a aristocracia, continuava sendo burguesa, particularmente na administração da sua fortuna. Mas no século XVIII tanto a nobreza de toga quanto a aristocracia tendiam a se fechar, e além do mais os burgueses eram demasiado numerosos para poder esperar ser admitidos naquela classe.[12] "De uma ou outra maneira", escreve Sieyès em seu folheto *Qu'est-ce que le Tiers État?*, "todas as ramificações do Poder Executivo caíram nas mãos da casta formada pela Igreja, a Toga e a Espada. Uma espécie de espírito fraterno faz com que os nobres se prefiram entre si, em detrimento do restante da nação. A usurpação é completa; eles realmente reinam."[13] A burguesia exige a supressão do privilégio e a igualdade de direitos.

Na França, na segunda metade do século XVIII, o desenvolvimento da economia capitalista, sobre cuja base edificou-se o poder da burguesia, era freado pelos marcos feudais da sociedade, pela organização tradicional e regulamentar da propriedade, da produção e das trocas. "Era preciso romper as correntes", escrevem os autores do *Manifesto*, "e elas foram rompidas." Assim se coloca o problema da passagem do feudalismo ao capitalismo, que não passou despercebido aos mais perspicazes homens da época. Longe de ser inspirada por um individualismo abstrato, como queria Taine, a burguesia revolucionária tinha consciência clara da realidade econômica que fazia sua força e determinou sua vitória. Barnave formulou, mais de meio século antes de Marx, a teoria da revolução burguesa. Em sua *Introduction à la Révolution Française*, escrita em 1792, Barnave coloca o princípio de que a propriedade influencia as instituições. "O reinado da aristocracia dura enquanto o povo continua a ignorar ou negligenciar as artes, e enquanto a propriedade de terras continua a ser a única riqueza..." "No momento em que as artes e o comércio conseguem penetrar o povo e criam uma nova fonte de riqueza para a classe trabalhadora, prepara-se uma revolução nas leis políticas; uma nova distribuição da riqueza prepara uma nova distribuição do poder. Assim como a posse das terras criou a aristocracia, a propriedade industrial cria o poder do povo; ele obtém sua liberdade." O povo: entendamos, na pena de Barnave, a burguesia.[14]

As revoluções holandesa e inglesa já mostraram que as causas profundas da revolução burguesa devem ser buscadas nos resquícios feudais e nas contradições da antiga sociedade. Mas esse aspecto não explica todas as características da Revolução Francesa. Tendo constituído o episódio mais marcante, pela sua própria violência, das lutas de classe que levaram a burguesia ao poder, suas razões devem ser procuradas em alguns traços específicos da sociedade francesa do Antigo Regime.

Sem dúvida a burguesia teria se contentado com um compromisso que a tivesse associado ao poder, como a oligarquia inglesa do século XVIII. Mas a aristocracia negou-se obstinadamente a isso. Qualquer compromisso esbarrava no feudalismo: as massas camponesas não podiam tolerar sua manutenção, nem a nobreza podia considerar uma supressão que significaria sua perda de poder. Sobre a base do compromisso econômico e social constituído pelo resgate dos direitos feudais decretado na noite de 4 de agosto e organizado pela lei de 15 de março de 1790, a burguesia constituinte obstinou-se durante muito tempo em tentar um compromisso político com a aristocracia.[15] A teimosa resistência da pequena nobreza que vivia especialmente das taxas fundiárias, a vontade agressiva e obstinada dos camponeses de terminar com todos os resquícios feudais foram a causa da política de compromisso e de conciliação. Para vencer, a burguesia teve de se aliar às massas populares.

As massas populares suportavam todo o peso do Antigo Regime, que se tornara insuportável para elas.

As massas populares urbanas, artesãos e lojistas, ajudantes e aprendizes, assalariados de freguesia, em menor medida operários de manufaturas, foram impelidos à revolta pelo agravamento das suas condições de existência, demonstradas pelos trabalhos de C.-E. Labrousse.[16] No período de 1726-1741 e de 1785-1789, a alta dos preços provocou um aumento do custo de vida de 62%. Em média, o pão representava a metade do orçamento popular: as variações sazonais do preço dos grãos fizeram-no chegar a 88% em 1789. A alta dos preços poupava as classes abastadas, mas abatia as pobres. A alta nominal dos salários, de 22% em média, não conseguiu compensar a dos preços; como geralmente ocorre, os salários acompanharam os preços sem alcançá-los; o salário real teve cerca de 25% de perda. Este agravamento das condições de existência das massas populares não passou despercebido para os melhores observadores da época; ainda em 1766, Turgot preparara uma primeira formulação da "lei de bronze" dos salários, em suas *Réflexions sur la formation et la distribution des richesses.* As massas populares urbanas foram mais sensíveis à reivindicação do pão cotidiano que à de liberdade: a questão da subsistência era primordial para eles. À liberdade econômica opunham o direito à existência, mais precisamente a taxação e a regulamentação. À igualdade de direitos reclamada pela burguesia, opunham a "igualdade de posse".[17]

As massas populares urbanas propriamente ditas, designadas pelo termo de *sans-culotterie*, não possuíam espírito de classe. Disseminados em numerosas oficinas, sem especialização devido ao desenvolvimento restrito da técnica, sem estarem concentrados em grandes empresas ou em bairros industriais, frequentemente mal diferenciados do campesinato, os assalariados, assim como os camponeses, não eram capazes de conceber remédios eficazes contra a sua miséria: a fraqueza das associações de operários o prova. O ódio pela aristocracia, a oposição irredutível aos "grandes" e aos ricos foram os fermentos de unidade das massas trabalhadoras. Quando as más colheitas e a crise econômica delas resultante incitaram-nas à ação, elas não se colocaram como classe diferente, mas associaram-se ao artesanato, atrás da burguesia: dessa forma a antiga sociedade recebeu os golpes mais eficazes. Mas essa vitória das massas populares não podia ser senão uma "vitória burguesa": a burguesia só aceitou a aliança popular contra a aristocracia porque as massas subordinaram-se a ela. Caso contrário provavelmente teria renunciado, como no século XIX na Alemanha e em certa medida na Itália, ao apoio de aliados considerados demasiado temíveis.

No entanto, as massas camponesas constituíam o essencial da população francesa: 22 a 23 milhões de homens em cerca de 25.[18] Em 1789, a grande maioria dos camponeses era constituída por homens livres, pois a servidão subsistia apenas em algumas raras regiões, sobretudo no Nivernais e no Franche-Comté. As relações feudais de produção dominavam no campo, o que se demonstra através das taxas senhoriais e dos dízimos eclesiásticos. Alguns historiadores tendem a minimizar o peso do feudalismo no final do Antigo Regime. Tocqueville respondeu-lhes antecipadamente em um capítulo de *L'Ancien Régime et la Révolution*: "Porque os direitos feudais haviam se tornado mais odiosos para o povo francês que para todos os outros povos." Se o camponês francês não possuísse o solo, seria menos afetado pelos encargos do sistema feudal sobre a propriedade fundiária.[19] Para focalizar melhor o problema, seria conveniente estipular quantitativamente as antecipações feudais: segundo documentos fiscais, em Aurillac, Mauriac e Saint-Flour, elas seriam aproximadamente de 10% do produto imposto (isto é, o produto líquido médio), sem levar em conta laudêmios, banalidades e dízimo.[20] Seria preciso conhecer o peso total suportado pelo arrendamento com relação ao seu produto: só assim seria possível ter uma ideia da carga relativa constituída pela totalidade do complexo feudal. Nessas mesmas localidades do alto Auvergne, e para utilizar um número redondo, um terço das rendas dos senhores era constituído pelos direitos feudais. Essa porcentagem explica em grande parte a resistência da nobreza do Auvergne à abolição do feudalismo, sua rejeição de qualquer compromisso e, em última análise, os conflitos agrários como tentativas contrarrevolucionárias de 1789 a 1792 e 1793. "Imagine", escreveu Tocqueville a respeito do camponês francês do século XVIII, "a condição, as necessidades, o caráter, as paixões desse homem, e calcule se puder os tesouros de ódio e de inveja acumulados em seu coração."[21]

Ao ódio pelo feudalismo acrescentemos a fome de terra que atormenta o camponês, ainda mais aguçada pelo impulso demográfico que marca o século XVIII. Cerca de 130 mil membros do clero dividem entre si, aliás de forma bastante desigual, 10% das terras; a nobreza, que conta com cerca de 350 mil pessoas, possui 20%; a burguesia é dona de 30% da propriedade fundiária, enquanto os aproximadamente 22 a 23 milhões de camponeses têm apenas 35%.[22] A questão camponesa desempenha um papel primordial no seio da revolução burguesa: para Gramsci, o jacobinismo, que constitui a própria essência da Revolução Francesa, caracteriza-se pela aliança entre a burguesia revolucionária e as massas camponesas.

As massas populares, camponesas ou urbanas, possuíam um ideal social conforme as condições econômicas da época; concepção de um direito limitado de propriedade, ação reivindicatória contra a concentração das explorações e empresas. Camponeses e artesãos, para dispor livremente das suas pessoas e do seu trabalho, em primeiro lugar tinham que deixar de ser enfeudados a outrem, ligados à terra ou prisioneiros no marco de uma corporação. Daí seu ódio contra a aristocracia e o Antigo Regime: as classes populares foram o motor da revolução burguesa. Mas, produtores imediatos ou sonhando sê-lo, camponeses e artesãos fundavam a propriedade no trabalho pessoal e sonhavam com uma sociedade de pequenos produtores independentes; pensavam confusamente prevenir assim a constituição de um monopólio da riqueza, bem como de um proletariado dependente.[23] Essas profundas aspirações resumem as lutas e políticas sob a Revolução, suas peripécias e progressão: de 1789 a 1793, assiste-se a um aprofundamento da luta da burguesia contra a aristocracia, marcada pelo crescente papel das camadas médias e das massas populares, e não a uma mudança de natureza das lutas sociais. Nesse sentido, não é possível falar de uma "mudança de frente" da burguesia após a queda de Robespierre: tanto antes como depois do 9 Termidor, ao não depor as armas, a aristocracia continua sendo o inimigo essencial. A lei de 9 frimário do ano VI (29 de novembro de 1797), inspirada por Sieyès, é uma prova disso, reduzindo nobres e enobrecidos à condição de estrangeiros. A Revolução Francesa é um "bloco": antifeudal e burguesa, em suas diversas peripécias.

Esse enraizamento da Revolução na sociedade francesa, essa continuidade e unidade são assinalados por Tocqueville com sua lucidez habitual. "O que a Revolução foi menos que qualquer coisa é um acontecimento fortuito. É certo que era imprevisível, porém ela era o complemento do mais longo trabalho, a conclusão repentina e violenta de uma obra na qual trabalharam dez gerações de homens."[24]

2.

No fim do século XVIII, os traços que esboçamos e que caracterizam o Antigo Regime não isolavam a França do restante da Europa. Em todos os lugares a ascensão da burguesia operou-se em detrimento da aristocracia e no próprio marco da sociedade feudal. Mas como os diversos países da Europa participaram de forma muito desigual do desenvolvimento da economia capitalista, esses traços os afetaram em diferentes graus.

Nos países da Europa central e oriental, a burguesia era pouco numerosa e tinha pouca influência. As grandes descobertas dos séculos XV e XVI, a exploração dos mundos coloniais, deslocando para o oeste as novas rotas marítimas, aumentavam ainda mais o seu atraso econômico e social. A aristocracia dominava e se impunha aos monarcas. Na Polônia, a nobreza constituía a "república", tendo reduzido a nada a realeza eletiva. Na Hungria, punha em xeque as reformas de José II. Na Prússia e na Rússia, embora o poder monárquico se fortalecesse, em contrapartida o monarca abandonara os camponeses ao arbítrio dos nobres, agravando-se assim as condições de servidão.

Nos Estados marítimos Holanda e Inglaterra, que desde o século XVI foram os grandes beneficiários do desenvolvimento da economia, e que já haviam realizado sua revolução burguesa, seguidos na segunda metade do século XVIII pelos Estados Unidos, a evolução fora bem diferente. A comparação entre as condições e os aspectos da transformação nesses três países permite mostrar em que a Revolução Francesa modificou as perspectivas, restituindo-lhe assim seu caráter irredutível.

A Revolução Holandesa teve lugar a partir do final do século XVI, no marco da guerra pela independência, embora revoluções e lutas nacionais não se dissimulassem exatamente: a guerra propriamente dita continua até muito depois que a burguesia toma o poder. Nesse sentido, os anos 1568-1572 foram decisivos. A burguesia holandesa já estava tão bem situada no final do século, que criou em 1602 a famosa Companhia das Índias, e abriu em 1613 a primeira Bolsa de Amsterdã. Baseando seu poder no grande comércio marítimo e na exploração colonial, a burguesia foi dona da República durante cerca de um século. Após o assassinato dos irmãos Witt em 1672, teve de aceitar dividir o poder com a nobreza e a casa de Orange: no entanto, esse compromisso político salvaguardou o regime constitucional e as liberdades burguesas.

A Revolução Inglesa do século XVII teve uma ressonância muito maior do que a holandesa que a precedera. Durante muito tempo foi considerada uma "revolução puritana", mais precisamente desde a publicação no final do século passado da grande obra de Gardiner: ela aparecia como um conflito simultâneo entre puritanos e partidários do arcebispo Laud, a propósito de problemas religiosos, e entre a Coroa e a Câmara dos Comuns, a propósito de problemas constitucionais. A partir de Gardiner, numerosas pesquisas atraíram a atenção para as importantes mudanças econômicas que precederam a guerra civil e contribuíram para a sua eclosão, enquanto os trabalhos sobre as relações entre calvinismo e desenvolvimento do capitalismo já não permitem falar de uma "revolução puritana" sem colocar ao mesmo tempo o problema das implicações sociais do puritanismo. Salientemos porém que, se o historiador se esforçar através das suas análises para esclarecer as relações entre os níveis econômico, político e religioso, na verdade essas relações permanecerão inextricavelmente mescladas.[25]

Levando em consideração seus resultados gerais, a Revolução Inglesa desempenhou na história da Inglaterra um papel equivalente ao da Revolução Francesa na história da França. Ela não só substituiu uma poderosa monarquia absoluta por um governo representativo, porém não democrático, terminando com o domínio exclusivo da Igreja de Estado perseguidora, como também preparou o caminho para o desenvolvimento do capitalismo. Segundo um dos seus mais recentes historiadores, "ela colocou um ponto final na Idade Média".[26] Os últimos vestígios do feudalismo foram varridos, os arrendamentos feudais, abolidos, assegurando à classe dos proprietários fundiários a absoluta posse dos seus bens. O confisco e a venda dos bens da Igreja, da Coroa e dos partidários do rei romperam as tradicionais relações feudais no campo e aceleraram a acumulação de capital. As corporações perderam toda importância econômica; os monopólios comerciais, financeiros e industriais foram abolidos. Foi o fim da intervenção paternalista de um governo incompetente; o controle da vida econômica passou para o Parlamento, que favoreceu uma maior liberdade do comércio interno. "O Antigo Regime teve de ser derrubado", escreveu Charles Hill, "para que a Inglaterra pudesse conhecer esse desenvolvimento econômico mais livre, necessário para aproveitar ao máximo a riqueza nacional e para obter uma posição de liderança no mundo; para que a política, inclusive a política estrangeira, passasse para o controle daqueles que eram realmente importantes na nação; para que a sociedade se liberasse da obrigação de submeter-se a regras antiquadas, impostas por uma Igreja de Estado perseguidora. Corte de Alto Mandato, Câmara Estrelada e monopólios simbolizam os três inimigos: religião, liberdade, propriedade, as três causas defendidas pelo Parlamento Longo."[27]

No entanto, a Revolução Inglesa foi muito menos radical que a Francesa: utilizando a expressão de Jaurès em sua *Histoire socialiste*, ela foi "estreitamente burguesa e conservadora" em comparação com a Revolução Francesa, "largamente burguesa e democrática". Sem dúvida, a Revolução Inglesa teve seus niveladores, porém não assegurou aos camponeses nenhuma posse da terra, e isto os fez desaparecer no século seguinte. A causa desse conservadorismo deve ser buscada na natureza rural do capitalismo inglês, que transformou a *gentry* em uma classe dividida: numerosos gentis-homens, antes de 1640, dedicavam-se ativamente à criação de carneiros, à indústria de tecidos ou à exploração mineira. Embora tenham aparecido durante a Revolução Inglesa, com os niveladores, algumas teorias políticas fundadas nos direitos do homem que, através de Locke, foram transmitidas aos revolucionários dos Estados Unidos e da França, ela evitou proclamar a universalidade e a igualdade dos direitos, ao contrário do que foi feito, e com que brilho, pela Revolução Francesa.

Após o seu salto "respeitável" de 1688, a Revolução Inglesa desembocou em um compromisso social e político que associou no poder a burguesia e a aristocracia. Esse episódio pode ser comparado com as jornadas francesas de julho de 1830, que impossibilitaram qualquer retorno ao Antigo Regime. As origens desse compromisso devem ser procuradas nos caracteres específicos da sociedade e nos antecedentes da história inglesa. Na Inglaterra, a aristocracia apresentava características bem diferentes daquelas do continente. Possuía poucos privilégios e pagava imposto como todo mundo; somente os lordes formavam uma ordem legalmente diferente, e sua dignidade era transmitida aos filhos primogênitos, enquanto os filhos mais moços eram apenas *commoners*, como a *gentry* e os *squires*. O caráter militar dessa aristocracia atenuara-se bastante; dizimada pelos massacres da Guerra das Duas Rosas, fora reconstituída pelos Tudors; sua origem burguesa estava próxima. Acrescentemos que a perda dos foros de nobreza não existia na Inglaterra, que nem a lei nem o costume impediam o nobre de se ocupar dos seus negócios, que nada obstaculizava a ascensão social: o dinheiro era o principal critério de distinção social.

O desenvolvimento marítimo e colonial e a luta contra a Espanha e a França tinham reforçado ainda mais a solidariedade entre a aristocracia fundiária e a burguesia capitalista. Após a eliminação do despotismo real, elas associaram-se naturalmente no poder: a burguesia não tivera nenhuma necessidade de invocar a igualdade de direitos. O compromisso político de 1688-1689 estabeleceu o governo constitucional do rei, dos lordes e da Câmara dos Comuns, onde a pequena nobreza sentava-se ao lado da burguesia; o sistema eleitoral censitário era tão desorganizado e corrupto que o poder do dinheiro era absoluto. O estabelecimento da liberdade política não afetara em nada a hierarquia social.

Locke justificou a Revolução de 1688 baseando-se no direito natural: a sociedade, fundada para salvaguardar a liberdade individual, repousa sobre o livre contrato dos cidadãos; a autoridade do governo está baseada em um contrato entre o povo soberano e seu mandatário, que só deve usar seu poder para fazer respeitar os direitos, imprescritíveis conferidos ao indivíduo pelo Ser Supremo. A influência das obras de Locke sobre os filósofos do continente durante o século XVIII foi enorme. No entanto, a oligarquia *whig* instalada no poder rapidamente deixou de lado aquelas justificações: a teoria do contrato social podia servir de argumento para um movimento democrático que ameaçaria sua preponderância. As liberdades inglesas justificaram-se ao longo da história: desde a Magna Carta, ela efetivamente fornecia vários precedentes contra o despotismo real. O costume e a tradição, não a especulação filosófica, constituem portanto o fundamento das liberdades inglesas. "Notastes", escreve Burke em *Réflexions sur la Révolution Française*, publicado em 1790, "que desde a Magna Carta até a Declaração de Direitos (de 1689) a política da nossa Constituição tem sido sempre a de reclamar e reivindicar nossas liberdades como uma *herança*, um *legado* dos nossos ancestrais, que devemos transmitir à nossa posteridade; como um bem pertencente ao povo deste reino – sem qualquer apelo a outro direito mais geral ou mais antigo [...] Temos uma Coroa hereditária, um Pariato hereditário, uma Câmara dos Comuns e um povo que herdou de uma longa série de ancestrais os seus privilégios, imunidades e liberdades."[28] A Constituição britânica não reconhecia os direitos do homem, mas os dos ingleses: às liberdades britânicas faltava o universalismo.

Como sua predecessora, porém em menor grau, a Revolução norte-americana foi marcada pelo empirismo. Também uma revolução burguesa no marco de uma guerra de independência, invocou em solenes Declarações o direito natural. Este permanecera vivo entre as comunidades puritanas que fugiram da Inglaterra no reinado dos dois primeiros Stuart, para escapar do despotismo monárquico e da intolerância anglicana. Quando as colônias da América romperam com a metrópole, também foi em nome da teoria do livre contrato que justificaram sua secessão, e suas Declarações proclamaram os direitos do homem, não unicamente dos norte-americanos: o universalismo do direito natural aparecia no direito público. Não se pode encobrir, porém, as flagrantes contradições que marcaram a aplicação dos princípios solenemente proclamados. Nem a liberdade nem a igualdade foram totalmente reconhecidas. Os negros permaneceram em estado de escravidão. E embora se tenha admitido a igualdade de direitos entre brancos, a hierarquia social fundada sobre a riqueza não foi alterada; além disso, os Estados conservaram seu sistema eleitoral, e suas primeiras Constituições mantiveram regimes censitários. Os nomes de Washington e de Franklin simbolizam o compromisso social e político que dominou a vida da União durante os primeiros decênios da sua história: aristocracia de proprietários fundiários, provenientes da *gentry* britânica, particularmente grandes plantadores dos estados do sul; alta burguesia de financistas, comerciantes, armadores e manufatureiros dos estados da Nova Inglaterra.[29] Sem dúvida Franklin, antigo tipógrafo, era de origem modesta, mas não desprezava o lucro, e através do comércio elevara-se na escala social. Nessa sociedade, ainda mais claramente que no Velho Mundo, a riqueza constituía o critério da hierarquia, e o dinheiro, o fator da mobilidade. A igualdade de direitos não foi invocada: os dirigentes consideravam que ela viria naturalmente em um país que não conhecia privilégios legais, e também porque esse princípio podia servir de justificativa para as reivindicações das massas populares. Assim, a liberdade tornou-se o princípio essencial da Constituição dos Estados Unidos, "não a liberdade aristocrática da sua mãe pátria", declara Tocqueville, "mas a liberdade burguesa e democrática da qual a história mundial ainda não apresentou um modelo completo".[30] Esta foi a *democracia na América*: o governo da nação por si mesma, mas segundo modalidades que continuavam beneficiando os notáveis do dinheiro.

As revoluções da Holanda, da Inglaterra e dos Estados Unidos têm o valor dos exemplos: revoluções da burguesia, que desembocaram em um compromisso conservador que, sob a aparência da "liberdade burguesa", salvaguardava a preponderância da riqueza. Tendo a aristocracia aceito a nova ordem, a igualdade de direitos não foi reivindicada. Tudo ocorreu de maneira bem diferente na Revolução Francesa.

3.

Se a Revolução Francesa foi a mais resplandecente das revoluções burguesas, eclipsando pelo caráter dramático das suas lutas de classe as revoluções que a precederam, isso se deve à obstinação da aristocracia ancorada em seus privilégios feudais, negando-se a qualquer concessão, e ao encarniçamento das massas populares. A burguesia não desejara a ruína da aristocracia; a rejeição do compromisso e a contrarrevolução obrigaram-na a prosseguir com a destruição da antiga ordem. Mas só obteve êxito após ter-se aliado às massas rurais e urbanas, às quais teve de dar satisfação: a revolução popular e o terror limparam o campo, o feudalismo foi irremediavelmente destruído e a democracia foi instaurada.

Do feudalismo ao capitalismo, portanto, a Revolução Francesa seguiu a via "realmente revolucionária". Ao suprimir todos os resquícios feudais, ao liberar os camponeses dos direitos senhoriais e dos dízimos eclesiásticos, e em certa medida também das obrigações comunitárias, ao destruir os monopólios corporativos e ao unificar o mercado nacional, a Revolução Francesa marcou uma etapa decisiva na via do capitalismo. Ao suprimir a propriedade fundiária feudal, libertou os pequenos produtores diretos, tornou possível a diferenciação da massa camponesa e sua polarização entre o capital e o trabalho assalariado. Daí surgiram relações de produção totalmente novas, pois o capital subtraído à sujeição feudal tornou mercantis as forças de trabalho. Assim assegurou-se finalmente a autonomia da produção capitalista, tanto no âmbito agrícola como no setor industrial. Dessa passagem à sociedade capitalista, segundo a ótica da Revolução Francesa, duas condições aparecem como necessárias: a desagregação da propriedade fundiária feudal e a liberação dos camponeses. A questão agrária ocupa uma "posição axial" na revolução burguesa.

A ala ativa dessa revolução foi menos a burguesia comerciante (enquanto era unicamente comerciante e intermediária, ela acomodava-se à antiga sociedade: de 1789 a 1793, dos monarquistas aos *feuillants*, e depois aos girondinos, ela geralmente tendeu ao compromisso) que a massa de pequenos produtores diretos, usurpados pela aristocracia feudal do sobretrabalho ou do sobreproduto, apoiando-se no aparelho jurídico e nos meios de pressão do Estado do Antigo Regime. O instrumento político da transformação foi a ditadura jacobina da pequena e média burguesia, apoiada nas massas populares: categorias sociais cujo ideal era uma democracia de pequenos produtores autônomos, camponeses e artesãos independentes, trabalhando e trocando livremente. A revolução camponesa e popular estava no coração da revolução burguesa e a impulsionava.[31]

A vitória sobre o feudalismo e o Antigo Regime, porém, não significou o aparecimento de novas relações sociais. A passagem ao capitalismo não constitui um processo simples, pelo qual os elementos capitalistas se desenvolvem no seio da antiga sociedade até o momento em que são suficientemente fortes para ultrapassar seus marcos. Será preciso bastante tempo para que o capitalismo se afirme definitivamente na França: seus progressos foram lentos durante o período revolucionário, pois a dimensão das empresas continuava sendo modesta, e preponderava o capital comercial.[32] A ruína da propriedade fundiária feudal e do sistema corporativo e regulamentar, assegurando a autonomia do modo de produção capitalista, franqueara a via às relações burguesas de produção e circulação: transformação revolucionária por excelência.

Subvertendo as estruturas econômicas e sociais, a Revolução Francesa rompia ao mesmo tempo a armadura estática do Antigo Regime, eliminando os vestígios de antigas autonomias, destruindo os privilégios locais e os particularismos provinciais. Possibilitou assim, do Diretório ao Império, a instauração de um Estado moderno correspondente aos interesses e exigências da nova burguesia.

Desse duplo ponto de vista, a Revolução Francesa, ao contrário do que se pretendeu, não constituiu um mito.[33] Sem dúvida o *feudalismo*, no sentido medieval da palavra, já não significava nada em 1789; mas para os contemporâneos, burgueses e principalmente camponeses, esse termo abstrato recobria uma realidade que eles conheciam muito bem (direitos feudais, autoridade senhorial) e que finalmente foi extinta. Por outro lado, as Assembleias revolucionárias eram formadas essencialmente por profissionais liberais e funcionários públicos, não por empresários (na Constituinte, dois terços dos deputados pertenciam a profissões liberais, apenas 13%, ao mundo dos negócios, comerciantes, banqueiros, manufatureiros, pequenos e grandes capitalistas; dos 1.539 membros da Constituinte e da Convenção, 629 eram funcionários públicos, sendo que 289 já exerciam suas funções antes da Revolução); apesar disso, a Revolução Francesa exerceu enorme influência na instauração da ordem capitalista; não só manufatureiros, financistas e negociantes estavam representados por uma pequena minoria ativa, sem esquecer a importância dos grupos de pressão (deputados do comércio, clube Massiac, defensor dos interesses dos plantadores, armadores e refinadores),[34] o fato essencial é que o antigo regime de produção e troca foi destruído, e a Revolução Francesa proclamou sem qualquer restrição a liberdade de empreendimento e de lucro, abrindo assim caminho ao capitalismo. A história do século XIX, particularmente a da classe operária, demonstra que não se tratou de um mito.

Etapa necessária da transição geral do feudalismo ao capitalismo, a Revolução Francesa conservou, com relação a diversas revoluções similares, suas características próprias que dizem respeito à estrutura específica da sociedade francesa no final do Antigo Regime.

Esses caracteres foram negados. Ela teria sido apenas "um aspecto de uma revolução ocidental, ou mais exatamente atlântica, iniciada nas colônias inglesas da América, pouco depois de 1763, e que se prolongou através das Revoluções da Suíça, dos Países Baixos, da Irlanda, antes de chegar à França entre 1787 e 1789. Da França atingiu os Países Baixos, a Alemanha renana, a Suíça, a Itália...".[35] A Revolução Francesa integrar-se-ia na "grande revolução atlântica". Sem dúvida não se deve subestimar a importância do Oceano na renovação da economia e na exploração dos países coloniais pelo Ocidente. Mas esta não é a intenção de nossos autores, nem a de mostrar que a Revolução Francesa foi apenas um episódio do movimento geral da história que, após as revoluções holandesa, inglesa e americana, contribuiu para associar ou levar a burguesia ao poder. Por outro lado, ela não marca o termo geográfico dessa transformação, como dão a entender os qualificativos ambíguos de *atlântica* e *ocidental*: no século XIX, em todos os lugares onde se instaurou a economia capitalista, a ascensão da burguesia foi simultânea: a revolução burguesa teve alcance universal. Além do mais, ao colocar no mesmo plano a Revolução Francesa e "as revoluções da Suíça, Países Baixos e Irlanda...", minimizam-se estranhamente a profundidade e as dimensões da primeira, bem como a brusca transformação por ela provocada. Esta concepção, ao esvaziar a Revolução Francesa de todo conteúdo específico, econômico (antifeudal e capitalista), social (antiaristocrático e burguês) e nacional (uno e indivisível), anularia um meio século de historiografia revolucionária, de Jean Jaurès a Georges Lefebvre.

Tocqueville abriu o caminho à reflexão ao perguntar "por que razão princípios análogos e teorias políticas semelhantes não levaram os Estados Unidos senão a uma mudança de governo e a França a uma subversão total da sociedade". Colocar o problema nesses termos significa ultrapassar o aspecto superficial de uma história política e institucional, para esforçar-se a fim de atingir as realidades econômicas e sociais em sua especificidade nacional.

A Revolução Francesa conquistou finalmente um lugar singular na história do mundo contemporâneo.

Revolução da liberdade, colocou-se, como a Revolução Americana, sob a invocação do direito natural e conferiu à sua obra um caráter universalista negligenciado pela Revolução Inglesa. Mas quem poderia negar que a Declaração de 1789 afirma este caráter com uma força muito maior que as Declarações norte-americanas? Acrescentemos que ela vai ainda mais longe no âmbito da liberdade. Ela afirmou a liberdade de consciência, e admitiu protestantes e judeus à cidadania; mas ao criar o estado civil, em 20 de setembro de 1792, também reconheceu ao cidadão o direito de não aderir a nenhuma religião. Ela libertou o homem branco; mas através da lei de 16 pluvioso do ano II (4 de fevereiro de 1794) aboliu "a escravidão dos negros em todas as colônias".

Revolução da igualdade, a Revolução Francesa ultrapassou singularmente as revoluções que a precederam. Nem na Inglaterra nem nos Estados Unidos se realçara a igualdade, pois a aristocracia e a burguesia haviam se associado no poder. A resistência da aristocracia, a contrarrevolução e a guerra obrigaram a burguesia francesa a colocar a igualdade de direitos em primeiro plano. Assim pôde unir o povo e vencer. E, portanto, esboçou-se no ano II um regime de democracia social caracterizado por um compromisso entre as concepções burguesas e as aspirações populares. As massas populares se davam conta do destino que teriam: por isso, mostraram-se hostis à liberdade econômica que abria caminho para a concentração e o capitalismo. No final do século XVIII, seu ideal era que cada camponês fosse proprietário, cada artesão independente, e que o assalariado estivesse protegido contra o rico todo-poderoso.

Após 10 de agosto de 1792 e a derrocada do trono, tendo a burguesia revolucionária instituído o sufrágio universal e firmado sua aliança com os *sans-culottes*, era preciso ultrapassar a igualdade teórica de direitos e avançar em direção a essa "igualdade de posses" reivindicada por aqueles. Daí a orientação da economia visando a harmonizar preços e salários e assegurar a todos o pão cotidiano: a taxação e a regulamentação foram instituídas pela lei do máximo geral de 29 de setembro de 1793, a indústria de guerra e o comércio exterior foram nacionalizados. Daí a tentativa de um ensino público acessível a todos através da lei de 29 frimário do ano II (19 de dezembro de 1793). Daí o esboço de uma previdência social através da lei de *beneficência nacional* de 22 floreal do ano II (11 de maio de 1794). Essa República igualitária encheu de indignação e medo a burguesia possuidora; após 9 Termidor, ela pareceu ter sido banida para sempre. Mas desde então permaneceu na consciência dos homens esta convicção de que a liberdade sem igualdade é apenas o privilégio de alguns, de que liberdade e igualdade são inseparáveis, de que a própria igualdade política pode ser apenas aparente quando a desigualdade social continua. "A liberdade é apenas um vão fantasma quando uma classe de homens pode impunemente reduzir à fome outra classe," declarara o *enragé* Jacques Roux, em 25 de junho de 1793, na tribuna da Convenção. "A igualdade é apenas um fantasma quando o rico, por meio do monopólio, exerce o direito de vida e morte sobre seu semelhante."[36]

Revolução de unidade, finalmente, a Revolução Francesa construiu a nação una e indivisível.[37] Sem dúvida, a monarquia dos Capetos constituíra o marco territorial e administrativo da nação, mas essa tarefa não fora concluída; em 1789, a unidade nacional ainda era imperfeita. A nação permanecia seccionada territorialmente devido à incoerência das divisões administrativas e à persistência do "desmembramento feudal"; a diversidade de pesos e medidas bem como as alfândegas internas opunham-se à constituição de um mercado nacional. E mais do que isso, a nação estava seccionada socialmente: a sociedade sob o Antigo Regime era hierarquizada e parcialmente corporativa; ora, segundo assinala Georges Lefebvre, quem diz "corporação" diz "privilégios"; a desigualdade reinava em todos os lugares. E isso enquanto a nação já criada através da unidade de governo tivera sua coesão reforçada no século XVIII pelos múltiplos vínculos que deram origem ao progresso material, à expansão do francês, ao desenvolvimento da cultura e ao brilho das Luzes.

Após a abolição das ordens, estados, corpos e corporações, os franceses tornam-se livres e iguais em direitos, constituindo uma nação una e indivisível. A racionalização das instituições com a Assembleia Constituinte, o retorno à centralização por meio do governo revolucionário, o esforço administrativo do Diretório, a reconstrução do Estado por Napoleão completaram a obra da monarquia do Antigo Regime, com a destruição das autonomias e dos particularismos e a criação da armadura institucional de um Estado unificado. Ao mesmo tempo, através da igualdade civil, do movimento das federações em 1790, do desenvolvimento das sociedades filiadas aos jacobinos, do antifederalismo e dos congressos ou *reuniões centrais* de sociedades populares em 1793, desperta-se e fortifica-se a consciência de uma nação unitária. Os progressos da língua francesa ocorreram no mesmo sentido. Novos vínculos econômicos reforçam a consciência nacional. Com a destruição do desmembramento feudal, a abolição dos pedágios e alfândegas internas, o "recuo das barreiras" até a fronteira política, tudo tendia à unificação do mercado nacional, protegido da concorrência estrangeira por uma tarifa protecionista. A Revolução Francesa dava à soberania nacional uma força e uma eficácia que ela nunca tivera até então.

Enquanto isso, afirmava-se um novo direito público internacional. Tentando extrair seus princípios, a propósito do assunto dos príncipes alemães designados para a Alsácia, Merlin de Douai opôs, em 28 de outubro de 1790, ao Estado dinástico, a nação concebida como associação voluntária. "Há entre vós e vossos irmãos da Alsácia outro título legítimo de união além do pacto social estabelecido no ano passado entre todos os franceses antigos e modernos nesta Assembleia:" alusão à decisão do Terceiro Estado de 17 de junho de 1789, de se proclamar a Assembleia Nacional, e à da Assembleia que, em 9 de julho, se declarava Constituinte; alusão também ao *pacto federativo* de 14 de julho de 1790. Coloca-se apenas uma questão "infinitamente simples": a de saber se "é a pergaminhos diplomáticos que o povo alsaciano deve a vantagem de ser francês [...] Que importam ao povo da Alsácia, que importam ao povo francês as convenções que, na época do despotismo, tiveram o objetivo de unir o primeiro ao segundo? O povo alsaciano uniu-se ao povo francês porque quis; portanto, foi sua vontade e não o tratado de Münster que legitimou a união".[38] Essa vontade fora manifestada pela Alsácia ao participar da Federação de 14 de julho de 1790. O direito público internacional revolucionara-se como o direito público interno: as nações agora tinham o direito de se libertar e dispor de si mesmas.

Após dez anos de peripécias revolucionárias, a realidade francesa aparecia profundamente transformada. A aristocracia do Antigo Regime fora destruída em seus privilégios e sua preponderância social, o feudalismo fora abolido. No entanto, esse aspecto não deve ser exagerado: muitos nobres não emigraram e conseguiram salvar seu patrimônio fundiário; a consolidação napoleônica restaurou seu prestígio social; o castelão substituiu o senhor. A fusão entre essa aristocracia fundiária e a alta burguesia constituiu a classe dominante da nova sociedade.

No outro extremo da escala social, as classes populares urbanas não obtiveram nenhuma vantagem com a Revolução. Na verdade, ao proclamar a liberdade econômica, ao proibir a sindicalização e a greve através da lei Le Chapelier de 14 de junho de 1791, verdadeira lei constitutiva do capitalismo da livre concorrência (a proibição persistiu até 1864 com relação ao direito de greve, e até 1884, no tocante ao direito sindical), a revolução burguesa deixava as classes populares urbanas indefesas ante a nova economia. O liberalismo, baseado na abstração de um individualismo social desencarnado, beneficiava os mais fortes. A liberdade econômica acelerou a concentração de empresas, transformando as condições materiais da vida social, porém alterando ao mesmo tempo a estrutura das classes populares tradicionais: para um artesão que chegou à categoria de industrial, quantos foram reduzidos ao proletariado devido à concentração capitalista?

Enquanto isso, o campesinato acabava de se dissociar. A abolição do dízimo e dos direitos feudais reais beneficiou somente os camponeses proprietários, pois para os arrendatários as únicas vantagens foram a abolição da servidão e dos direitos pessoais. Por meio das modalidades da venda de bens nacionais, a propriedade camponesa foi reforçada em benefício daqueles que já eram proprietários, os *laboureurs*, ou dos grandes cultivadores das regiões mais férteis: no departamento do norte, sua parte passou de 30% para 42% em 1802 (a da burguesia, de 16% para 28%, enquanto a porcentagem da nobreza recuou de 22% para 12%, e a do clero, de 20% para 0). Uma minoria poderosa de camponeses proprietários, vinculados à nova ordem, aliou-se à burguesia em suas opções conservadoras. Assim, mede-se a obra social da Revolução Francesa no campo. Por comparação, ela pode ser vista com maior clareza. Enquanto o camponês francês aumentava seu quinhão de terra, o camponês inglês, liberado da servidão e dos direitos feudais desde o princípio da época moderna, era desapropriado em meio a um vasto movimento que visava à reconstituição dos terrenos desmembrados e sua vedação, sendo reduzido à categoria de diarista assalariado, livre, porém sem terra. Na Europa central e oriental, a servidão continuava: os grandes proprietários nobres exploravam suas terras por meio de corveias devidas pelos camponeses. A servidão só foi abolida em 1807, na Prússia, Boêmia e Hungria, e em 1861, na Rússia. Mas o camponês liberto não recebeu terra e a aristocracia manteve seu privilégio fundiário até as revoluções do século XX. Referindo-se à sociedade fruto da Revolução Francesa, e por comparação, Jaurès pôde falar de "democracia rural".

Ao tomar o poder em brumário do ano VIII, Bonaparte declarou: "a revolução acabou". Ele estabelecia assim um final para a obra de demolição do Antigo Regime. Mas por mais genial que fosse, um homem não tinha o poder de modificar traços da nova sociedade, que já se esboçavam claramente: a ação do primeiro-cônsul, depois imperador, independentemente da sua evolução, inscreve-se essencialmente na linha de herança revolucionária. O desejo de ordem dos possuidores, antigos e novos, facilitou a estabilização consular. A hierarquia social foi restabelecida, a administração reorganizada de acordo com os desejos dos "notáveis", porém o governo escapou das suas mãos. Em 1814, a Carta fazia pensar que eles poderiam associar-se ao governo; mas a reação aristocrática, uma vez mais, o impediu. Nesse sentido, a Restauração representa o epílogo do drama. A Revolução de 1789 só acabou de fato em 1830, quando a burguesia tomou definitivamente posse da França por intermédio de um rei que aceitava seus princípios.[39]

Os traços esboçados demonstram a repercussão da Revolução Francesa e seu valor de exemplo na evolução do mundo contemporâneo. Sem dúvida, mais do que a força das ideias, foram os exércitos da República e depois os de Napoleão nos países europeus ocupados por eles que abateram o Antigo Regime. Ao abolir a servidão, ao liberar os camponeses das taxas senhoriais e dos dízimos eclesiásticos, ao colocar em circulação os bens de mão-morta, a conquista francesa deu lugar ao desenvolvimento do capitalismo. Embora não tenha restado nada do império continental que Napoleão tivera a ambição de fundar, ele conseguiu anular o Antigo Regime em todos os lugares. Nesse sentido, seu reinado prolonga a Revolução e ele foi seu soldado, como os soberanos do Antigo Regime não deixaram de acusar.[40]

Após Napoleão, o prestígio da Revolução não se desvaneceu. Com o passar do tempo, ela aparece ao mesmo tempo como filha da razão e do entusiasmo. Uma poderosa força emocional está ligada à sua lembrança, a tomada da Bastilha continua sendo o símbolo da insurreição popular, a *Marseillaise*, o canto das guerras por liberdade e independência. Nesse sentido, a Revolução Francesa tem o valor de mito, no sentido dado por Georges Sorel: ela seduz a imaginação e os corações; ao anunciar tempos melhores, ela incita à ação. Para além desse romantismo revolucionário, sua atração ideológica continua sendo poderosa e a Revolução Francesa afirma-se como um imenso esforço para assentar a sociedade sobre fundamentos racionais.

Citemos novamente Tocqueville: "Viu-se (a Revolução Francesa) unir ou separar homens, apesar das leis, tradições, caracteres, língua, às vezes fazendo compatriotas se tornarem inimigos, e estrangeiros, irmãos; acima de todas as nacionalidades particulares, ela formou uma pátria intelectual comum, da qual homens de todas as nações podem se tornar cidadãos."[41]

4.

Por maiores que tenham sido a repercussão da Revolução e seu valor como exemplo, foi pela própria expansão do capitalismo, conquistador por natureza, que os novos princípios e a ordem burguesa tomaram conta do mundo, impondo as mesmas transformações em todos os lugares.

Naturalmente a diversidade das estruturas nacionais e a desigualdade do ritmo de desenvolvimento produziram diversas nuanças de um país para outro, demonstradas através das múltiplas modalidades na formação da sociedade moderna capitalista. Sempre que a evolução em direção aos métodos capitalistas de produção foi imposta *de cima*, o processo de passagem deteve-se na metade do caminho: o antigo modo de produção e a sociedade tradicional foram poupados; a história do século XX oferece inúmeros exemplos dessa via de compromisso. Comparativamente, o caráter irredutível da Revolução Francesa aparece ainda com maior nitidez.

Os movimentos de unificação nacional na Europa do século XX devem ser considerados revoluções burguesas. Independentemente da importância do fator nacional no Risorgimento ou na Unidade Alemã, as forças nacionais não teriam podido criar uma sociedade moderna e um Estado unitário, se a evolução econômica interna não tendesse ao mesmo objetivo. Todas as dificuldades encontradas na análise histórica e que provocaram diversas confusões são porque esses movimentos constituem, ao contrário da Revolução Francesa, movimentos de tipo misto, ao mesmo tempo nacional e social.

Em um dos seus trabalhos escritos na prisão, Gramsci assinalava esse tema de reflexão e de pesquisa: "A ausência de jacobinismo no *Risorgimento*."[42] Essa questão dá origem a outra: por que o *Risorgimento*, revolução burguesa italiana, não foi uma revolução tão radical quanto a Revolução Francesa, graças aos jacobinos? Conviria também colocar o problema do conteúdo econômico e social de ambas. Para Gramsci, o jacobinismo caracteriza-se essencialmente pela "aliança revolucionária entre a cidade e o campo", isto é, a aliança entre a burguesia revolucionária e as massas camponesas. Na medida em que o Risorgimento "fracassou" no tocante à sua revolução popular e particularmente camponesa, na mesma medida ele se afasta da revolução burguesa clássica, cujo modelo é a Revolução Francesa.

É preciso procurar as origens dessa recusa da burguesia italiana, na época da unificação, de aliar-se ao campesinato, aliança revolucionária por excelência, do compromisso que resultou na realização da unidade nacional, entre a aristocracia feudal e a burguesia capitalista, cerca de meio século antes, nas soluções encontradas para o problema agrário. Por meio das reformas que, no final do século XVIII e início do século XIX, particularmente sob a ocupação francesa, porém de maneira diferente segundo as regiões, precederam a Unidade Italiana, aboliu-se o regime feudal; na sociedade italiana moderna, porém, subsistiu uma grande propriedade fundiária aristocrática.[43]

Na Itália do norte o feudalismo e os direitos senhoriais foram destruídos sem indenização, porém foram declarados resgatáveis no reino de Nápoles, por meio da lei de 1806. Tendo sido preparado o terreno para a formação de um Estado moderno unificado, graças à abolição dos poderes administrativos e judiciários dos senhores, a obrigação do resgate das taxas não aliviou a carga que pesava sobre o campesinato, e traduziu a persistência das antigas relações feudais. Tendo de suportar, após a reforma de 1806, uma carga igual à das taxas senhoriais e eclesiásticas, o camponês da Itália meridional não se tornara verdadeiramente livre e independente como o camponês francês.

Quanto à divisão da propriedade fundiária, as nuanças regionais e diferentes níveis de evolução acentuaram o desequilíbrio entre o norte e o sul da península, sem que a destruição da propriedade feudal e a transferência dela resultante tenha adquirido na Itália do norte o mesmo caráter radical que na França. No reino de Nápoles a reforma agrária abortou: beneficiou sobretudo a aristocracia dos *barões*, fortificando seu privilégio fundiário. No reinado de Murat, quando os bens dominiais foram vendidos, o grupo de grandes compradores (154, ou seja, 7% do conjunto) concentrou cerca de 65% dos bens vendidos. As estruturas sociais tradicionais não tinham mudado nada no campo. Na Itália do norte o processo foi diferente, mas também não beneficiou os camponeses. Segundo resultados de pesquisas abrangendo 15 comunas de Bolonha, vê-se claramente que a aristocracia proprietária de terras teve de compartilhar seu monopólio fundiário com a burguesia que assumiria a liderança do movimento nacional, de 1789 a 1835. Enquanto a parte da propriedade aristocrática recua de 79% em 1789 para 67% em 1804, e para 51% em 1835, a propriedade burguesa evolui nessas mesmas datas de 17% para 30% e depois para 48%. A partilha do monopólio fundiário é um prelúdio à partilha da supremacia política. Essa transferência de propriedade da aristocracia para a burguesia não modificou a estrutura social tradicional do campo, o que se demonstra pela permanência esmagadora da grande propriedade fundiária: 72,01% em 1835 e 72,77% em 1789. Com algumas poucas exceções, a grande propriedade aristocrática de tipo antigo, cultivada por meeiros, continuou imprimindo sua marca nas relações sociais no campo e as concepções pré-capitalistas da renda fundiária impuseram-se aos próprios proprietários burgueses.

A massa camponesa italiana, em vez de se dissociar como o fizeram os camponeses franceses após a Revolução, manteve-se essencialmente na condição de trabalhador agrícola ligado à terra ou na condição de arrendatário, persistindo assim os antigos vínculos de dependência. Longe de apoiar a luta do campesinato contra o feudalismo, a burguesia capitalista uniu-se à aristocracia fundiária. A unidade italiana manteve essa subordinação da massa camponesa ao sistema oligárquico dos grandes proprietários e da alta burguesia, sobre a base de uma propriedade fundiária de tipo aristocrático. Os liberais moderados, artesãos dessa unidade, e particularmente Cavour, cujo nome simboliza essa comunidade de interesses, não podiam nem sonhar em seguir a via revolucionária francesa: o levantamento das massas camponesas colocaria em perigo sua preponderância social e sua dominação política.

Esse fato originou graves consequências na formação do capitalismo e da sociedade moderna italiana. Diferentemente da França, na Itália não se formou uma extensa camada de proprietários livres e independentes, que produziam para o mercado; continuou prevalecendo a renda em espécie e persistiu a dependência da produção com relação ao mercado e ao lucro comercial. Assim caracterizou-se a via italiana da passagem ao capitalismo: via de transição que manteve a subordinação do capital industrial ao capital comercial, via de compromisso que conduziu a um capitalismo oligárquico com tendências monopolistas, e que produziria todas essas peripécias contemporâneas.

Um processo semelhante caracterizou, com modalidades diferentes, a unificação alemã: trata-se da "via prussiana" da passagem do feudalismo ao capitalismo. O levantamento nacional de 1813 contra a dominação napoleônica foi finalmente derrotado em benefício da aristocracia fundiária e da monarquia prussiana. O movimento de 1848 foi consequência da debilidade da burguesia. As guerras de 1864, 1866 e 1870 solucionaram ao mesmo tempo a questão nacional, o problema da renovação do Estado e o da modernização da sociedade, segundo a via do compromisso: a burguesia capitalista teve reconhecidas sua supremacia econômica e sua participação no poder, enquanto a aristocracia feudal manteve sua preponderância fundiária e sua primazia política, com vastos privilégios no Exército e na administração. Não houve destruição, mas sim manutenção e salvaguarda das antigas estruturas prussianas, como condição da sociedade alemã moderna.

Essa também foi a via de desenvolvimento dos países da Europa central e oriental: a passagem à sociedade capitalista moderna foi marcada pela poderosa sobrevivência das estruturas feudais que só desapareceram com a queda do próprio regime capitalista, em pleno século XX.

No caso da Polônia,[44] deve-se considerar o desnível entre o domínio do direito e a realidade econômica e social no ducado de Varsóvia sob dominação napoleônica, entre 1807 e 1813. Às formas jurídicas burguesas pré-fabricadas, introduzidas *de cima* por uma legislação de inspiração francesa, não correspondia um desenvolvimento econômico e social paralelo, necessário a uma evolução burguesa das diversas estruturas que não poderiam ser modificadas sensivelmente apenas por disposições jurídicas. Por isso, o novo direito francês encontrou no ducado de Varsóvia um campo de aplicação muito limitado: só era utilizado na medida em que convinha aos interesses da aristocracia fundiária e da minoria burguesa. As massas camponesas foram subordinadas ao sistema oligárquico da grande propriedade fundiária: a servidão foi abolida em 1807, porém a corveia foi mantida até 1861.

Nessas condições foi realizada a aliança entre a aristocracia e a burguesia. Na Polônia da primeira metade do século XX, o antigo senhor podia transformar-se em capitalista, enquanto o capitalista tornava-se frequentemente proprietário fundiário gozando dos mesmos privilégios, especialmente das prestações de trabalho gratuitas dos camponeses, isto é, a corveia. A produção industrial baseava-se na propriedade fundiária, de nobres ou burgueses. Como no século XVIII, ainda poderia ser vantajoso, para montar uma fábrica, comprar uma propriedade, com suas reservas de matéria-prima e de mão de obra submetidas ao trabalho obrigatório. No entanto, a persistência na Polônia de 1807 a 1861 da corveia sem servidão, enquanto na Rússia continuava existindo a corveia com servidão, provocou, devido à mobilidade social e geográfica dos camponeses privados da terra, a formação de um mercado livre de trabalho, que utilizava mão de obra assalariada. Assim, a massa de trabalhadores divide-se: uma parte trabalha na terra do senhor, como seus ancestrais servos; a outra vende sua força de trabalho ao empresário capitalista, como o farão seus filhos e netos. As duas classes dominantes, aristocracia e burguesia, não iguais entre si porém complementares e solidárias, tinham cada uma delas sua zona reservada de exploração.

Enquanto isso, as instituições jurídicas implantadas na época da dominação francesa e de origem revolucionária permaneciam em vigor no reino da Polônia anexado à Rússia em 1815: nessa região central, elas favoreciam um desenvolvimento social e nacional mais rápido que nas províncias polonesas anexadas à Áustria e à Prússia. Daí as disparidades regionais. Sobre a base dessas instituições foi realizada a reforma dos anos de 1860, que finalmente outorgou ao campesinato polonês a propriedade do solo, reforma tardia porém mais radical que a efetuada na Rússia ou nas regiões sob domínio austríaco ou prussiano. Os elementos de direito burguês introduzidos na Polônia na época napoleônica e mantidos depois de 1815 desempenharam um papel essencial para as forças de transformação da sociedade, facilitando o desenvolvimento econômico da burguesia polonesa.

Via lenta e tardia, via de compromisso na transição da antiga sociedade feudal à sociedade capitalista moderna; evolução freada também pela divisão política do país e pela falta de um Estado nacional polonês.

Para tomar agora um exemplo fora da Europa, a Restauração de Meiji também constitui, para o Japão, o ponto de partida da formação da sociedade capitalista, situando-se na linha fundamental da Revolução Francesa. Iniciada em 1867, após uma dezena de anos agitados, dissolveu-se o antigo regime feudal e senhorial e modernizou-se o Estado. As forças externas não teriam podido modernizar a sociedade japonesa, se a evolução interna não tendesse ao mesmo resultado: o sistema de produção capitalista já se gestava na economia feudal do Japão. A especificidade da Restauração de Meiji diz respeito a essa convergência entre uma evolução interna e pressões externas.

Sem dúvida, para analisar esse processo histórico seria preciso caracterizar primeiramente o feudalismo de Tokugawa e sua crise estrutural, que datava do século XVIII. Às vésperas da Restauração manifestava-se cada vez mais nitidamente a oposição do campesinato sobretudo médio, bem como dos pequenos e médios fabricantes, contra o sistema monopolista dos grandes negociantes e financistas, aliados aos poderes senhoriais e aos grandes proprietários camponeses que não exploravam a terra (*jinushi*), que recebiam rendas em espécie. A "abertura do país" sob a pressão dos Estados Unidos e da Europa precipitou a evolução, mas sem que as condições internas, econômicas e sociais, necessárias à revolução burguesa, tivessem tido tempo de amadurecer de forma autônoma e suficiente.

Reconheçamos que as interpretações do Meiji em comparação com a Revolução Francesa, considerada o tipo clássico de revolução burguesa, diferem segundo os historiadores japoneses: restauração ou revolução?[45]

Para a escola de *Koza*, a abolição da propriedade feudal e a reforma agrária constituem a chave da revolução burguesa. Nessas condições, a ditadura jacobina forma a etapa essencial da Revolução Francesa, devido à destruição radical do feudalismo. Ora, a *reforma* de Meiji, caracterizada por um compromisso, constituiu como fundamento da nova sociedade a classe de proprietários fundiários semifeudais que dominavam um campesinato "semisservo": ela não liberou os camponeses nem aboliu as relações de produção feudais na agricultura. O capitalismo japonês desenvolveu-se nesse terreno. O Estado originário do Meiji, em vez de ser do tipo moderno ocidental, pertence à categoria do absolutismo, forma de Estado semifeudal existente na Europa antes das revoluções burguesas.

Para a escola de Ronô, que tem uma concepção mais ampla da revolução burguesa, o Terror e o jacobinismo não constituem a chave da Revolução Francesa: o Meiji marca o ponto de partida da formação da sociedade japonesa moderna, expressão específica do capitalismo.

Ainda uma vez, portanto, a questão dos camponeses e o problema agrário ocupam o centro do problema, por isso devemos examiná-los.[46] A abolição do regime senhorial pela reforma agrária de 1873 (*chisokaisei*) foi realizada mediante um compromisso: os direitos feudais, ao contrário do caso francês, foram extintos com indenização: – a sua carga recaiu sobre os camponeses sujeitos aos novos impostos fundiários em dinheiro (*chiso*). Os camponeses proprietários (*hon-byakusho*) foram liberados dos vínculos feudais de dependência, porém tinham de pagar esses novos tributos, ônus mais ou menos idêntico ao das antigas taxas senhoriais em espécie.

Por outro lado, não tiveram qualquer chance de adquirir terras, como os camponeses franceses fizeram por ocasião da venda dos bens nacionais. Os campos japoneses não conheceram nem os *lavradores de cabriolé* nem os camponeses abastados do tipo *kulak*. Quanto à massa de camponeses, diaristas agrícolas bem como pequenos arrendatários, sua liberação foi uma burla: quando os grandes camponeses proprietários não exploradores (*jinushi*) tornaram-se verdadeiros proprietários das suas terras e contribuintes do imposto fundiário em dinheiro, graças à reforma agrária, os cultivadores imediatos (*kosaku*), em vez de serem liberados, continuaram a pagar aos *jinushi* a renda anual em espécie. Assim foram mantidas as relações tradicionais de dependência e exploração sobre o trabalho dos *kosaku*, sob a garantia do Estado e dos meios de coerção.

Os camponeses proprietários e exploradores "libertos" pela reforma de Meiji não podem, portanto, ser comparados aos camponeses proprietários livres e independentes provenientes da decomposição da propriedade fundiária feudal na Europa ocidental. No Japão não houve *yeomanry* como na Inglaterra, nem campesinato médio como na França, nem *junker* como na Prússia. O campesinato japonês foi subordinado ao sistema oligárquico da grande burguesia privilegiada e dos proprietários *jinushi* de tipo semifeudal: a nova sociedade capitalista salvaguardou o essencial das antigas relações de produção. Embora a abertura do país tenha sido precipitada pela pressão estrangeira, assim se explica que a Restauração de Meiji tenha dado origem a uma monarquia absolutista e oligárquica, ao contrário da Revolução Francesa, que destruiu o Estado absolutista e permitiu a instauração de uma sociedade burguesa liberal. Apesar do desenvolvimento do capitalismo moderno, esses vestígios persistiram até a reforma agrária de 1945 (*nochi kaikaku*), cuja tarefa foi justamente a libertação "dos camponeses japoneses oprimidos há vários séculos pelos encargos feudais". O que prova, segundo H. K. Takahashi, que "a Restauração de Meiji e suas reformas agrárias não cumpriram a tarefa histórica da revolução burguesa de suprimir as relações econômicas e sociais feudais".[47]

5.

Etapa necessária na transição do feudalismo ao capitalismo, a Revolução Francesa, pelas soluções por ela propostas ao problema da igualdade de direitos, impôs-se à história contemporânea. A transformação da economia pelo capitalismo, ao concentrar as empresas, multiplicar e aglomerar os assalariados, despertar e clarificar sua consciência de classe, colocou novamente no primeiro plano das preocupações dos homens o princípio da igualdade de direitos. Esse princípio essencial levantado pela burguesia de 1789 para justificar a abolição do privilégio nobiliário fundado no nascimento teve consequências não previstas pelos constituintes, apesar das advertências maldosas de alguns adversários perspicazes. "Os negros das nossas colônias e os domésticos de nossas casas", escreveu Rivarol no *Journal Politique National*, "podem, com a Declaração dos Direitos na mão, despojar-nos do nosso patrimônio. Como uma assembleia de legisladores pode fingir ignorar que o direito natural não pode existir nem por um instante ao lado da propriedade?"[48] Colocava-se o problema do conteúdo dos direitos: igualdade teórica ou igualdade real? A Vergniaud, que afirmava, em 13 de março de 1793, que "A igualdade para o homem social se resume à dos direitos", Félix Lepeletier respondeu em 20 de agosto, o seguinte: "Fazer desaparecer a desigualdade de posses"; no ano IV, Babeuf preconizava "a comunidade de bens e de trabalho", para chegar enfim à "igualdade perfeita". A Revolução Francesa abria as três vias pelas quais se engajou sucessivamente a história do mundo contemporâneo.

Para o liberalismo burguês, tanto o dos constituintes de 1789 quanto o dos anglo-saxões, a igualdade refere-se apenas aos direitos. Todos os cidadãos são livres para usá-la, porém nem todos possuem os meios. Se a Declaração associava igualdade à liberdade, tratava-se de uma afirmação de princípios que legitimava o rebaixamento da aristocracia e a abolição do privilégio nobiliário, e não de um incentivo às esperanças populares. Ao colocar o direito de propriedade entre os direitos naturais imprescritíveis, os constituintes introduziram em sua obra uma contradição que não puderam superar; a manutenção da escravidão e a organização censitária do sufrágio a evidenciaram. Dosou-se o exercício do direito de voto de acordo com o pagamento de uma contribuição, isto é, segundo o grau de abastança e de riqueza. Assim, os direitos que a burguesia constituinte reconhecera ao homem e ao cidadão eram apenas os do homem burguês; para a massa de cidadãos *passivos*, eles permaneciam abstratos e teóricos.

A burguesia revolucionária afirmava claramente seus princípios cada vez que o movimento popular ameaçava o novo edifício. "Vamos terminar a Revolução, vamos recomeçá-la?", pergunta Barnave após a fuga para Varennes, em 15 de julho de 1791, em um discurso veemente. "Vós tornastes todos os homens iguais perante a lei; vós consagrastes a igualdade cívica e política... Um passo a mais seria um ato funesto e culpável, um passo a mais na linha da liberdade seria a destruição da realeza; na linha da igualdade, a destruição da propriedade. Se ainda se quisesse destruir, quando tudo o que devia ser destruído não existe mais; se se acreditasse não haver feito tudo pela igualdade, quando está assegurada a igualdade de todos os homens, ainda haveria uma aristocracia para anular que não fosse a das propriedades?"[49] Nessa mesma linha expressa-se Vergniaud em seu discurso à Convenção, em 13 de março de 1793: "Para o homem social, a igualdade se resume à de direitos. Ela já não é a das fortunas, a das talhas, a das forças, do espírito, da atividade, da indústria e do trabalho."[50] Após Termidor, a burguesia endureceu. Ela já não esconde que os direitos do homem são os do proprietário. "Deveis garantir finalmente a propriedade do rico," declara Boissy d'Anglas em seu discurso preliminar ao projeto de Constituição, em 5 messidor do ano III (23 de junho de 1795). "A igualdade civil, eis o que o homem razoável pode exigir... Devemos ser governados pelos melhores: os melhores são os mais instruídos e os mais interessados na manutenção das leis; ora, com bem poucas exceções, não encontrareis esses homens senão entre aqueles que, ao possuírem uma propriedade, estão ligados ao país que a contém, às leis que a protegem, à tranquilidade que a conserva, e que devem a esta propriedade e à prosperidade que ela oferece [...]. Um país governado pelos proprietários está na ordem social, aquele em que os não proprietários governam está no estado de natureza."[51] Propriedade hereditária, de modo que em certo sentido subsiste o privilégio do nascimento.

A via do liberalismo burguês afirma-se brilhantemente no século XIX. Pelo seu compromisso conservador e tranquilizador, ela não perdeu nada do seu valor.

Para os defensores da democracia social, tal como ela foi esboçada no ano II, o direito à existência prevalece sobre o direito de propriedade, e a igualdade deve ser a das "posses". Em seu discurso de 2 de dezembro de 1792 sobre as perturbações frumentárias do Eure-et-Loir, Robespierre, subordinando o direito de propriedade ao direito à existência, coloca o fundamento teórico de uma nação igualitária. "Os autores da teoria consideraram os gêneros mais necessários à vida apenas como uma mercadoria ordinária: eles não diferenciaram o comércio do trigo do comércio do anil; dissertaram mais sobre o comércio de grãos que sobre a subsistência do povo... Dão grande importância aos lucros de negociantes e proprietários, e quase nenhuma à vida dos homens... O primeiro dos direitos é o de existir; todos os outros estão subordinados a ele."[52] Robespierre, no discurso de 24 de abril de 1793, deu nova formulação ao direito de propriedade: "A propriedade é o direito que todo cidadão tem de desfrutar e de dispor da parcela de bens que lhe é garantida por lei." Portanto, não se tratava mais de um direito natural imprescritível, anterior a toda organização social, como afirmara a Declaração de 1789; a partir de então inscrevia-se nos marcos sociais e históricos, definia-se através da lei.

Era assim que as massas populares o entendiam. Elas sempre haviam se mostrado hostis à liberdade econômica que abria caminho ao capitalismo e à concentração das empresas, bem como à sua proletarização; não só os direitos do homem e do cidadão permaneciam ilusórios para elas, mas também a propriedade privada da terra e das fábricas colocava-as sob a dependência daqueles que possuíam o privilégio de fruí-las. Elas invocaram então o direito à existência, e contra a burguesia proprietária apresentaram o princípio da "igualdade de posses". Após 10 de agosto de 1792, a burguesia revolucionária decidiu aliar-se ao povo: instituiu-se o sufrágio universal, esboçou-se uma república democrática e social.[53] A comunidade nacional, investida do direito de controle sobre a propriedade privada, interveio para manter uma igualdade relativa por meio da reconstituição da pequena propriedade, à medida que a evolução econômica tende a destruí-la;[54] trata-se de prevenir a reconstituição do monopólio da riqueza, bem como a formação de um proletariado dependente. Daí as leis montanhesas para multiplicar os pequenos proprietários, a direção da economia para harmonizar preços e salários, um sistema de ensino aberto a todos, enfim, a *beneficência nacional*. Assim se realizará o objetivo atribuído à sociedade pela Declaração dos Direitos de 24 de junho de 1793: "a felicidade comum". Assim se tornará realidade esse ideal de uma sociedade igualitária preconizado por Saint-Just em *Institutions Républicaines*: "Dar a todos os franceses os meios de obter as necessidades primárias da vida, sem depender de outra coisa que as leis e sem dependência mútua no estado civil." Ou ainda: "O homem deve viver independente."

A tentativa de democracia social do ano II, embora tenha aterrorizado a burguesia, adquiriu valor de exemplo após 1830, quando reapareceu o partido republicano, e sobretudo depois de 1848, quando o sufrágio universal restabelecido outorgou força multiplicada aos seus princípios. Ela alimentou o pensamento social do século XIX, e sua lembrança pesou fortemente em suas lutas políticas. Os esboços montanheses precisaram-se lentamente na Terceira República, em particular essa instrução pública acessível a todos, reclamada em vão pelos *sans-culottes* como uma das condições necessárias da democracia social.

Mas ao mesmo tempo, com a liberdade econômica e a concentração capitalista aumentando as irregularidades sociais e reforçando os antagonismos, "a igualdade de posses" tornava-se cada vez mais inatingível. Aferrados à sua condição, artesãos e lojistas, sempre ligados à pequena propriedade fundada no trabalho pessoal, oscilavam entre a utopia e a revolta. A mesma contradição entre as exigências da igualdade de direitos proclamada em princípio e as consequências do direito de propriedade e da liberdade econômica, bem como a mesma impotência, pesaram nas tentativas da democracia social: a tragédia de junho de 1848 o prova, para não falar das peripécias da Terceira República. "Tempo de antecipações", disse E. Labrousse sobre o ano II. Não seria o tempo das utopias? No quarto fragmento de *Institutions républicaines*, Saint-Just escreveu: "Não devem existir nem ricos nem pobres." Mas ao mesmo tempo ele anotou em sua agenda: "Não admitir a divisão das propriedades." A república igualitária do ano II permanece domínio das antecipações, utopia sempre buscada, nunca atingida.

Desde a época da Revolução, Babeuf resolvera a contradição através de uma terceira via, que outorgava ao princípio da igualdade de direitos uma extensão de amplitude e energia de força extraordinária.[55] Como os *sans-culottes*, como os jacobinos, Babeuf proclama que o objetivo da sociedade é "a felicidade comum"; a Revolução deve assegurar a todos os cidadãos "a igualdade de posses". Mas como a propriedade privada introduz necessariamente a desigualdade e "a lei agrária", isto é, a divisão igual das propriedades só poderia "durar um dia" ("a partir do dia seguinte ao seu estabelecimento a desigualdade renasceria"), o único meio de chegar à "igualdade de fato" é "assegurar a cada um e à sua posteridade, por mais numerosa que ela seja, a suficiência, nada mais que a suficiência", é "instituir a administração comum, suprimir a propriedade particular, vincular cada coisa ao talento, ao trabalho que ele conhece, obrigá-lo a levar o fruto em espécie à loja comum e estabelecer uma simples administração de distribuição, uma administração de subsistências que, levando em conta todos os indivíduos e todas as coisas, fará repartir as últimas na mais escrupulosa igualdade".

Esse programa, exposto no *Manifeste des plébéiens* publicado por *Le Tribun du Peuple*, de 9 frimário do ano IV (30 de novembro de 1795), constituía, com relação às ideologias *sans-culotte* e jacobina, ambas caracterizadas pelo vínculo à propriedade privada fundada no trabalho pessoal, uma profunda renovação, ou mais exatamente, uma brusca transformação: "a comunidade de bens e trabalhos" pregada por Babeuf foi a primeira forma da ideologia revolucionária da nova sociedade, originada da própria Revolução. Em outras palavras, Babeuf apresentava a abolição da propriedade privada dos meios de produção e a instauração de uma democracia comunista como sendo as únicas formas capazes de realizar plenamente a igualdade de direitos. Pelo babouvismo, o comunismo, até então sonho utópico, erigia-se em um sistema ideológico finalmente coerente: através da Conjuração dos Iguais, entrava na história das lutas sociais e políticas.

A importância da Conjuração e do babouvismo só pode ser medida pela escala do século XIX: na história da Revolução e do Diretório, constituem um simples episódio que sem dúvida modificou o equilíbrio político do momento, porém não teve repercussão profunda. Em sua carta de 26 messidor do ano IV (14 de julho de 1796), verdadeiro testamento político, Babeuf recomendava a Félix Lepeletier que reunisse todos os seus "projetos, notas e esboços de escritos democráticos e revolucionários, todos dizendo respeito ao amplo objetivo", entendamos igualdade perfeita, felicidade comum. "Quando se sonhar novamente com o meio de proporcionar ao gênero humano a felicidade que lhe propusemos, poderás procurar nesses rascunhos e apresentar a todos os discípulos da Igualdade [...] aquilo que os corruptos de hoje chamam de meus sonhos."

Respondendo a esse desejo, Buonarroti publicou em Bruxelas, em 1828, a história de *Conspiration pour l'égalité, dite de Babeuf*?[56] Essa obra exerceu profunda influência sobre a geração de 1830; graças a ela, o babouvismo passou a ser um elo do pensamento comunista. Assim nasceram da Revolução Francesa ideias que conduziam, segundo a expressão de Marx, "para além das ideias do antigo estado de coisas", as de uma nova ordem social que não seria a ordem burguesa.

A Revolução Francesa situa-se no próprio coração da história do mundo contemporâneo, na encruzilhada das diversas correntes sociais e políticas que dividiram as nações e que ainda as dividem. A revolução burguesa clássica constitui, pela abolição sem compromisso do feudalismo e do regime senhorial, o ponto de partida da sociedade capitalista e do sistema liberal representativo na história da França. A revolução camponesa e popular duas vezes tentou ultrapassar seus limites burgueses: no ano II, tentativa que, apesar do necessário fracasso, conservou durante muito tempo um valor profético de exemplo, e por ocasião da Conspiração pela igualdade, episódio que se situa na origem fecunda do pensamento e da ação revolucionários contemporâneos. Assim, sem dúvida, explicam-se esses vãos esforços para negar a Revolução Francesa, precedente perigoso, sua realidade histórica ou sua especificidade social e nacional. Mas assim também se explicam o estremecimento sentido pelo mundo e a repercussão da Revolução Francesa na consciência dos homens do nosso século. Só essa lembrança já é revolucionária. Ela ainda nos exalta.

Albert Soboul, Université de Paris

Notas

1. *L'Ancien Régime et la Révolution*, livro II, cap. I (publicado em 1952, com introdução de G. Lefebvre, p. 99).
2. *O Capital*, livro III, cap. XX, "Resumo histórico sobre o capital mercantil" (Éditions Sociales, 1957, t. VI, p. 342). Sobre o problema da transição do feudalismo ao capitalismo, cf. *The transition from feudalism to capitalism. Asymposium*, P. M. Sweezy, M. Dobb, H. K. Takahashi, R. Hilton, C. Hill (Londres, 1954); R. Hilton, "Yeut-il une crise générale de la féodalité?", *Annales*, E.S.C., 1951, nº 1; G. Procacci, G. Lefebvre e A. Soboul, "Une discussion historique: du féodalisme au capitalisme", *La Pensée*, 1956, nº 65.
3. Esses problemas são levantados particularmente por G. Lefebvre, "La Révolution Française dans l'histoire du monde", *Annales*, E.S.C., 1948, republicado em *Études sur la Révolution Française* (1954; 2ª ed., 1963, p. 431).
4. A expressão *Ancien Régime* aparece no final do ano de 1789 e naturalmente contém um conteúdo afetivo; nessa aliança de palavras há uma espécie de repúdio (F. Brunot, *Histoire de la langue française*; t. IX, *La Révolution et L'Empire*, p. 621). A expressão, consagrada pelo uso, é historicamente válida; compreendemos mal as obscuras razões que levam atualmente alguns historiadores a rejeitá-la.
5. Sobre os problemas da nobreza francesa no século XVIII, nos contentaremos em citar um artigo antigo (M. Bloch, "Sur le passé de la noblesse française: quelques jalons de *recherche*", *Annales d'historie économique e sociale*, 1936, p. 366) e dois artigos mais recentes (A. Goodwin: "The social structure and economic and political altitudes of the French nobility in the eighteenth century", *Comitê International des Sciences Historiques, XIIᵉ Congrès*, Vienne, 1965, *Rapports, I. Grands thèmes*, p. 356; do mesmo autor, "General problems and the diversity of european nobilities in the modern period", *ibidem*, p. 345). Veja a bibliografia crítica de J. Meyer, *La noblesse bretonne au XVIIIᵉ siècle* (Paris, 1966), 1.1, p. XXI.
6. Veja R. Mousnier, "Les idées politiques de Fénelon", *XVIIᵉ siècle*, 1951-1952.
7. Boulainvilliers (1658-1722), *Historie de l'ancien gouvernement de la France, avec XIV lettres historiques sur les parlements ou États Généraux* (1727). *Essai sur la noblesse de France contenant une dissertation sur son origine et son abaissement* (1732).

8. O *Judicium francorum* retoma um panfleto antiabsolutista da época da Fronda, *Les véritables maximes du gouvernement de ta France justifiées par l'ordre des temps depuis l'établissement de la monarchie jusqu'aux temps présents* (1652). Veja também, sobre o mesmo tema, um escrito que circula em cópias manuscritas, *Essai historique concernant les droits et prérogatives de la Cour des pairs de France.*
9. Veja essencialmente o livro XXX. Cf. L. Althusser, *Montesquieu. La politique et l'histoire* (1959).
10. Só podemos remeter aqui a obras gerais: J. Aynard, *La bourgeoisie française* (1934); B. Groethuysen, *Origines de l'esprit bourgeois en France*, t. I: *L'Église et la bourgeoisie* (1927); F. Borkenau, *Der Übergang von feudalm zum bürgerlichen Weltbild, Studien zur Geschichte der Philosophie der Manufakturperiode* (1934); veja as notas de L. Febvre: "Fondations économiques, superestructure: une synthése", *Annales d'histoire économique et sociale*, 1934, p. 369. De um interesse documentário preciso, os estudos relativos à burguesia, em *Assemblée générale de la Commission Centrale...*, 1939 (Commission d'Histoire Économique et Sociale de la Révolution, 1932), 1.1, p. 33; P. Léon, "Recherches sur la bourgeoisie française de province au XVIIP siècle", *L'Information Historique*, 1958, nº 3, p. 101. Sobre a orientação atual da pesquisa, E. Labrousse, "Voies nouvelles vers une histoire de la bourgeoisie occidentale au XVIIIe et XIXe siècles", *X Congresso Internazionale di Scienze Storiche...*, 1955. *Relazioni* (Florença, 1955), t. IV, p. 365.
11. Sobre o direito natural, há uma vasta bibliografia em R. Derathe, *Jean--jacques Rousseau et la science politique de son temps* (Paris, 1950). O direito natural foi desenvolvido no século XVII por autores protestantes, principalmente juristas: Grotius, Althusius, Hobbes, Pufendorf, alguns deles traduzidos e comentados por Barbeyrac e Burlamaqui. Os autores do século XVII foram criticados por Rousseau, que extraiu as consequências lógicas do direito natural ao formular a teoria da soberania popular inalienável e indivisível.
12. Veja J. Egret, "L'aristocratie parlamentaire à la fin de l'Ancien Régime", *Revue Historique*, jul.-set. 1952, p. 1. Veja essencialmente os trabalhos de J.-Fr. Bluche, *L'Origine des magistrats du Parlement de Paris au XVIIIe siècle* (1956), *Les Magistrats du Parlement de Paris au XVIIIe siècle*, 1715-1771 (1960).

13. E. Sieyès, *Qu'est-ce que le Tiers État?*, edição crítica de Édme Champion (Paris, 1888), p. 35.

14. *Oeuvres de Barnave publiées...*, por M. Bérenger de la Drôme (1843), t. I, pp. 12 e 13. A *Introduction à la Révolution Française* foi republicada por F. Rude (Paris, 1960). Esse importante texto ainda espera sua edição crítica. Tendo afirmado vigorosamente a correspondência entre as instituições políticas e o movimento da economia, Barnave também o vincula ao movimento dos espíritos. "À medida que as artes, a indústria e o comércio enriquecem a classe trabalhadora do povo, empobrecem os grandes proprietários de terra e aproximam as classes pela fortuna, os progressos da instrução aproximam-nas pela educação e fazem lembrar, após um longo esquecimento, as ideias primitivas da igualdade."

15. O importante problema do resgate dos direitos feudais e sua abolição definitiva foi abordado por Ph. Sagnac, *La législation civile de la Révolution Française* (1898); em um esboço sempre válido, por A. Aulard, *La Révolution Française et le régime féodal* (1919); por M. Garaud, *La Révolution et la proprieté joncière* (1959). Mas unicamente monografias locais ou regionais permitiriam construir um verdadeiro quadro da sobrevivência parcial, das vicissitudes e do desaparecimento final do regime feudal durante a Revolução. Dispomos apenas de duas obras: A. Ferradou, *Le rachat des droits féodaux dans la Gironde. 1790-1193* (1928); J. Millot, *L'abolition des droits seigneuriaux dans le département du Doubs et la région comtoise* (1941). A mesma coisa acontece com as insurreições agrárias e os levantamentos que, do Grande Medo até a abolição definitiva dos direitos feudais (17 de julho de 1793), marcaram a história revolucionária do campesinato; dispomos apenas de estudos locais fragmentários. Essa história ainda não foi escrita.

16. C.-E. Labrousse, *Esquisse du mouvement des prix et des revenus en France au XVIIIe siècle* (Paris, 1933, 2 vols.); *La crise de l'économie française à la fin de l'Ancien Régime et au début de la Révolution* (Paris, 1944).

17. Sobre as aspirações sociais das massas populares, veja A. Soboul, *Les sans-culottes Parisiens en l'an II* (Paris, 1958), segunda parte, cap. II.

18. Sobre a questão camponesa, essencialmente os trabalhos de G. Lefebvre, *Les passam du Nord pendant la Révolution Française* (1924), *Questions agraires au temps de la Terreur* (1932), *La Grande Peur de 1789* (1932) e os artigos atualizados e compilados em *Études sur la Révolution Française*

(1954; 2ª ed., 1967): "Répartition de la propriété et de l'exploitation foncières à la fin de l'Ancien Régime" (1928), p. 279; "La vente des biens nationaux" (1928), p. 307; "La Révolution Française et les paysans"(1932), p. 338.

19. *Op. cit.*, p. 99. "O efeito da Revolução não foi dividir o solo, mas liberá-lo por um momento. Todos esses pequenos proprietários eram, na verdade, muito importunados na exploração das suas terras, e suportavam muitas servidões das quais não lhes era permitido se livrar." (p. 102) "Se o camponês não possuísse o solo, ele não se sensibilizaria com vários encargos que o sistema feudal impunha sobre a propriedade fundiária. Que importância tem o dízimo para aquele que não é arrendatário? Ele o retira do produto do arrendamento." (p. 105)
20. M. Leymarie, "Les redeances foncières seigneuriales en haute Auvergne", *Annales Historiques de la Révolution Française*, 1968, nº 3.
21. *L'Ancien Régime et la Révolution, op. cit.*, p. 106.
22. G. Lefebvre, "Repartition de la propriété et de l'exploitation foncières à la fin de l'Ancien Régime", anteriormente citado, nota 18.
23. A petição da seção parisiense dos *sans-culottes* de 2 de setembro de 1793 pretende não só fixar "os lucros da indústria e do comércio" através da taxação geral e limitar a extensão das explorações agrícolas ("que ninguém possa ter terras para arrendar que excedam as necessárias para uma quantidade determinada de arados"), mas também impor um máximo às fortunas. De quanto seria? A petição não o especifica, mas deixa entender que corresponderia à pequena propriedade artesanal e lojista: "Que ninguém possa ter mais do que uma fábrica, que uma loja." Essas medidas radicais, conclui a seção dos *sans-culottes*, "fariam desaparecer gradualmente a enorme desigualdade das fortunas e aumentariam o número de proprietários" (B.N., Lb 40 2140, imp. in-8º, 6 pp.).
24. *L'Ancien Régime et la Révolution, op. cit.*, p. 96.
25. Do ponto de vista que nos interessa aqui, veja essencialmente os trabalhos de Ch. Hill, verdadeiro pioneiro: com M. James e E. Rickword, *The English Revolution, 1640* (Londres, 1940); reed. parcial, 1949 com E. Dell, *The Good Old House Cause* (Londres, 1949) e *The century of Revolution, 1603-1714* (Londres, 1961); finalmente, *Society and puritanism in pre-revolutionary England* (Londres, 1964). Para uma visão geral dos problemas atualmente debatidos, ler M.-L. Agostini, *L'historiographie contemporaine de la Révolution Anglaise de 1640* (Diploma de Estudos Superiores, Faculdade de Letras de Clermont-Ferrand, 1967).

26. Ch. Hill: "La Révolution Anglaise du XVIIe siècle. Essai d'interpretation", *Revue Historique*, nº 449, 1959, pp. 5-32.
27. *Ibidem*, p. 32.
28. *Réflexions sur la Révolution Française* traduzidas [...], por J. D'Anglejean (Paris, 1912), p. 52. Essa obra tornou-se o evangelho da contrarrevolução. Burke atribuía um termo à evolução social: a hierarquia das classes é de origem divina; a Revolução Francesa, ao arruinar a aristocracia, destruiu qualquer ordem social. Burke discernia assim, desde 1790, a parte essencial da obra da Revolução.
29. Do ponto de vista que nos interessa aqui, veja Ch. A. Beard, *Economic interpretation of the Constitution* (Nova York, 1913; 2ª ed., 1923) e F. Jameson, *The American Revolution considered as a social movement* (Princeton, 1926; 2ª ed., 1940).
30. *De la démocratie en Amérique* (1836-1839).
31. Sobre os aspectos teóricos desses problemas, veja M. Dobr, *Studies in the development of capitalism* (Londres, 1946); H. K. Takahashi, *Shimin Kakumei-no Kozô* (Estrutura da revolução burguesa) (Tóquio, 1951), relatório de Ch. Haguenauer, *Revue Historique*, nº 434, 1955, p. 345.
32. No entanto, deve-se frisar o progresso da economia durante o período napoleônico, que se solda ao período revolucionário. Veja E. Labrousse, "Le bilan du monde en 1815. Eléments d'un bilan économique: la croissance dans la guerre", *Comité International des Sciences Historiques, XII Congrès*, Vienne, 1965. *Rapports. I. Grands thèmes*, p. 473.
33. A. Corban, *The myth of the French Revolution* (Londres, 1955). Do mesmo autor e sobre o mesmo tema, *The Social Interpretation of the French Revolution* (Cambridge, 1964). Veja G. Lefebvre, "Le mythe de la Révolution Française", *Annales Historiques de la Révolution Française*, 1956, p. 337.
34. Veja essencialmente J. Letaconnoux, "Le Comitê des députés extraordinaires des manufactures et du commerce, et l'oeuvre de la Constituinte", *Annales Révolutionnaires*, 1913, pp. 149-208; G. Debien, *Les colons de Saint-Domingue el la Révolution. Essai sur le Club Massiac. Août 1789-août 1792* (Paris, 1953).
35. J. Godechot, *La Grande Nation. L'expansion révolutionnaire de la France dans le monde. 1789-1799* (Paris, 1956, 2 vols.), 1.1, p. 11. Essa concepção de uma revolução "ocidental" ou "atlântica" foi sugerida primeiramente por R. R. Palmer em "The world Revolution in the west", *Political Science*

Quarterly, 1954. Foi retomada e desenvolvida por J. Godechot e R. R. Palmer em: "Le problème de l'Atlantique du XVIII" au XXe siècle", *X Congresso Internazionale di Scienze Storiche. Relazioni* (Florença, 1955), t. V, pp.175-239; R. R. Palmer, *The Age of the Democratic Revolution. A political history of Europe and America. 1760-1800*, t. I: *The Challenge* (Princeton, 1959); J. Godechot, *Les Révolutions. 1770-1799* (Paris, 1963, col. "Nouvelle Clio"). Relatório de J. Godechot e R. R. Palmer: "Révolution Française, occidentale ou atlantique", *Bulletin de la Société d'Histoire Moderne*, jul.1960. Bibliografia em J. Godechot, "Révolution Française ou révolution occidentale?", *L'Information Historique*, 1960, p. 6. Essa concepção foi criticada por G. Lefebvre, *Annales Historiques de la Révolution Française*, 1957, p. 272.

36. *Adresse présentée à la Convention Nationale au nom de la section des Gravilliers...*, por J. Roux... (A. N., W 20, d. 1073, imp. in-8°, 12 pp.).
37. Sobre esse problema, A. Soboul, "De l'Ancien Régime à l'Empire: problème national et réabilités sociales", *L'Information Historique*, 1960, pp. 59-64 e pp. 96-104.
38. *Moniteur*, VI, 239.
39. Veja acima, com relação à comparação que deve ser instaurada entre a Revolução Francesa de 1830 e a "respeitável" Revolução Inglesa de 1688. Ambas conseguiram substituir um rei por outro, sem que a estrutura social fosse alterada. Em julho de 1830, tratou-se de certa forma de uma insurreição legal, que puniu a violação da Carta. Mas há uma diferença fundamental à qual os anglo-saxões são particularmente sensíveis: enquanto a Revolução de 1688 foi "respeitável" por ter sido suscitada pelos chefes da hierarquia social e executada sem a intervenção das massas populares, na França Carlos X foi derrocado não por um Guilherme de Orange, mas pelo povo de Paris em armas, atrás das suas barricadas. Veja nesse sentido o relatório de G. Lefebvre nos *Annales Historiques de la Révolution Française*, 1955, p. 176, do livro de L. Pinkham: *William III and the respectable Revolution* (Cambridge, Mass., 1954).
40. Veja A. Soboul, "Le bilan du monde em 1815. Esquisse d'un bilan social", *Comité International des Sciences Historiques, XIIe Congrès*, Vienne, 1965. *Rapports. I. Grands thèmes*, p. 517.
41. *L'Ancien Régime et la Révolution*, 1.1 cap. III; como a Revolução Francesa foi uma revolução política que procedeu segundo a maneira de revoluções religiosas e porquê (*op. cit.*, p. 87).

42. Sobre o aspecto teórico dos problemas históricos do Risorgimento, veja as páginas referentes ao Risorgimento em A. Gramsci, *Oeuvres choisies* (Paris, 1959); R. Zanfheri, "La mancata rivoluzione agraria nel Risorgimento e i problemi economici dell'Unità", *Studi gramsciani* (Roma, 1958); A. Soboul, "Risorgimento e rivoluzione borghese: schema di una direttiva di ricerca", *Problemi dell'Unità d'Italia, Atti del II Convegno di Studi gramsciani* (Roma, 1962), p. 801.
43. Sobre os problemas agrários, particularmente sobre a divisão da propriedade fundiária na época que nos interessa aqui:1) Itália do norte – H. Marcelli, "Le crisi economica e sociale di Bologna nel 1796. Le prime vendite dei beni ecclesiastici. 1797-1800", *Atti e memorie della Deputazione di storia patria per le provincie di Romagna*, 1953 e 1954; do mesmo autor, *La vendita dei beni ecclesiastice a Bologna e nelle Romagne, 1797-1815* (Bolonha, 1961); do mesmo autor, *La vendita dei beni nazionali nella Repubblica cisalpina* (Bolonha, 1967); R. Zangheri, *Prime ricerche sulla distribuzione della proprietà fondiaria nella Pianura bolognese, 1789-1835* (Bolonha, 1957); do mesmo autor, *La proprietà temera e le origini dei Risorgimento nel Bolognese*, t. I, *1789-1804* (Bolonha, 1961); M. Berengo, *L'agricoltura veneta della caduta della Repubblica all, Unità* (Milão, 1963); G. Porosini, *La proprietà terriera nel comune di Ravenna della metà deli secolo XVI ai giorni nostri* (Milão, 1963); 2) Estados pontifícios – R. de Felice, *La vendita dei beni nazionali nella Repubblica romana del 1798-1799* (Roma, 1960); 3) Reino de Nápoles – P. Villani, *Mezzogiorno tra riforme e rivoluzione* (Bari, 1962); do mesmo autor, *La vendita dei beni dello stato nel regno di Napoli, 1806-1815* (Milão, 1964); do mesmo autor, *Feudalità, riforme, capitalismo agrario* (Bari, 1968).
44. Sobre o conjunto dos problemas abordados aqui sobre a Polônia: T. Mencel, "L'introduction du Code Napoléon dans le duché de Varsovie", *Annales d'Histoire du Droit* (Poznan, 1949, em francês); artigos publicados no número especial de *Annales Historiques de la Révolution Française*, 1964, nº 3, consagrado a "La Pologne, de l'époque des Lumières au duché de Varsovie"; e, principalmente, J. Jedlicki e W. Sobocinski, "Bilan social du duché de Varsovie, *1807-1813*", *Acta Poloniae histórica* (t. XIV, 1966, em francês). De um ponto de vista teórico e comparativo: W. Kula, "L'origine de l'alliance entre la bourgeoisie et les propriétaires fonciers dans la première moitié du XIXe siècle", *la Pologne au Xe Congrès des Sciences His-*

toriques à Rome (Roma, 1955), p. 217; S. Kienewicz, "La question agraire et la lutte pour la libération nationale en Pologne et en Italie, à l'époque du Printemps des peuples", *ibidem*, p. 235; W. Kula, "Secteurs et régions arriérés dans l'économie du capitalisme naissant", *Problemi del'Unità d'Italia, Atti del II Convegno di studi gramsciani* (Roma, 1962), p. 685.

45. Veja A. Soboul, "Notes sur les études concernant la Révolution Française au Japan", *Annales Historiques de la Révolution Française*, 1968, nº 2 (com uma bibliografia dos estudos em francês para historiadores japoneses, sobre o tema que nos interessa aqui).

46. Seguimos aqui essencialmente as análises de H. K. Takahashi, "La place de la Révolution de Meiji dans l'histoire agraire du Japon", *Revue Historique*, out.-dez. 1953, pp. 229-270. Veja também S. Toyama, *Meiji Ishin* [Restauração de Meiji] (Tóquio, 1951).

47. Artigo citado na nota precedente.

48. *Journal Politique National*, nº 19 (fim de agosto de 1789). Os constituintes "declaram portanto, diante do universo, que todos os homens nascem livres e permanecem livres, que um homem não representa mais do que outro homem, e cem outras descobertas dessa natureza, que se felicitam por terem sido os primeiros no mundo a revelar, burlando-se bastante filosoficamente da Inglaterra, que não soube debutar como eles, por ocasião da sua Constituição de 1688".

49. *Moniteur*, IX, 143.

50. *Moniteur*, XV, 705.

51. *Moniteur*, XXV, 92. "A igualdade absoluta é uma quimera, continuou Boissy d'Anglas; para que ela existisse, seria preciso haver total igualdade no espírito, na virtude, na força física, na educação, na fortuna de todos os homens." Singular continuidade das opiniões dos girondinos nos acontecimentos de Termidor.

52. *Moniteur*, XIV, 637. Veja G. Lefebvre, "Sur la pensée politique de Robespierre", *Études sur la Révolution Française*, 2ª ed., p. 144, extraído de um dos dois discursos pronunciados em 15 de outubro de 1933, por ocasião da inauguração do busto de Robespierre na prefeitura de Arras, publicados em Annales *Historiques de la Révolution Française*, 1933, pp. 484 e 492.

53. Falando em nome dos comissários das assembleias primárias, Félix Lepeletier declara à Convenção, em 20 de agosto de 1793: "Não basta que a República francesa seja fundada na igualdade; é preciso que as leis, que

os costumes dos seus cidadãos tendam, através de um acordo satisfatório, a fazer desaparecer a desigualdade de posses; uma existência feliz deve ser assegurada a todos os franceses" (*Journal de la Montagne*, 21 de agosto de 1793).

54. Com relação a esse tema, veja J. Belin, *La logique d'une idée-force. L'idée d'utilité sociale pendant la Révolution Française, 1789-1792* (Paris, 1933) e as observações sobre esse tema de G. Lefebvre: *Annales Historiques de la Révolution Française*, 1947, p. 381.
55. O núcleo dos estudos babouvistas é constituído por *Babeuf* (1760-1797). *Buonarroti* (1761-1837). *Pour le deuxième centenaire de leur naissance*, publicação da Société des Études Robespierristes (Nancy, 1961); Cf. Mazauric, *Babeuf et la Conspiration pour l'égalité* (Paris,-1962); *Babeuf et les problèmes du babovisme*, obra coletiva sob a direção de A. Soboul (Paris, 1963); V. M. Daline, *Gracchus Babeuf avant e pendant la Révolution Française, 1785-1794* (Moscou, 1963, em russo; relatório de A. Soboul, *Revue d'Histoire Moderne*, 1966, p. 166); V. Daline, A. Saitia, A. Soboul, *Inventaire des manuscrites et imprimes de Babeuf* (Paris, 1966).
56. Última edição. Paris, 1957, com prefácio de G. Lefebvre.

Este livro foi composto na tipografia Dante MT Std, em corpo 12/15,5, e impresso em papel off-white no Sistema Digital Instant Duplex da Divisão Gráfica da Distribuidora Record.